Une année avec mes étoiles

ISBN : 978-2-412-08828-9
Dépôt légal : Octobre 2023
Imprimé en France (PPO Graphic)

Directrice éditoriale : Marie-Anne Jost-Kotik
Responsable éditoriale : Aline Sibony
Éditrice : Anne Foubert
Mise en pages : Capucine Deslouis
Illustrations de la couverture et des signes du zodiaque (pp. 7, 39, 69, 101, 132, 164, 195, 227, 259, 290,322, 353) : Jasmine Floyd
Illustrations des postures de yoga : Fabrice Del Rio

Photographies de Shana Lyès : Maëva Brifflot
Coiffure : Anouk Belanga / Women by AB (maquillage de Marine Trioux)
Photographies des recettes : Sandra Mahut
Fond sonore des méditations : Sonia Raynaud

Éditions First, un département d'Édi8
92, avenue de France
75013 Paris
France
Tél : 01 44 16 09 00
Email : firstinfo@efirst.com
Site Internet : www.editionsfirst.fr

Shana Lyès

Une année avec mes étoiles

365 jours pour briller

FIRST
ÉDITIONS

Chère étoile,

À toi qui tiens cet almanach entre tes mains : MERCI ! Oui, merci de te joindre à moi pour démarrer cette grande et belle aventure sous les astres (*mais pas que !*). À travers ce livre, j'ai le plaisir de te livrer tous les secrets de ma routine quotidienne. Car, peut-être tu le sais déjà, j'aime vivre au gré des saisons : me laisser porter par les énergies environnantes qui ne sont que le reflet de ce qui se passe à l'intérieur de Soi. Chaque jour, je te proposerai un petit rituel pour te (re)connecter au calendrier lunaire et au cycle de la nature, ponctuée par les quatre saisons de l'hémisphère nord. Rayonne, à ton rythme, belle étoile !

Ce que tu retrouveras lune après lune :

* L'**Édito** te conte, sur une note poétique, l'ambiance zodiacale dans laquelle tu entres. Quel est le *mood* de la saison actuelle ? Qu'est-ce que cela (r)éveille en toi ? Comment aligner tes projets avec l'énergie du moment ? Quelles sont les astuces pour investir judicieusement ton énergie dans l'un ou l'autre de tes projets de cœur ?

* La rubrique **Conseil et bien-être** te donne toutes les astuces au fil des saisons.

* La rubrique **To-do** te donne un avant-goût de ce que tu peux mettre en place en trente jours seulement.

* La rubrique **Moon board** est ton calendrier lunaire indispensable à ton épanouissement personnel. Il te permet également de prendre un moment, rien que pour toi, pour rester à l'écoute de ton cycle et observer le chemin parcouru entre les différentes saisons. Et de te rappeler que, tout comme la Lune, tu es actuellement en train de passer à la phase suivante…

* La rubrique **Énergie vibratoire** te rappelle que, quel que soit le signe astrologique qui influence l'énergie du mois, il fait partie de toi, à un degré plus ou moins fort.
  En effet, en dehors de ton signe solaire, tu peux aussi avoir ton ascendant, ta lune ou une planète dans ce signe en question. Et lorsque ce n'est pas le cas, tu possèdes au moins une de tes douze maisons astrales dans celui-ci. Chacun des signes de la roue du zodiaque t'apporte son énergie dans un (ou plusieurs) domaine(s) de ta vie quotidienne. Pour le découvrir, je t'invite à te rendre sur **Astrotheme.fr** dans l'onglet « Ascendant et Thème astral ». Tu indiques tes coordonnées de naissance, puis tu files en bas de page pour aller voir ta carte du ciel. Les planètes sont colorées, tu peux cliquer sur chacune d'entre elles pour voir en quel signe et en quelle maison elle se trouve. Les maisons sont, quant à elles, délimitées par des flèches et des numéros. Lorsque tu imprimes ton thème *via* ce site, tu as le détail des signes qui gouvernent tes maisons.

* Les exercices d'**écriture intuitive** sont là pour te servir de support de réflexion, d'introspection et, bien évidemment, de journaling. Chaque saison zodiacale invite à travailler sur tes ombres dans un domaine spécifique lié à l'énergie du signe en question. Pour mieux déployer ta lumière par la suite.

* Les **rituels** proposés en tout début de mois te permettent de bénéficier de l'énergie et de l'influence de la nouvelle lune, une parfaite occasion de démarrer tes introspections. Pour réaliser ces exercices, je te conseille de bien choisir l'endroit où tu décides d'investir ton temps et ton énergie — et ces nouveaux chapitres à entamer ! Munis-toi d'un carnet, allume une petite bougie, prépare-toi un thé ou une infusion sans oublier une douce musique en fond sonore !

* Les **prédictions** te permettent, grâce à un tirage de cartes, de mieux planifier, de structurer et de conscientiser davantage tes projets en cours !

* La rubrique **Astro yoga** met des paillettes dans ta vie ! Car que serait l'énergie du corps sans les postures de yoga ? Selon la force dégagée par le signe astral que l'on honore, je te propose de travailler certaines zones de ton corps et de les investir de manière douce, fluide et dynamique.

* Les **méditations** sont là pour faire une trêve avec le brouhaha ambiant et le rythme effréné que tu peux avoir certains jours. Certaines d'entre elles sont enregistrées et repérables grâce au QRCode : n'hésite pas à te laisser guider une fois par moi et à écouter et réécouter dès que tu as besoin d'appuyer sur le bouton « *off* » !

* L'**Astro food** et les recettes permettent de nous attarder aussi, une fois par mois, sur les aliments santé qui nous font du bien ! En termes de saisonnalité, certes, mais aussi en fonction des besoins de ton corps. Pour que l'inspiration gagne tes papilles, je te propose deux recettes végétariennes (ou véganes) par mois, que tu pourras concocter, déguster, partager, t'approprier et réinventer au fil des saisons !

* Pour apporter ma pierre à l'édifice, sans vilain jeu de mots, je t'ai concocté des rubriques **Astro litho**. Car un almanach énergétique n'en serait pas totalement un s'il n'évoquait pas cristaux et cailloux en tout genre ! Alors, deux fois par mois, retrouve les pierres qui peuvent t'accompagner, selon la phase du cycle dans laquelle tu te trouves, et reçois des conseils pour profiter de leur pouvoir !

* Tu trouveras une **page bonus**, pour la potentielle 13e pleine lune, *aka* la lune bleue, de l'année. Cette lunaison est généralement une seconde pleine lune qui survient sur le même mois, parfois dans le même signe et parfois dans un signe différent. Sur cette page, tu pourras remplir librement tes ressentis concernant cette lune magique et riche en symbolique.

* Enfin, chaque fin de mois se terminera en faisant un **bilan** de tes projets en cours et en observant le chemin parcouru ! Tu verras, ce sera le moment idéal pour te remercier pour tout ce que tu accomplis, jour après jour — et lune après lune. Parfois, ce seront d'énormes plans sur la comète qui se concrétiseront et parfois, ce seront des choses plus modestes, mais tout autant essentielles pour ton épanouissement personnel. La page de gratitude est là pour te rappeler ce qui est réellement important à tes yeux !

Take it slow...
... and **shine** !

La saison du Capricorne

**C'est une saison sombre et froide invitant au retrait, à la patience et à la persévérance...
Le domaine professionnel et les finances priment sur l'émotion.**

Signe de stabilité, lié à l'élément terre, dit « cardinal », premier signe de cette saison, un des quatre signes équinoxiaux, le Capricorne naît d'une terre de roche dure et glaciale, mais solide, résistante aux chocs et soutenant les projets les plus ambitieux.

Cette période d'introspection devrait être une période d'hibernation permettant de planifier le futur avec sagesse et poser des choix conscients. C'est le moment de programmer tes projets de vie et d'en poser les premières briques et fortifications.

JANVIER

21 déc-20 janvier

TO-DO

01
janvier

Mes intentions du mois

Alors, chère étoile, quel est le projet que tu souhaites démarrer au cours de cet hiver ? Pose ta pierre à l'édifice !

1 Je démarre un nouveau projet professionnel.

2 **J'écris une lettre à ma future moi** – que je lirai dans un an.

3 **Je m'essaie à la méditation** (1 fois par semaine).

4 **Je prends le temps** d'observer les projets que j'ai réussi à entreprendre lors de ces 3 dernières années.

5 **Je dresse un plan financier** pour la nouvelle année et mes objectifs personnels.

6 **Je m'offre une nouvelle pierre** : œil de tigre, quartz fumé ou malachite.

7 **Je profite des flocons de neige** lors d'une balade hivernale.

8 **Je soutiens une entreprise locale et éthique** en achetant un de leur produit.

9 **J'entame une nouvelle lecture** et je la termine pour février.

10 **Je (re)découvre mes placements en Capricorne sur mon thème astral.**

02
janvier

MOON BOARD

Les bonnes résolutions de la lune froide en Capricorne

La date de ma nouvelle lune :

La première nouvelle lune de l'année se déroule fin décembre ou début janvier, dans le signe du Capricorne : elle nous demande de poser les premières fondations à nos projets futurs, te permet de te projeter dans l'avenir pour t'aider à construire un nid douillet parfait. Elle te met en garde en te disant de ne pas t'embarquer dans un tourbillon d'actions irréfléchies – car tu pourrais en ressentir les conséquences durant la nouvelle année qui vient de démarrer. Garde en tête que chaque personne évolue à son rythme et qu'il ne sert à rien de vouloir presser le mouvement, alors qu'il te reste encore des choses à stabiliser dans ton quotidien.

Patience et persévérance sont les mots d'ordre du Capricorne à travers cette lune.
Dépose tes bonnes résolutions – ou du moins une intention – sur papier lors de cette nouvelle lune. Tu peux t'accompagner de la pierre d'onyx ou d'un œil de tigre, des pierres liées à l'énergie du Capricorne, car elles t'aideront à garder le contrôle de tes émotions tout en restant focalisée sur le développement de tes projets.

Tu es maître de ton avenir du moment que tu as une vision claire et nette de ton futur. Et c'est pour cela que cette lune t'invite à dresser le véritable portrait de tes ambitions.

RITUEL

03
janvier

Mes rituels d'intentions

Dresse une liste de tes intentions « passées », celles qui ne sont plus d'actualité et que tu souhaites laisser dans le chapitre de « l'an dernier », mais également rédige une liste des nouvelles intentions que tu aimerais concrétiser dans les prochains mois ou l'année en cours.

- As-tu une ou plusieurs bonnes résolutions cette année-ci ? Si oui lesquelles sont-elles ?
- Sinon, que construis-tu actuellement dans ton quotidien ? Et pourquoi ?
- Comment te sens-tu ce soir ? Quelle émotion te domine ?
- As-tu un souhait à adresser à l'Univers ?

TU AS LE POUVOIR DE CO-CRÉER LA VIE QUE TU AMBITIONNES, RIEN N'EST JAMAIS TROP GRAND.

- Organise et planifie tes finances (dépenses, revenus).
- Mets de l'ordre chez toi (dans ton foyer et/ou dans ta vie).
- Écris sur papier tes objectifs professionnels.
- Investis dans un bien ou dans une relation.
- Dresse un chèque d'abondance.

04
janvier

ÉCRITURE INTUITIVE

Ma lettre d'intention

Imagine que tu écris à ta meilleure alliée, à une amie de longue date, qui connaît tout de toi et qui s'impatiente d'avoir de tes nouvelles. Intègre tes « bonnes résolutions » (si tu en as) et aide-toi de cette méditation de visualisation pour réaliser tes projets !

Ma chère étoile, je t'invite à réaliser un premier exercice d'écriture intuitive. Pour cela, installe-toi dans un endroit calme avec ce livre, une feuille, un stylo, ainsi qu'une enveloppe (facultative). Tu peux allumer une bougie, mettre une musique douce en fond, tirer une carte d'oracle ou de tarot si tu en as à disposition ou te préparer un thé.

Veille à déposer une intention avant de te mettre à rédiger cette lettre à ta future toi. Tu peux te répéter 3 fois mentalement un mot qui incarne une émotion ou quelque chose qui fait sens à tes yeux : un souhait que tu déposes ou un mantra que tu as envie d'invoquer durant ce petit instant qui t'appartient (exemples d'intention : « amour », « douceur », « paix » ou « je me souhaite amour, bonheur et abondance » ou tout simplement « je souris à la vie »).

S'il s'agit d'une phrase, pense bien à la formuler à la première personne du singulier « je » et à la conjuguer au présent (ton *mindset* sera activé et ton cerveau retiendra les informations positives).

Lorsque tu es prête, inspire et expire doucement, puis entame ta fameuse lettre en indiquant ce que tu te souhaites à toi-même d'ici un an, tes objectifs, ta situation actuelle, écris à ta toi du futur comme si tu écrivais à ta meilleure copine lui faisant part de tes aventures et/ou de tes rêves du moment.

Tu reliras cette lettre dans 1 an tout pile !

Petit conseil : commence ta lettre par « Chère Moi du Futur... »

05
janvier

Clôturer et renaître...

Un tirage à 5 cartes qui permet de faire un bilan de l'année écoulée et d'ouvvrir un grand et beau nouveau chapitre. Il peut être réalisé à l'approche de ton anniversaire ou lors de la clôture d'un chapitre important de ta vie.

Prends le temps de poser tes objectifs de l'année en cours et de la lettre à ta future toi, pour avancer sereinement dans tes projets et de mettre en exergue :

- ce qui est à lâcher,
- ce qui est à comprendre de cette situation,
- ce qui est important à conserver,
- et le résultat final vers lequel tu dois avancer.

1 Elle incarne ce qui est clos et ce qui doit être laissé derrière soi.

2 Elle représente tes revenus et tes finances de l'année qui vient de démarrer.

3 Elle symbolise le grand changement à venir lors de cette année.

4 Elle reflète tes relations et l'amour dans ta vie durant les prochains mois.

5 Elle fera office d'indicateur concernant un projet qui se concrétisera lors de cette nouvelle année : amour, travail, famille, relations, santé, etc.

06
janvier

ÉCRITURE INTUITIVE

À la recherche de mon moi futur

C'est le moment de refaire surgir ta créativité, mais aussi tes pensées les plus extravagantes et rebelles.

Booste ta créativité en portant une de ces pierres : l'améthyste, la sodalite, la sélénite ou la labradorite.

Qui serais-tu en écoutant davantage la folie qui sommeille en toi ? Pourquoi ne pas viser plus haut ? Juste un petit peu ?

Face à une table ou ton bureau, bougie ou encens allumés, pars à la recherche de l'inspiration : sur Pinterest, sur Instagram, ou ailleurs ! Pioche toutes les photos inspirantes qui te font rêver et te dépasser au quotidien. Déco, vêtements, mise en situation, beaux dessins… et crée un mood board numérique ou réel en collant toutes tes trouvailles sur une seule et même grande page.

Que ressens-tu en t'y projetant ?
Exemple : tu te vois obtenir une promotion ou changer de travail, quelles sont les émotions qui te traversent en imaginant distinctement cet événement ?

Si tu ne parviens pas à te projeter, sais-tu pourquoi ?

Quelles peurs te bloquent ? Qu'aimerais-tu leur dire ? Comment aimerais-tu penser pour surmonter ces a priori ?

Conseil lunaire

La période entre la pleine lune et la nouvelle lune, c'est-à-dire lorsque la lune décroît est le moment parfait pour « rompre » avec ces peurs, ou du moins l'une d'entre elles. Rédige sur un petit morceau de papier le nom de ta peur, associe-la à une situation vécue, puis imagine une situation où tu arrives à vaincre cette peur. Ensuite, roule le petit morceau de papier, entoure-le de ruban et brûle le tout !

Vers le futur

Dans une posture stable et confortable, ferme les yeux et savoure…

Prête à embarquer dans un voyage vers le futur ?

08
janvier

ASTRO YOGA

L'énergie dorsale du Capricorne

Renforce ta colonne vertébrale (incarnée par le signe du Capricorne) pour améliorer ta posture au quotidien. Cela apaisera tes maux du dos !

Le chat-vache

• À quatre pattes.
• Mains alignées aux épaules, genoux alignés sur les hanches.
• Tête droite dans le prolongement de la colonne vertébrale.

Tête droite dans le prolongement de la colonne vertébrale.
Expire → les pieds plaqué au sol → enroule ta colonne vertébrale vers le ciel en rentrant le bassin vers l'intérieur : le thorax se ferme, les omoplates s'écartent l'une de l'autre, la tête est relâchée, Regarde vers ton nombril → ton menton sur ta gorge.
Inspire → les orteils crochetés contre ton tapis → cambre le bas du dos → ouvre le thorax et rapproche tes omoplates l'une de l'autre. → Lève le menton vers le ciel → la gorge étirée, le ventre dirigé vers la terre.

À répéter 3 à 5 fois.

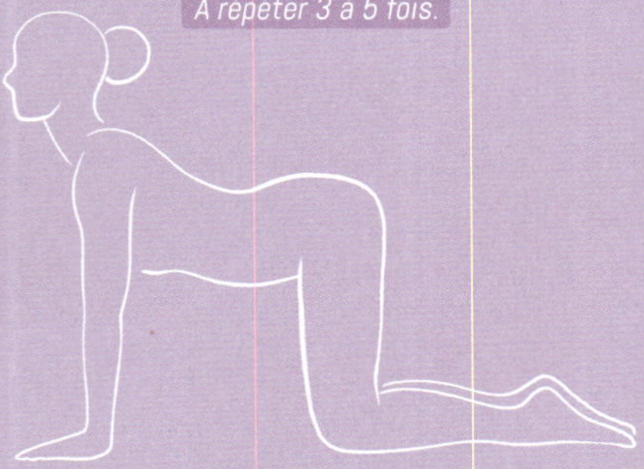

Lever des genoux à 4 pattes (bear pose)

• À quatre pattes.
• Mains alignées aux épaules, genoux alignés sur les hanches.
• Tête droite dans le prolongement de la colonne vertébrale.

Inspire dans la posture → expire → décolle légèrement les genoux du sol, ton bassin en position neutre.
Reste ainsi 3 à 5 respirations complètes. Ce travail abdominal va soutenir ta colonne vertébrale et particulièrement tes lombaires.
Sur une expire redépose tes genoux sur le sol et viens te mettre en posture de l'enfant.

Tu peux répéter 3 fois l'enchaînement « lever des genoux – posture de l'enfant ».

L'enfant

• À quatre pattes.
• dos des pieds contre le sol, tes gros orteils se touchent.

Inspire → expire → reviens sur tes talons, le front et les mains contre le sol, avançant pour étirer davantage le haut du dos.
Si la position n'est pas confortable → un coussin entre tes talons et tes fesses.

Objectif : le relâchement total.

3 à 5 respirations complètes.

Bonus

Soulève légèrement les coudes et décolle les paumes du sol pour être sur le bout des doigts. Étire le flanc gauche en marchant sur le côté droit :
• 3 respirations,
• 1 expiration,
• retour au centre.

Fais la même chose de l'autre côté.

ASTRO FOOD

09 janvier

Les aliments et l'énergie OSSEUSE et dorsale

Le calcium et la vitamine D sont indispensables au système osseux et à la colonne vertébrale. En cette période hivernale, on les retrouve dans les aliments suivants.

Les produits laitiers sont remplis de calcium. Qu'ils soient d'origine animale ou végétale, consommes-en 1 à 2 fois par jour pour cette raison.

Le tofu, rarement consommé par les personnes non végétariennes, est riche en protéines, mais également en calcium. Excellent substitut pour les personnes intolérantes au lactose.

Le thé vert ne lutte pas uniquement contre l'acidité dans l'organisme, il prévient également la déminéralisation des os.

« Une poignée de fruits secs par jour et tes os seront en bonne santé durant des décennies » ! Cela pourrait être un slogan idéal pour te rappeler que **les oléagineux** sont parfaits pour garder tes os en pleine santé. N'hésite jamais à agrémenter de noix, d'amandes ou de raisins secs tes tourtes, tes salades ou tes sandwiches.

Les épinards, les brocolis, les artichauts, les choux ont une forte concentration en antioxydants. Ces légumes à feuilles vertes favorisent le renouvellement de la masse osseuse.

Les oranges ne sont pas uniquement riches en vitamines C (parfaites pour vaincre les microbes de l'hiver), elles sont également riches en potassium et en calcium et luttent contre la déminéralisation des os.

Les poissons gras (en dehors des omégas-3) contiennent une grande dose de vitamine D permettant la bonne absorption du calcium par l'organisme. Donc si tu aimes le poisson, n'hésite pas à l'intégrer dans une ou deux recettes de ta semaine. Si tu es végétarienne ou végane, opte pour les légumineuses (lentilles, pois chiches, edamame...)

Le tahini est une pâte de sésame riche en calcium, utilisée pour préparer le houmous ou tout simplement pour assaisonner ses wraps et salades !

Les huiles d'olive ou de noix peuvent facilement s'ajouter à toute recette !

10 janvier

ECRITURE INTUITIVE

Mon autobiographie d'étoile

Si tu devais écrire ta propre biographie pour que les générations futures la lisent et s'inspirent de ton parcours, que voudrais-tu y mettre ?

Ou bien, que souhaiterais-tu y lire (si certains de tes rêves et objectifs n'ont pas encore été atteints) ?

Quelle trace souhaites-tu laisser sur Terre ?

Imagine la parfaite biographie posthume que tu souhaiterais laisser derrière toi !

ASTRO LITHO

11
janvier

L'œil de tigre

Une aide pour toute personne qui souhaite se lancer dans un projet qui demande volonté, persévérance et patience.

L'œil de tigre est une pierre dont la couleur peut varier du jaune doré au marron et dont le nom provient bien de sa ressemblance avec l'animal.

Elle est réputée pour agir comme une protection contre les mauvaises ondes et la négativité, elle permet de limiter les mauvais songes (activant le chakra du plexus solaire).

Idéale pour se recentrer sur soi-même et sur ses ressentis, elle stimule la volonté et aide à dépasser ses propres limites.

Ses mots-clés

- **Protection.**
- **Optimisme.**
- **Ambition.**

12
janvier

Je prends conscience de ma valeur. Oui, je mérite de recevoir tout ce que je désire.

ASTRO YOGA

13
janvier

Ces postures étirent et renforcent ta colonne vertébrale (incarnée par le signe du Capricorne) pour améliorer ta posture au quotidien. Cela apaise tes éventuels maux de dos de la journée, en travaillant d'arrache-pied sur tes ambitieux projets.

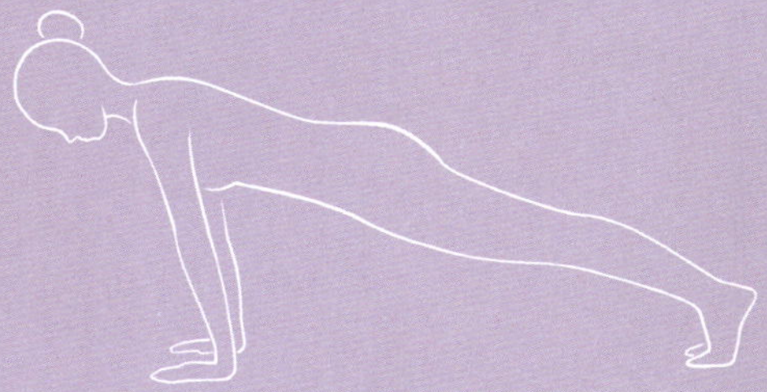

Yoga et vibrations **dorsales**

Le cobra

- Allongée à plat ventre.
- Doigts et orteils plaqués au sol (à soulever sous aucun prétexte).

Tes paumes de mains sous tes épaules → les coudes bien près du corps, épaules légèrement vers l'arrière → contracte tes abdos le ventre rentré, pour protéger ton bas du dos et tes cuisses.

Inspire → pousse sur les paumes des mains → lève le buste vers le plafond, les hanches, les jambes et les pieds collés au sol, les épaules basses.

Plie légèrement les coudes → en « bébé cobra » → lève les vers le ciel → étire la gorge pour allonger la posture.

3 à 5 respirations dans la posture

Le chien tête en bas

- En posture du cobra (ou de la posture à quatre pattes).

Expire → pousse tes paumes, orteils crochus, genoux décollés du sol et coccyx vers le ciel. Ta posture ressemble à un triangle. Rapproche tes talons du sol. (Si c'est impossible → genoux légèrement pliés, regard vers nombril ou entre les deux pieds).Tu dois sentir les muscles fessiers et l'arrière des cuisses s'étirer, tout comme ton dos. → Pousse fermement avec tes mains et tes épaules dans le sol, la tête dans le prolongement de la colonne, légèrement soutenue.

3 à 5 respirations avant de déposer les genoux sur une expiration.

La planche

- En posture du chien tête en bas.

Inspire → étire les jambes et avance la poitrine vers l'avant, bras perpendiculaires au sol et épaules alignées avec les poignets, orteils repliés (pieds à environ 15 cm de distance l'un de l'autre), fesses baissées, alignées avec le dos en ligne droite.

Abdos engagés → fixe un point à hauteur des yeux.

Respire profondément → maintiens 3 à 5 respirations complètes.

- Ou en partant de la posture à quatre pattes, allonge une jambe, puis l'autre en veillant à bien garder les hanches baissées, alignées avec la colonne vertébrale pour former une ligne droite. Engage les abdominaux et fixe un point à hauteur des yeux.

Respire profondément et maintiens la posture pendant 3 à 5 respirations complètes.

La bonne énergie

L'enchaînement de ces 3 postures cobra/chien tête en bas/planche (sans transition par la posture à quatre pattes) 3 à 5 fois !

14 janvier

CHECK-UP

Un point c'est toi !

Cette saison hivernale est associée à la prise de bonnes résolutions et à la planification des objectifs. Même si certaines choses prennent du temps, ce n'est que pour mieux les savourer lorsque tu t'accorderas du repos. Où en es-tu après ces deux premières s emaines ?

Comment te sens-tu, vraiment ?

Qu'as-tu réussi à mettre en place, dans ta vie professionnelle, en seulement deux semaines ?

Qu'en est-il de ta relation avec ton travail ?

Que peux-tu faire pour l'améliorer ?

Qu'est-ce qu'il te reste à construire ? Et pourquoi ?

As-tu tenu une bonne résolution durant ces deux premières semaines ? Si oui, laquelle ?

Sinon, quel décrirait au mieux ces deux premières semaines de l'année ?

Une envie particulière avant la fin du mois de janvier ?

Un petit mot pour te motiver toi-même ?

ASTRO FOOD

15 janvier

Bowl santé au velouté de carottes

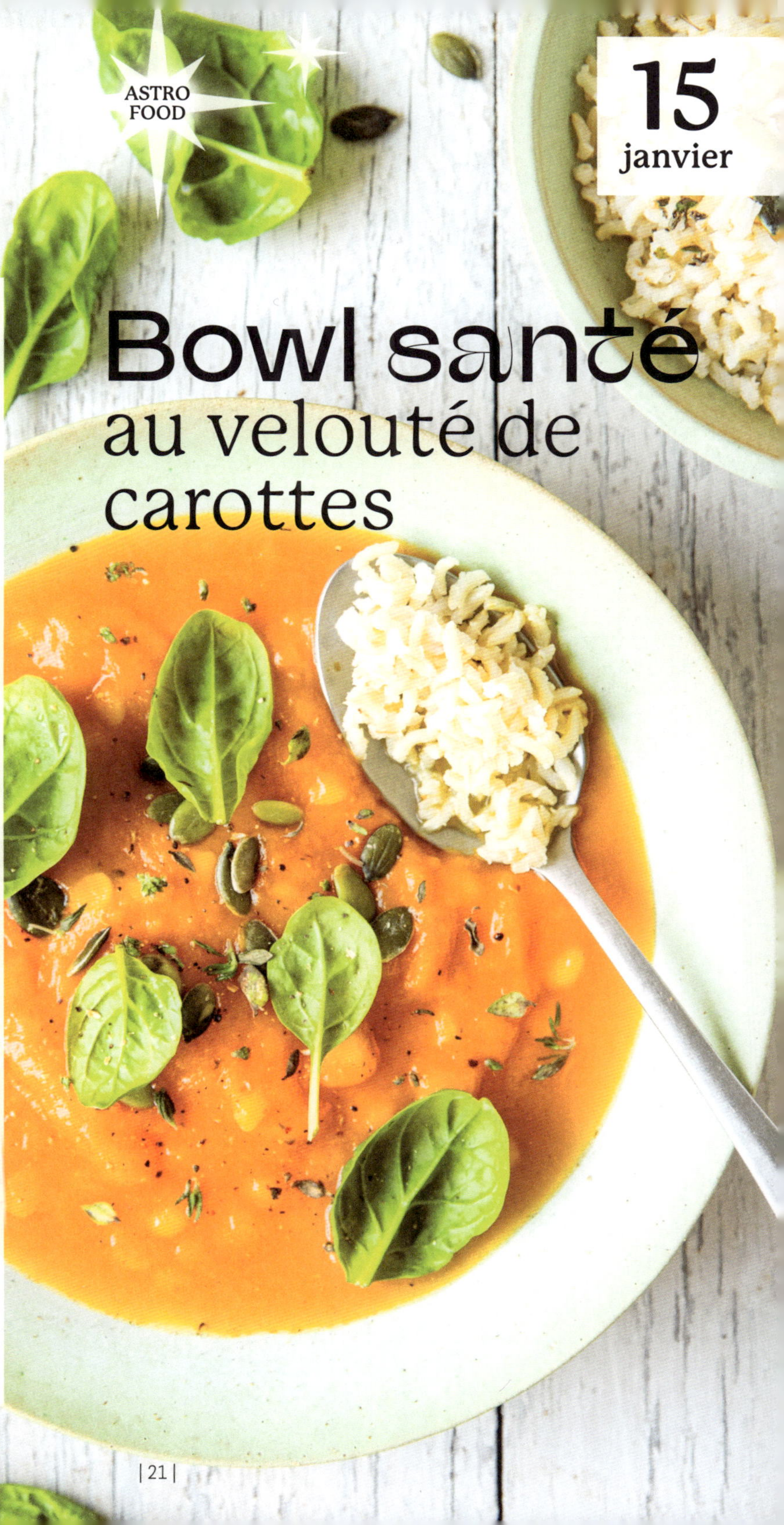

Cette recette met des couleurs dans ton quotidien et t'apporte du baume au cœur en cet hiver qui s'allonge ! Le bonus ? La carotte donne bonne mine et rend le teint frais !

Ingrédients (pour 2 personnes)

Pour le velouté

- 200 g de carottes
- 1 patate douce
- 1 échalotte
- 1 cube de bouillon de légumes
- 3 c. à c. de cumin
- 2 c. à c. d'huile d'olive
- Sel et poivre
- Graines de courge (pour la décoration)

Pour la garniture

- 125 g de riz brun
- 200 g de mâche
- 125 g de lentilles blondes cuites
- Un bouquet de thym

Faire cuire le riz à couvert env. 12 à 15 min.
Faire revenir les échalotes émincées, les carottes et les patates douces coupées en rondelle. Ajouter le bouillon de légumes et le thym. Couvrir et laisser cuire 20 min env. Saler, poivrer puis mixer le tout pour obtenir un velouté. Ajouter les lentilles et assaisonner de thym.
Disposer le riz et le velouté dans des bols ou mélanger, décorer de graines de courge et de feuilles de mâche.

16 janvier

ASTRO LITHO

Le quartz fumé

Un calmant naturel qui apaise peurs et tensions.

Pierre noire très puissante, « la pierre des responsabilités » selon les thérapeutes, permet de prendre conscience de ses parts sombres et de ses faiblesses tout en atténuant les peurs…

Elle permet de se reconnecter à la terre.

Elle travaille énormément sur la spiritualité et le rapport à l'inconscient, notamment en agissant sur les blessures enfouies.

Elle permet de traverser les moments difficiles (deuil, séparation, remise en question) avec plus de légèreté.

Ses mots-clés

- **Stabilité.**
- **Spiritualité.**
- **Lâcher prise.**

17
janvier

La lune du loup

La date de ma nouvelle lune :

Cette pleine lune se déroule généralement dans le signe du Cancer, t'incitant à prendre soin de toi, de tes proches, des membres de ta famille, de ton chez-toi, de te plonger dans de vieux bouquins, des albums photos, de regarder des films et dessins animés de ton enfance... C'est un petit moment de « pause » dans cet hiver froid, gris, propice au repos de l'esprit, mais aussi à l'introspection. L'hiver est encore long, mais cette pleine lune vient te murmurer que les jours meilleurs arrivent plus vite que tu ne le crois !

Si tu ressens le besoin de t'isoler et de faire le point avec toi-même et tes émotions, sache que cela n'est pas un hasard. Alors, rends-toi disponible pour ton âme et reviens t'ouvrir aux autres dès que les énergies de cette pleine lune se seront estompées.

Mes rituels :

- Écouter une ancienne playlist qui te met du baume au cœur.
- Préparer un repas gourmand et le déguster au coin du feu.
- Regarder ta série "doudou" avec un chocolat chaud.
- Te plonger dans un bain avec des huiles essentielles.
- Brûler une bougie en l'honneur de tes ancêtres.

ÉNERGIE VIBRATOIRE

Cartographie astrale en Capricorne

**Je suis forte, puissante et entreprenante.
Je suis capable de réaliser mes rêves.**

Que tu sois née ou non sous le signe du Capricorne, sache que son énergie fait partie de toi – à un degré plus ou moins fort. En effet, en dehors du soleil, tu peux aussi avoir un ascendant, une lune ou toute autre planète dans ce signe, et, a minima, au moins une de tes 12 maisons astrales.

Sache alors que le Capricorne incarne l'autorité, ta propre autorité et ton rayonnement professionnel. Cette énergie t'invite à te donner les moyens pour atteindre tes objectifs les plus fous. Peu importe si cela prend du temps, tu finiras par triompher et décrocher la lune.

Quelles sont tes planètes en Capricorne ?

....

....

Quelle est ta maison en Capricorne ?

....

....

Comment ressens-tu l'énergie du Capricorne en toi, au quotidien ?

....

....

Quelles caractéristiques principales du Capricorne te correspondent ?

Volonté	Assurance	Rationalité	Loyauté
Pessimisme	Impulsivité	Radinerie	Entêtement

Cite tes ambitions les plus folles :

....

....

....

ÉCRITURE INTUITIVE

19 janvier

Mon moment de manifesting

Agis selon le sens de tes affirmations et de tes croyances et fais-en une réalité.

Selon la loi de l'attraction, ou la manifestation, il existe un lien intime entre tes pensées et la réalité. Tu t'attirerais alors des choses positives ou négatives selon ton mode de pensées du moment. Mets-toi donc en mode « pensée positive » !

Les phrases qui travaillent avec la loi de l'attraction

- Je postule et je suis engagée dans un job qui respecte mes convictions, me met en valeur et m'aide à m'épanouir.
- Je rencontre LA bonne personne avec qui construire une vie de couple saine et sereine.
- Je reprends le sport pour mon bien-être avant toute chose et pour devenir plus forte…

Voici les trois grandes règles de la loi de l'attraction :

1. Demander – Tu dois demander exactement ce que tu veux, avec le plus de détails possibles. Et oser rêver grand.

2. Croire – À travers le développement de ta confiance en toi et de ton estime de toi, tu dois croire et accepter le fait que l'Univers puisse te vouloir du bien. Qu'il est prêt à se ranger de ton côté.

3. Recevoir – Enfin, mets-toi dans une posture de réceptivité, d'ouverture. Tu dois être à l'aise avec le fait de recevoir du positif dans ta vie.

20 janvier

ASTRO YOGA

Ce mix parfait entre yoga et pilates fait de ta colonne un véritable bijou !

Le collier de perles

La cigogne

• Debout, pieds ouverts sur la largeur des hanches, périnée légèrement contracté.
Épaules détendues, bras le long du corps, de part et d'autre du bassin → rentre le menton pour étirer tes cervicales.
Inspire profondément → lève les mains vers le ciel, paume contre paume. → Expire → plie tes hanches → fléchis le haut du corps vers l'avant en cherchant le sol du bout des doigts, bras près des oreilles et genoux pliés au besoin.
Étire bien la colonne vertébrale → maintiens durant 3 à 5 respirations.

Bonus : tu peux venir en posture de la planche.

Le pont des épaules (pilates)

Que tu sois en posture de la planche ou toujours en cigogne, quitte doucement ta posture sur une expire.

• En planche : laisse ton bassin se poser sur le sol en te couchant sur le dos, jambes fléchies, pieds écartés largeur du bassin.

• En cigogne : redresse doucement ta colonne vertèbre après vertèbre en t'installant sur le dos, jambes fléchies, pieds écartés largeur du bassin.

Bonus : tu peux utiliser un ballon ou un bloc que tu cales entre tes genoux.

• Bras le long du corps.
• Paumes vers le sol.
Décambre le bas du dos → contracte le plancher pelvien → démarre une respiration thoracique → inspire dans laposture.

Expire → monte le bassin vers le haut en soulevant ta colonne vertèbre après vertèbre → maintiens 3 à 5 respirations (genoux-hanches-épaules alignées).
En expirant, déroule doucement ta colonne sur le sol et imagine que tu es un collier de perles qui se dépose sur le sol : relâche d'abord le haut, puis le milieu du dos, les lombaires et les fesses en dernier.

Répète 2 ou 3 fois.

Dead bug

• Allongée sur le dos, les jambes pliées.
• Pieds écartés sur la largeur du bassin.
Tends tes bras vers le ciel, poignets alignés aux épaules.

Lève tes genoux au-dessus de tes hanches → en angle de 90 degrés.

Inspire → contracte tes abdos.

Expire → baisse ton bras droit vers l'arrière et la jambe gauche vers l'avant, sans toucher le sol (quelques centimètres au-dessus). Baisse ton bras gauche vers l'arrière et la jambe droite vers l'avant → en position initiale.

Effectue ces mouvements lentement → travaille bien tes abdominaux en profondeur sans décoller le dos du sol.

Trois séries de 8 à 10 répétitions de chaque côté.

Écoute ton corps et arrête-toi lorsque c'est nécessaire.

CONSEIL ET BIEN-ÊTRE

21
janvier

Coup de **boost** !

Voilà quelques petites astuces qui peuvent te permettre de recharger tes batteries en hiver, tout en douceur ! Le blue monday arrive à grands pas ? Même pas peur !

Douce âme, la nuit est plus longue que le jour, alors il est normal que ta motivation baisse en flèche !
Il est parfois difficile d'être productive en cette période de l'année durant laquelle nos ancêtres avaient déjà pour habitude de se reposer…

- Pars pour une balade en nature sous la neige ou le gel pour admirer le paysage et changer d'air.
- Planifie un jour « off » avec un ou une ami·e ou ton amoureux·se (vieux films, pop corns et chocolat chaud) pour te mettre en mode cocooning !
- Allume ta bougie favorite et médite pour relâcher le mental.
- Écoute un podcast ou de la musique douce pour t'inspirer.
- Prends un bain chaud et/ou prépare-toi un soin du visage pour te ressourcer.
- Prépare une soupe et/ou fais du batch-cooking pour faire le plein de bons nutriments.
- Pose-toi sur le canapé avec un bon livre pour t'évader !

La tarte à la betterave, noix, féta & miel

Voici une recette d'inspiration qui ne reprend que des aliments boosts pour la santé de tes os !

Ingrédients

- 200 g de farine d'amande ou d'avoine
- 100 g de beurre (végan)
- 1 pincée de sel
- 400 g de betteraves crues (en morceaux ou entières)
- 1 oignon rouge
- 2 c. à s. d'huile d'olive et de vinaigre balsamique
- 1 c. à s. de miel
- 200 g de féta
- Noix
- 1 bouquet de thym
- 200 g de roquettes
- 100 g de tomates séchées
- 1 c. à s. d'huile d'olive
- Restes de féta et de noix (bonus)

Réaliser une pâte brisée en mélangeant la farine le beurre mou, la pincée de sel et l'eau et réserver 30 min au frigo. Disposer et piquer la pâte dans un moule à tarte et placer au frais pendant encore 15 min. Précuire 20 min dans un four à 200°C. Faire revenir les oignons émincés dans l'huile d'olive. Saler et poivrer. Ajouter les betteraves en morceaux et le vinaigre balsamique, un peu d'eau et laisser cuire env. 15 min. Ajouter le thym et laisser refroidir. Garnir le fond de tarte précuit de cette préparation et recouvrir de féta émiettée puis enfourner env. 30 à 35 min. Agrémenter de noix et d'une touche de miel.

ASTRO LITHO

23 janvier

Le quartz rutile

Une pierre d'énergie à avoir ou porter pour ses nouveaux départs !

Cette pierre, dont le nom signifie rouge, « rutilus » en latin, était utilisée essentiellement pour l'ornement. Aujourd'hui, on considère que ses vibrations positives en font une grande alliée spirituelle.

Elle apaise et ouvre la voie vers le bien-être. Liée au chakra racine, elle stabilise les relations et leur permet d'être pérennes dans le temps.

Enfin, elle est parfaite pour les personnes timides, qui, à son contact, parviennent à dépasser leurs peurs sociales.

Ses mots-clés

- **Stabilité.**
- **Bien-être.**
- **Relation.**

24
janvier

Je suis ferme quant aux décisions que je prends pour mon avenir. Je lâche les habitudes qui m'empêchent d'évoluer.

ASTRO DICO

25 janvier

Les mots de la saison du Capricorne

Le premier mois de l'année fait briller les mots de l'âge adulte et du monde professionnel !

Quelle est ta définition du mot :

Adulte

....

....

....

....

....

....

....

....

Maturité

....

....

....

....

....

....

....

....

La réussite est un processus qui nous invite à décrocher un de nos rêves, tout en étant aligné avec soi-même et en suivant son intuition. La réussite déclenche un grand sentiment d'euphorie et elle se célèbre en étant accompagné des gens qu'on chérit – ou de manière plus intime en tête-à-tête avec soi-même.

Sagesse

....

....

....

....

....

....

....

....

Ambition

....

....

....

....

....

....

....

....

Réussite

....

....

....

....

....

....

....

....

26
janvier

CONSEIL
ET BIEN-ÊTRE

Un pur **cocon** !

Au quotidien, ton chez-toi emmagasine un tas d'énergies différentes, positives et négatives, selon les différentes humeurs des divers occupants, mais aussi selon et la disposition de tes meubles.

La météo glaciale de l'hiver te pousse à rester davantage chez toi ? Il est d'autant plus important de purifier ta maison, lorsque tu en ressens le besoin ou lors d'une nouvelle ou pleine lune.

Sauge, palo santo ou encens

Que ce soit avec la sauge, le palo santo (« bois sacré ») ou l'encens, le rituel reste le même : utilisés comme bâtons de fumigation, leur fumée dissipe les mauvaises énergies tout en nous relaxant.
Pose une intention.
Ouvre en grand tes fenêtres et allume ton bouquet de sauge, ton bâton de palo santo ou d'encens.
Tu peux commencer ton rituel sur le pas de ta porte ou dans le hall d'entrée.
Déplace-toi dans le sens des aiguilles d'une montre, dans les différentes pièces.

Bougies

En déposant une bougie dans la pièce à purifier, pose une intention et allume la mèche. Sache que les bougies ont des interprétations différentes selon leurs couleurs : rose = amour, blanc = pureté, bleu = calme, noir = spiritualité, etc.

Purifier autrement

Avec du gros sel, un bol chantant ou par la visualisation.

ASTRO YOGA

27
janvier

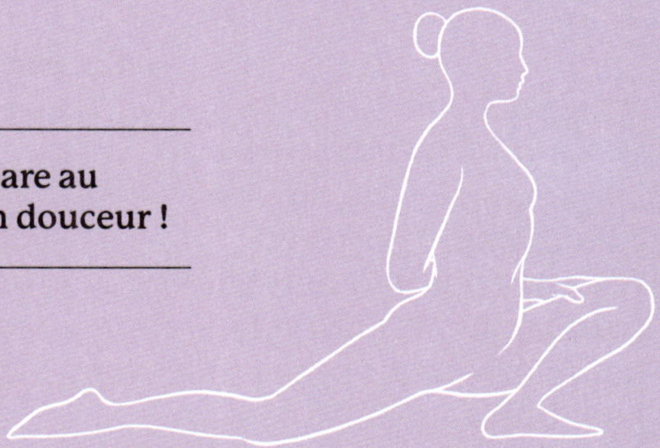

Cet enchaînement te prépare au changement astral tout en douceur !

Le flow in

Échauffement des hanches

• À quatre pattes, genoux alignés aux hanches et poignets aux épaules. Lève le genou droit, cuisse parallèle au sol, et fais de grands cercles avec la hanche d'un côté et puis de l'autre.

Tu peux répéter du côté gauche.

Le lézard

• En chien tête en bas ou posture de la table (selon ta préférence).
Lève la jambe droite vers le ciel puis pose ton pied droit à l'extérieur de la main droite.
Les doigts des mains et des orteils alignés sur une même ligne → ajuste ta jambe droite pour aligner ton genou avec ta cheville.
Pousse ton talon gauche contre un mur imaginaire.
Variation plus douce : dépose le genou gauche au sol → dans la posture du dragon, moins intense au niveau des adducteurs.

Si tu souhaites aller plus loin dans la posture, inspire et, en expirant, pose délicatement les coudes sur le sol – ou sur un bloc ou tout autre support.

Reste 3 à 5 respirations dans la posture.

En inspirant, place tes mains sous les épaules et pousse en expirant pour te redresser. Reviens en posture de la table ou du chien tête en bas.

Répète de l'autre côté.

Le cygne

• En posture de la table ou du chien tête en bas (selon ta préférence).
Lève la jambe droite vers le ciel → pose le genou entre les mains. Ouvre le pied vers la gauche → descends les hanches vers le sol. Déploie la jambe gauche vers l'arrière et ouvre la poitrine → prends appui sur les paumes ou sur les doigts.
Inspire → expire → marche vers l'avant ou dépose les avant-bras sur le sol (et le front en allongeant les bras).

Reste 3 à 5 respirations dans la posture.

Si c'est inconfortable et que la fesse de droite ne touche pas le sol, tu peux glisser un coussin sous la hanche.
Inspire → place tes mains sous les épaules. → Expire → pousse sur tes mains → redresse-toi en posture de la table ou du chien tête en bas.
Répète de l'autre côté.
Enfin, tu peux clôturer ton flow avec **la posture de l'enfant**.

28 janvier

MÉDITATION

La moitié du mois vient de s'écouler, alors ralentis un peu et accorde-toi un moment d'introspection… en respirant !

Nadi Shodana, la respiration nasale alternée

Cette respiration purifie les canaux énergétiques. Elle apaise le corps et l'esprit pour préparer à la méditation. Pratique-la aussi lorsque tu sens l'anxiété gagner du terrain ou qu'une angoisse surgit face à une situation stressante.

- Viens t'asseoir confortablement en tailleur, sur une chaise ou sur un coussin, le dos bien droit. Dépose ta paume gauche sur ton genou gauche, positionne ta main droite devant le visage, tu peux utiliser le Vishnu Mudra. (Mais le but de cette pratique est de boucher ta narine droite avec ton pouce et ta narine gauche avec l'annulaire ou l'auriculaire.).
- Inspire profondément par le nez et expire.
- Ferme la narine droite avec le pouce, puis inspire par la narine gauche en comptant dans ta tête jusqu'à 4.
- À la fin de l'inspiration, ferme la narine gauche avec l'annulaire (ou l'auriculaire) et expire par la narine droite en comptant dans ta tête jusqu'à 6.
- Ensuite, inspire lentement par la narine droite (en maintenant toujours la narine gauche fermée) en comptant jusqu'à 4. Puis ferme à nouveau la narine droite et libère la narine gauche pour expirer en comptant jusqu'à 6.

Tu peux répéter ce cycle 5 à 10 fois.

Bienfaits

- ♥ Calme l'esprit et apaise le mental.
- ♥ Diminue le stress et l'anxiété, ainsi que la pression artérielle.
- ♥ Améliore la concentration.
- ♥ Renforce le système respiratoire et restaure l'équilibre de la respiration entre les deux narines.
- ♥ Nettoie les sinus et élimine les toxines du corps.

ASTRO LITHO

29 janvier

La malachite

Cette pierre liée au chakra du cœur est réputée pour apaiser les maux – en tout genre.

Cette pierre verte protégerait des cauchemars et des troubles du sommeil, elle atténuerait également les douleurs physiques en les absorbant.

Son énergie apaisante aide au travail des colères, de la compréhension et de la tempérance.

Accompagnatrice idéale des personnes qui viennent de subir une blessure ou un choc émotionnel profond, elle apporte l'apaisement et favorise la guérison.

Elle favorise la capacité de persuasion et la négociation.

Ses mots-clés

- **Pardon**.
- **Guérison**.
- **Persuasion**.

30
janvier

Merci pour...

Parce que le mois de janvier se termine pas à pas, c'est le moment de gonfler ton cœur de gratitude et de te remercier.

Oui, de te remercier

Toi !

Pour tout ce que tu as accompli en ce mois de janvier.

Ça peut être une folie d'accomplissement, mais ça peut aussi être simplement le fait d'être restée toi-même et d'avoir suivi ta voie intérieure.
Prends 5 ou 10 min pour écrire, ici, les choses pour lesquelles tu souhaites te remercier et celles pour lesquelles tu es fière d'être qui tu es.

CHECK-UP

31
janvier

Clap de fin sur le mois de janvier

Eh oui, déjà ! C'est le moment de dresser le bilan du mois, et le premier de l'année.

Quel est ton plus beau souvenir de ce premier mois ?

As-tu vécu une déception ?

Quelle a été ta plus grande fierté en janvier ?

Quelle a été ta leçon de vie ce mois-ci ?
(Explique brièvement la situation et ce que tu en déduis)

Quelles ont été tes personnes ressources ?

Si tu devais décrire janvier en 3 mots,
lesquels seraient-ce ?

Quel serait ton focus pour le mois de février ? Pourquoi ?

Un petit mot doux à toi-même avant de débuter
le nouveau mois ?

La saison du Verseau

C'est une période enneigée et glaciale, de calme, de partage en cocon, mais aussi de stabilité... Le ciel serti de coton blanc est une toile parfaite pour mobiliser l'imagination.

Deuxième signe de la saison, le Verseau respire un air mordant et froid, mais pur et dénué de toute agitation. Signe de liberté, lié à l'élément de l'air, il est aussi « ancré », car c'est un des quatre signes enracinés au milieu d'une saison. Cela fait de lui un esprit assuré, vaillant et altruiste, toujours disposé à prêter son manteau à celui ou celle qui en aura davantage besoin.

Enfin, le Verseau incarne la créativité et l'avant-gardisme : son imagination fertile lui permet de construire un monde meilleur.

FÉVRIER

21 janvier – 19 février

01 février

1 **Je m'inscris à un atelier créatif.**

2 **Je dresse un bilan relationnel**, amoureux et amical.

3 **Je cesse de suivre les comptes** qui ne m'inspirent pas/plus.

4 **Je me déconnecte des réseaux sociaux** #detoxdigitale.

5 **Je prends le temps** de visualiser les projets que je souhaite accomplir d'ici le printemps.

6 **Je (re)fais une déclaration d'amour** passionnée à celui ou celle que j'aime.

7 Je **m'offre une nouvelle pierre** : améthyste, labradorite ou quartz aura.

8 **J'organise une sortie entre amis** pour renforcer les liens.

9 **Je participe à un crowdfunding** ou j'offre de l'argent à une association.

10 **Je (re)découvre mes placements en Verseau sur mon thème astral !**

Mes intentions du mois

Alors, chère étoile, à qui comptes-tu déclarer ta flamme en ce long hiver ?

02
février

MOON BOARD

Nouvelle lune en Verseau

La date de ma nouvelle lune :

La deuxième nouvelle lune de l'année se déroule fin janvier ou début février, dans le signe du Verseau : elle te rappelle de prendre le temps de bien faire les choses, d'installer convenablement tes projets et de ne pas te précipiter. Elle vient te murmurer que, même lorsque rien ne semble fonctionner ou que tu as cette désagréable sensation de « stagner », c'est parce que l'Univers peaufine les derniers réglages avant de t'ouvrir de nouvelles portes. Il ne faut donc pas perdre espoir. Cependant, il convient d'accepter tes émotions négatives, de les vivre, de les traverser, puis d'en ressortir plus forte – et plus créative – pour imaginer d'autres issues pour concrétiser ta vision unique et originale de la vie.

Les intentions et les bonnes résolutions sont souvent posées en janvier, mais c'est bien grâce aux éclairs de génie de février et à la créativité qui en découle que nous atteignons nos objectifs ! Alors, prends une pause avant de (re)démarrer de plus belle, dès que la route se dégagera face à toi – et que ta créativité te permettra de trouver d'autres issues face à chaque embûche.

Tout comme la lune, traverser des périodes de vide te permettra de te recharger en belles énergies. Ce moment d'introspection te déchargera du négatif pour refaire le plein en étant bien/mieux accompagnée.

RITUEL

03
février

Mes projets

**Tout ce que tu peins peut prendre vie.
À toi de peindre un avenir des plus colorés !**

Près d'une bougie, pose sur papier tes intentions et tes souhaits pour un future proche. Dresse une liste de tes réalisations et accomplissements passés, ces projets clôturés, remercie-toi pour cela et rédige une liste des nouvelles actions à entreprendre : les projets que tu aimerais concrétiser d'ici le printemps !

- Colorie ou mets-toi à la peinture !
- Écris des textes en t'inspirant du mot **liberté**.
- Appelle ton ou ta meilleure amie pour programmer un moment à deux.
- Prends le temps de trier tes photos et d'en faire un album pour te remémorer les beaux souvenirs.
- Accueille le fait de ne « rien faire » dans le but de faire jaillir une once de créativité.

- As-tu un- ou plusieurs projets en cours actuellement ? Si oui lesquels sont-ils ?
- Que se passe-t-il du côté de ta vie amoureuse ou amicale ?
- Comment te sens-tu ce soir ? Quelle émotion te domine ?
- As-tu un souhait à adresser à l'Univers ?

Mes Projets Passés	Mes Projets Futurs

04
février

ÉCRITURE INTUITIVE

Quand moi aimer moi...

Ce soir, écris – avec passion ! – à une personne que tu aimes fort fort fort d'amour ! Cela peut être un amour passionné comme un amour doux et amical, à dédier à une copine ou une personne de ta famille... Ou toi, tout simplement. Tu peux t'offrir un peu d'amour à toi-même en rédigeant un poème sur ce que tu aimes chez toi.

Rédige, plie et colle ta lettre ici

Installe-toi dans un endroit calme avec ce livre, une feuille, un stylo et éventuellement une enveloppe. Allume une bougie, prépare-toi un thé, mets une douce musique de fond, tire une carte. Veille à déposer une intention avant de te mettre à rédiger cette lettre à ta future toi. Tu peux te répéter trois fois mentalement un mot qui incarne une émotion ou quelque chose qui fait sens à tes yeux : un souhait que tu déposes ou un mantra que tu as envie d'invoquer durant ce petit instant qui t'appartient (« amour », « douceur », « paix » ou « je me souhaite amour, bonheur et abondance » « je souris à la vie »). S'il s'agit d'une phrase, pense bien à la formuler à la première personne du singulier « je » et à la conjuguer au présent (ton mindset sera activé et ton cerveau retiendra les informations positives). Prête ? Inspire et expire doucement avant d'entamer ton fameux poème... avec ou sans rime, en alexandrins ou pas... C'est TOI qui choisis ! Un ton, une thématique, un champ lexical inspirant et vas-y !
Le tip rédactionnel : Avant de rédiger, dresse une liste de 8-10 mots que tu souhaites faire apparaître dans ton écrit.

Lorsque tu as terminé, offre ton poème à la personne à qui tu penses si fort... Et si c'est à toi-même : plie-le en quatre ou en six (range-le dans une enveloppe, que tu peux décorer) et colle-le ici !

PRÉDICTION

05 février

Ta température émotionnelle

Munis-toi de ton jeu de tarot favori et réalise ton tirage après avoir pris le temps de poser tes projets du mois et rédigé la lettre à l'être aimé. Car ce tirage de cartes te permettra de (ré) ajuster ce qui est nécessaire pour avancer sereinement sur le plan relationnel.

Ce tirage peut te permettre de faire le focus sur une relation que tu entretiens tout particulièrement avec quelqu'un. C'est aussi un tirage à (re)faire lorsque tu souhaites rééquilibrer une relation, te sentir mieux ou davantage poser tes limites… tu peux aussi l'utiliser si tu veux t'investir dans une relation sans savoir par où commencer.

Il met en exergue le « soi », « l'autre » et le « nous », les trois membres fondateurs d'une relation saine et équilibrée. Ce type de tirages peut s'effectuer à n'importe quelle période de l'année, pour toi ou pour quelqu'un d'autre. Il te suffit de poser la bonne intention lors du tirage des trois cartes.

1 La première carte correspond au « soi » : elle te représente en tant que personne, tes émotions du moment, ton positionnement dans tes relations, tes sentiments, tes envies et tes désirs.

3 La troisième carte illustre le « nous » : elle représente votre relation ainsi que les émotions et les sentiments qui s'en dégagent. C'est l'essence de votre rencontre et de votre relation. Elle peut aussi incarner une solution, notamment s'il y a un conflit entre vous.

2 La deuxième carte est celle de l' « autre » : elle représente les sentiments de la personne ou des personnes à qui tu songes lors de ce tirage et qui font partie intégrante de ton questionnement du jour. Ce sont ses tourments, ses joies ou ses désirs.

06
février

ÉCRITURE INTUITIVE

Divine idylle

C'est le moment de refaire surgir ta créativité, mais aussi tes émotions et tes sentiments les plus sincères.

Ces pierres boosteront ta créativité : quartz rose, quartz aura, rhodonite et labradorite.

À quoi ressemble ta romance idéale ? Peut-être la vis-tu déjà et a-t-elle besoin d'un petit zeste de folie ou un projet en duo à concrétiser. Peut-être l'attends-tu, avec une image encore floue du partenaire idéal... Ou peut-être n'attends-tu plus que l'amour de l'autre...

Avant de réaliser l'exercice de visualisation, décris ta vision de l'amour :

- Que représente l'amour à tes yeux ?
- Quelle est ta définition d'un couple ou d'une relation épanouissante ? Pourquoi ?
- Quelle était ta vision de l'amour en étant enfant ?
- Quels couples trouves-tu inspirants ?
- Quelles différences entre ta définition de l'amour avant et maintenant ?
- Quelle place souhaites-tu accorder à l'Amour dans ta vie, aujourd'hui ? Pourquoi ?

Bougie ou encens allumés, sur Pinterest, Instagram ou ailleurs, pars à la recherche de l'inspiration ! Crée un mood board numérique ou réel de toutes les photos inspirantes criant le mot « amour ». Déco, vêtements, mise en situation, citations, etc.

Que ressens-tu en t'y projetant ?
Exemple : tu te vois construire la maison de tes rêves avec quelqu'un qui t'aime et te soutient, quelles sont les émotions qui te traversent en imaginant distinctement cet événement ?

....

....

....

Si tu ne parviens pas à te projeter, sais-tu pourquoi ?

....

....

....

Quelles peurs te bloquent ? Qu'aimerais-tu leur dire ? Comment aimerais-tu penser pour surmonter ces a priori ?

....

....

....

Conseil lunaire

Si tu souhaites défaire un lien que tu entretenais avec une personne car cela t'empêche d'aller de l'avant, sache que tu peux réaliser l'exercice des bonhommes allumettes ! Apprends à défaire les liens toxiques page 59 avec le rituel de la bougie et prends soin de toi !

L'améthyste

L'améthyste t'invite au lâcher-prise et à la (re)connexion à ton toi supérieur, à l'intuition profonde et pure.

Ce cristal de spiritualité et d'apaisement favorise le calme mental et l'équilibre émotionnel. Aussi, il réduit les troubles du sommeil, notamment en éloignant les cauchemars et libérant l'esprit du flux des pensées du quotidien.

L'améthyste vient du grec *amethystos*, qui signifie « sobriété ». Améthystos était une jeune nymphe qui, selon la légende, aurait séduit Dionysos, le dieu du vin, mais refusa ses avances. Artémis, femme de Dionysos, et malgré tout jalouse, la transforma en un cristal froid et dur. Dionysos alors fou de rage renversa son verre de vin sur le cristal, le teintant de violet.

On la retrouve également dans de nombreux mythes religieux, notamment chez les chrétiens, comme symbole de fidélité. Elle permet de faire face notamment aux pensées obsessionnelles et aux addictions.

Ses mots-clés

- **Amour.**
- **Protection.**

Omégas-3, magnésium et antioxydants

Le Verseau représente la liberté et l'indépendance, toutes deux incarnées par les jambes du corps humain, et particulièrement les mollets. Les nutriments indispensables pour leur garantir une bonne souplesse sont le magnésium, l'oméga-3 et les antioxydants sans oublier l'hydratation du corps.

Les baies et les fruits rouges
Canneberges, églantines, framboises, mûres, myrtilles... Ces fruits sont riches en antioxydants et préviennent la détérioration des tissus musculaires tout en favorisant la souplesse des cartilages.

L'ail protège les articulations de l'arthrose et atténue les micro-inflammations des fibres musculaires. Il est donc réputé pour apaiser les douleurs et calmer les inflammations (même les débuts de rhume !).

L'avoine est hautement protéiné, avec huit acides aminés qui contribuent à la création de nouveaux tissus musculaires. Sans parler de ses autres et innombrables bienfaits !

Les graines de chia contiennent tout ce qu'il faut pour être en bonne santé ! Protéines, lipides, glucides, fibres... et même de l'oméga 3.

Le chocolat noir à 70 % est réputé pour être riche en magnésium. L'intégrer dans le petit déjeuner, le goûter ou le dessert est (toujours) un excellent choix !

Le gingembre frais, séché, en poudre ou dans une infusion agit toujours comme un véritable médicament contre l'arthrose ! Il atténue les douleurs et tout type d'inflammation.

Les bananes sont riches en magnésium et donc de grandes alliées pour les muscles qui restent performants et les articulations et les cartilages qui restent souples !

L'eau permet au corps de produire suffisamment de lubrifiant pour soutenir les cartilages et les aider à résister à l'usure. C'est pour cela que les eaux minérales sont fortement conseillées, ainsi que les fruits et légumes riches en eau.

ASTRO YOGA

09 février

Yoga des mollets

Renforce tes jambes (incarnées par le signe du Verseau) pour améliorer ton équilibre au quotidien. Cela boostera également ton endurance et ta souplesse.

La pince debout (la cigogne)

- Debout, pieds ouverts sur largeur des hanches.
- Périnée légèrement engagé/contracté.
- Jambes sont longues mais arrière des genoux déverrouillé, épaules détendues, bras le long du corps de part et d'autre du bassin.

Le menton légèrement rentré → étire tes cervicales.

Inspire profondément → lève les mains vers le ciel, paume l'une contre l'autre.

Expire → plie tes hanches → fléchis le haut du corps vers l'avant → cherche le sol du bout des doigts (les mains ne sont pas obligées de toucher le sol). Les bras sont près des oreilles. Les genoux peuvent se plier davantage (si les tendons sont douloureux).

L'abdomen se rapproche des cuisses, comme pour s'y déposer.

Étire bien la colonne vertébrale, reste dans cette position durant 3 à 5 respirations.

La chaise

- Debout en montagne.
- Pieds ouverts sur largeur des hanches.
- Périnée légèrement engagé/contracté.
- Jambes longues, mais arrière des genoux déverrouillé, épaules détendues, les bras le long du corps de part et d'autre du bassin.

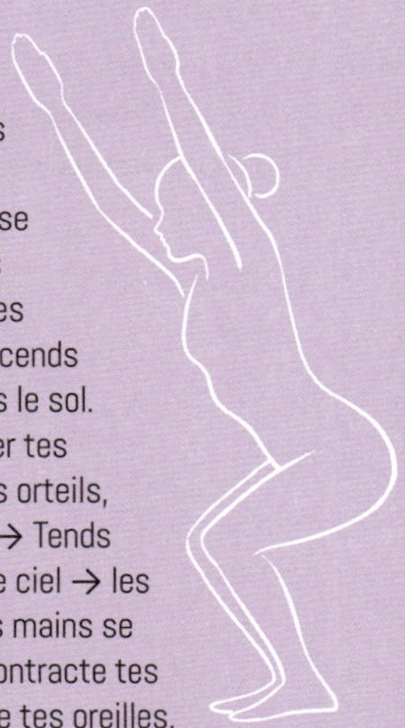

Les quadriceps engagés et serrés → presse tes pieds dans le sol → plie tes genoux → descends les fesses vers le sol. Essaie d'aligner tes genoux aux tes orteils, au maximum. → Tends les bras vers le ciel → les paumes de tes mains se font face. Décontracte tes épaules, loin de tes oreilles. → Rétroverse légèrement ton bassin → étire tes lombaires.

Garde l'énergie jusqu'au bout des doigts : tes abdominaux et tes bras sont engagés eux aussi !

Étire bien la colonne vertébrale, reste dans cette position durant 3 à 5 respirations.

L'arbre

- Debout dans la posture de la montagne.
- Pieds bien parallèles et légèrement écartés.

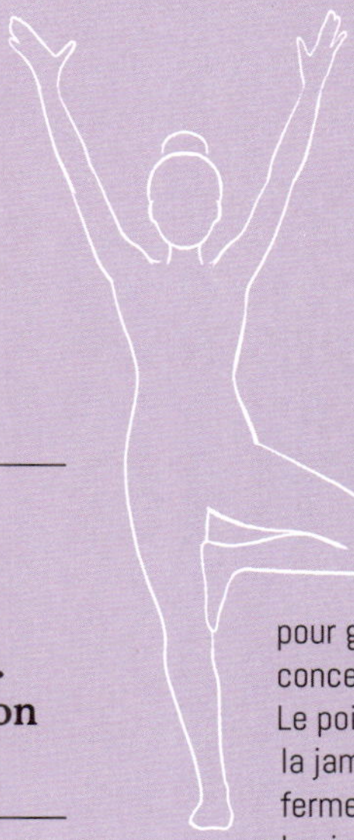

Fixe un point de focus droit devant toi ou sur le sol → maintiens-le pour garder l'équilibre et la concentration.
Le poids de ton corps sur la jambe droite → pousse fermement sur le sol avec le pied droit, la jambe bien tendue et active.
Ramène la plante de ton pied gauche sur le mollet droit, ou, selon ta souplesse, sur ta cuisse droite.
Ne pas le déposer sur ton genou, au risque de fragiliser ton articulation.
La plante de pied bien installée sur la jambe opposée → ouvre le genou gauche vers l'extérieur → crée une ouverture de la hanche, le bassin bien vers l'avant, les mains en prière devant le cœur.

Bonus

Si ton équilibre est stable, alors tu peux commencer à allonger ta colonne vertébrale et à lever les mains (toujours jointes) vers le ciel en ramenant les coudes vers l'arrière pour garder les épaules basses. Maintiens la posture pendant 5 à 8 respirations.
Pour en sortir, baisse tes bras (s'ils étaient levés), replie ta jambe gauche, attrape ta cheville et redépose ton pied délicatement au sol. Secoue tes bras et tes jambes. Puis répète la posture de l'autre côté pour l'équilibre de ton corps.

10 février

ÉNERGIE VIBRATOIRE

Saturne & Uranus

Saturne a la particularité d'être à la fois liée à l'énergie du Verseau, mais aussi à celle du Capricorne, les deux premiers signes de l'hiver. Cette planète incarne la stabilité, mais avant tout la persévérance et la résistance face aux épreuves de la vie, ainsi qu'au temps qui s'écoule, jour après jour.

En Capricorne, elle a cette nuance qui parle d'ambition, de concrétisation et de structures. De ce qui peut parfois être long et pénible à mettre en place, mais qui procure un sentiment de satisfaction intense et gratifiant lorsque c'est réussi.

En Verseau, elle a cette nuance qui parle de valeurs, mais également d'obligations et de contraintes. De ce qui peut parfois te priver de liberté et d'indépendance individuelle, mais qui est utile et nécessaire au bon fonctionnement de la vie en citoyenneté.

Dans tous les cas, Saturne viendra toujours poser un bilan constructif au sein de la vie. Son placement sur ton thème astral viendra te dire dans quels domaines tu es susceptible d'apprendre de grandes leçons de vie.

Uranus est la planète de l'indépendance et fait donc directement écho à l'énergie du Verseau, ainsi qu'à la créativité en tout genre. Elle parle également des changements soudains et inattendus que tu peux vivre au cours de ta vie.

Son placement sur ton thème indiquera dans quels domaines tu exprimeras davantage ta créativité et ta liberté d'expression.

Sur ton thème astral, dans quels signes se trouvent Saturne et Uranus ?

Sur ton thème astral, dans quelles maisons se trouvent Saturne et Uranus ?

Qu'en déduis-tu par rapport à la notion d'ambition, mais aussi celle de liberté, dans ta vie ?

ÉCRITURE INTUITIVE

11 février

Free spirit !

Exit le syndrome de la page blanche !

Écris des mots, des phrases et dessine des petites illustrations qui te viennent spontanément à l'esprit. Cet espace est le tien ! Tu te rappelles lorsque tu gribouillais dans ton cahier de cours au lieu d'écouter le prof ce math ? Eh bien, je t'invite à répéter librement ce processus pour que ton esprit se laisse porter par ton imagination et toute ta créativité !

Qui sait sur quoi tout cela débouchera... ? Laisse-toi surprendre !

Visualise ta relation idéale.

ASTRO YOGA

13 février

Renforce tes jambes pour améliorer ton équilibre au quotidien.

Endurance et souplesse !

La salutation version Malasana

Pour échauffer ta colonne lombaire, ainsi que tes ischios jambiers, réalise 2-3 fois la posture de la pince debout (la cigogne), puis de la montagne, (page 138).

- Pieds sur largeur du tapis.
- Orteils vers l'extérieur.
- Talons vers l'intérieur.

Inspire en plaçant tes mains en prière devant le cœur, lève-les vers le ciel (paumes l'une contre l'autre) en fixant tes pouces. Expire en redescendant tes mains contre ton cœur. Gaine le ventre et pousse le coccyx vers le sol pour venir t'accroupir aussi bas que possible.
Le but : avoir les coudes à l'intérieur des genoux. Paume contre paume pour effectuer une résistance, ouvrir tes hanches et étirer ta colonne vertébrale vers le haut.
Attention : Tes talons peuvent ne pas toucher le sol : pose des blocs ou des coussins sous tes pieds pour être plus à l'aise.
Fais une respiration abdominale complète dans la posture, puis redresse-toi doucement, à mi-hauteur, en posant tes paumes sur tes chevilles ou les tibias et redresse la tête en avant en fixant un point loin devant toi. Maintiens pendant une respiration complète puis relâche tout sur une expire. Redresse-toi, vertèbre par vertèbre, en douceur.

x 3 ou 5

Les fentes haute-basse

- Debout, à l'avant de ton tapis.
- Pieds écartés sur largeur du bassin.

Inspiration : le poids de corps sur ta jambe droite, le genou gauche levé vers la poitrine. Trouve ton point de focus sur le sol ou devant toi.
Expiration : recule et tends la jambe gauche vers l'arrière sans poser le talon au sol, puis plie la jambe droite afin de créer un angle de 90°. Veille à bien aligner ton genou droit avec la cheville droite.
Ajuste tes jambes pour être confortablement installée si nécessaire et garde bien les hanches tournées vers l'avant du tapis.
Presse le sol avec tes pieds, engage tes abdos et lève les deux bras vers le ciel en inspirant.

Les deux paumes de mains se font face, descends tes épaules pour ouvrir le cœur et rapprocher les omoplates l'une de l'autre en étirant ta colonne vertébrale.
En expirant, dépose le genou gauche au sol en mettant tes bras en cactus.

x 3 ou 5

Tes mains sur les hanches, inspire et ramène la jambe gauche à l'avant du tapis. N'oublie pas de répéter l'exercice de l'autre côté !

La posture de l'aigle

- Debout, à l'avant de ton tapis.
- Pieds écartés sur largeur du bassin.

Inspiration : le poids de corps sur ta jambe droite et genou gauche levé vers la poitrine.
Expiration : genou droit roulé sur jambe gauche, cuisse gauche sur cuisse droitePied gauche derrière le mollet droit (si c'est possible), genou droit fléchi et baisse les fesses, comme pour venir t'asseoir sur un siège imaginaire.
Inspiration : bras droit dans le pli du coude gauche, paumes l'une contre l'autre. Les bras croisés devant toi verrouillent ta cage thoracique.
Veille à bien garder les épaules détendues et alignées, ainsi que la tête droite.

Posture pendant 3 à 5 respirations.

En expirant, déroule délicatement tes jambes et tes bras. Secoue-les délicatement en te redressant. Puis apprête-toi à reproduire la posture de l'autre côté.

14 février

CHECK-UP

Un point c'est toi !

Cette saison hivernale, avec sa célébration de la Saint Valentin le 14 février, est associée à l'amour et aux projets de couple. Mais que serait l'amour si la liberté de chacun était enfreinte et si la folie n'en faisait pas partie ? Il y a toujours un peu plus de passion et d'imagination à deux... car ensemble, on va plus loin.

Comment te sens-tu, vraiment ?

Qu'as-tu réussi à mettre en place, dans ta vie relationnelle, en seulement deux semaines ?

Qu'en est-il de tes amitiés et de ta vie sociale actuellement ?

Que peux-tu faire pour l'améliorer ?

Sur quel projets te focalises-tu en ce moment ? Et pourquoi ?

Qu'as-tu accompli durant ces premières semaines ?

Quel mot décrirait au mieux ces deux premières semaines de l'année ?

Une envie particulière avant la fin du mois de février ?

Un petit mot pour te motiver ?

Coup de bols

**Belle âme,
je t'invite à t'installer
confortablement, et
d'accueillir ce qui se passe
à l'intérieur de ton corps,
ce qui révèle également
ce qui se passe dans
ton esprit.**

16
février

ASTRO
LITHO

La labradorite

Cette pierre protectrice est réputée protéger son porteur.

La labradorite est une magnifique pierre aux reflets bleutés et/ou dorés.

Elle est connue sous le nom de « pierre du thérapeute », car elle accompagne régulièrement les personnes qui travaillent dans le soin aux autres.

Elle est idéale pour les personnes empathiques – qui captent les énergies ambiantes. Elle réduit aussi le niveau de stress et d'anxiété.

Celle aux reflets bleus agit contre la fatigue ophtalmique, tandis que celle aux reflets dorés protège davantage le bien-être mental.

Ses mots-clés

- **Protection.**
- **Empathie.**
- **Soin.**

17
février

La lune de neige

La date de ma nouvelle lune :

Cette pleine lune se déroule généralement dans le signe du Lion qui incarne l'énergie de l'Amour (de Soi et de l'Autre) et, sans hasard, elle survient aux alentours de la Saint-Valentin. Cette lunaison rappelle que l'amour (sous toutes ses formes) se fête tous les jours et sans retenue ! Mais Qui aime quand je t'aime[1] ?
Cette fameuse question t'es posée par le Lion pour qui l'amour s'offre comme un cadeau et
se savoure à deux – ou à plusieurs. Signe de feu, généreux et puissant, il représente ce qui brille en toi et ce que tu es prête à offrir à ceux et celles qui croisent ta route.

Cette pleine lune te rappelle à quel point cela peut être inconfortable d'extérioriser et d'accepter ta réalité et ton authenticité. Mais sache que cela peut être encore plus inconfortable de les cacher sous des masques qui ne te représentent qu'à moitié, voire pas du tout. Embrasse donc ton unicité et ton être à part entière, sans faux-semblant !

Mes rituels :

- Une lettre d'amour envers toi-même si cela n'a pas été fait !
- Une lettre d'adieux à une personne qui ne fait plus partie de ta vie ou à une situation que tu ne vivras plus jamais.
- Un bilan des activités ou loisirs bénéfiques dans lesquels tu souhaites t'investir quotidiennement.
- Une journée pour toi, te chouchouter et te cocooner ! Une séance de massage, un spa, ou une virée shopping pour te faire plaisir !

1. titre du livre de Catherine Bensaïd et Jean-Yves Leloup qui aborde la transition entre l'amour « qui souffre » à l'amour « qui s'offre ».

18
février

ÉNERGIE VIBRATOIRE

Cartographie astrale en Verseau

Je suis créative, originale et aimée pour mes différences.

Ce signe t'apporte son énergie dans un (ou plusieurs) domaine(s) de ta vie quotidienne. Sache alors que le Verseau incarne l'humanisme, le partage et l'amitié. Cette énergie t'invite à embrasser la partie la plus originale et folle de ta personnalité pour évoluer positivement – et permettre à la société d'évoluer tout autant, jour après jour.

Quelles sont tes planètes en Verseau ?

....

Quelle est ta maison en Verseau ?

....

Comment ressens-tu l'énergie du Verseau en toi – au quotidien ?

....

Quelles caractéristiques du Verseau te correspondent ?

Avant-gardisme	Créativité	Éloquence	
Fatalisme	Instabilité	Pudeur	Brin de folie

Quelles valeurs te tiennent le plus à cœur :

....

19
février

Moi, dans 5 ans ?

Douce étoile, la saison du Verseau se termine tout doucement...

Pour cette raison, je t'invite à te projeter dans l'avenir. Oui, tu peux penser à demain, à dans une semaine, ou même à ce qu'il se passera dans un mois... Mais, ce soir, je t'invite à aller plus loin encore. Projette-toi dans 5 ans.

- Si tu pouvais traverser le temps via une machine du futur, quelle serait la première chose que tu ferais ?
- Voudrais-tu rencontrer la future toi ? Quelles questions lui poserais-tu ?
- Te connecterais-tu sur les réseaux sociaux, irais-tu dans une bibliothèque ?
- Y a-t-il quelque chose que tu souhaites avoir atteint d'ici 5 ans ?
- Pour quelles raisons aimerais-tu te projeter dans le futur ? Dépose tout par écrit, juste ici :

ASTRO
YOGA

Un fin mélange entre yoga et stretching, adapté en yin yoga.

Souplesse et mobilité des hanches

Le papillon

- Assise sur le tapis.
- Dos long et nuque droite.

Plie tes genoux → joins les plantes de pieds l'une contre l'autre.
Amène tes talons plus près de ton bassin → environ la distance d'une ou deux mains entre ton sacrum et tes pieds.
Si la position est douloureuse → un coussin sous les fesses pour surélever ton dos ou des blocs sous tes genoux pour soutenir tes hanches.
Garde tes pieds ou tes chevilles en mains → maintiens le dos droit et les épaules détendues.

Une fois bien installée, inspire et expire et « papillonne » avec tes jambes si tu en ressens le besoin.

Le 90/90 degrés (stretching)

- Toujours assise sur le tapis.
- Genoux pliés et plante des pieds contre le sol, à une distance plus large que tes hanches.
- Tes mains derrière ton dos, à 10-15 cm de tes ischions.

Inspire → grandis ta colonne vertébrale. → Expire → dépose tes genoux sur le côté gauche. → Inspire. → reviens au centre → expire → pose tes genoux sur le côté droit. Tu remarqueras qu'une de tes hanches fait une rotation interne, tandis que l'autre est en rotation externe.

Répète le mouvement autant de fois que tu le veux.

Le bébé heureux

- Sur le dos
- Genoux pliés vers la poitrine.

Ouvre tes genoux sur le côté → essaie d'attraper tes chevilles ou la plante de tes pieds avec tes mains.
Expire → tire doucement les pieds vers le bas. → Respire.

Maintiens la posture pendant 5 à 10 respirations.

Tu peux également te balancer doucement d'un côté puis de l'autre pour réaliser un petit massage du dos.

21
février

Candle detox

Voici un petit rituel pour t'aider à te défaire d'un lien sentimental, amical ou familial qui n'a plus de sens à tes yeux, qui te fait sûrement du tort et que tu estimes, aujourd'hui, être toxique et non nécessaire à ton épanouissement.

Accompagne-toi de la pierre d'onyx ou de tourmaline (si tu le souhaites ou si tu peux).

Prends une feuille et plie-la en deux. Puis rouvre-la. Sur la partie gauche, indique au centre et en grand : ton nom, prénom et ton lien avec cette personne (ex-amoureuse, amie, sœur, fille… ou autre). Sur la partie droite, indique au centre et en grand : le nom, prénom de la personne, ainsi que son lien avec toi (ex-amoureux·se, ami, frère, père… ou autre).

Autour de son nom, note en rouge des mots pour les reproches que tu as à lui faire. Et des mots pour les reproches qu'elle a pu te faire.

Note en bleu et autour de ton nom comment tu aurais aimé réagir, ce que tu aurais aimé dire. Et, ce que tu aurais aimé savoir ou que tu aurais aimé qu'il/elle te communique.

Enfin, en vert, note « je te pardonne » en grand, au-dessus de son nom et « je me pardonne » au-dessus du tien.

Plie à nouveau la feuille, pose-la sur ton cœur et récite :

Je me défais de notre lien, de toute attache négative qui a pu survenir entre nous, je nous pardonne et je te souhaite le meilleur.

Allume ta ou tes bougies et brûle la lettre ou déchire-la.

PRENDS SOIN DE TON CŒUR.

22
février

Aliments boosts pour la santé de tes articulations et ta souplesse : recette à partager en amoureux.ses ou entre copines !

Ingrédients

- ½ coupe de graines de chia
- 2 cuillères à soupe de poudre de cacao
- 2 cuillères à café de miel
- ¼ de cuillère à café de cannelle
- 3 ½ coupe de lait d'amande
- ½ coupe de framboises
- 1 pincée de sel

Mélanger tous les ingrédients (sauf les framboises) dans petits bocaux en verre. Les recouvrir et les mettre au frigo durant toute la nuit. Le tour est joué !
Décorer de cranberries (canneberges) ou de framboises en saison !

Pudding de chocolat aux graines de chia et cranberries

L'aqua aura

Une pierre de bien-être et de réconfort.

Minéral sublimé par les mains de l'être humain, l'aqua aura est en réalité un quartz qui a été renforcé au platine, ce qui lui donne davantage de résistance, ainsi qu'une couleur fluorescente de type « aura ».

Ce cristal modifié agit comme un bouclier protecteur des mauvaises ondes qui tenteraient de pénétrer dans le corps et dans l'esprit. Il chasse également le stress et aide toute personne en processus de guérison émotionnelle.

Lié au chakra de la gorge, il aide à communiquer et à libérer la parole.

Ses mots-clés

- **Bien-être.**
- **Spiritualité.**
- **Protection.**

24
février

ASTRO
DICO

Les mots de la saison du Verseau

Le Verseau nous souffle un vent de créativité qui nous permet de mieux nous évader…

La liberté est une sensation, un sentiment, qui naît dans le corps et dans l'esprit et qui donne l'impression de pouvoir voler, de soulever des montagnes et de pousser des murs… Car rien n'est impossible. Rien ni personne ne pourra entraver le chemin.

Quelle est ta définition du mot :

Indépendance

Amitié

Partage

Créativité

Je crée la vie de mes rêves.

ASTRO YOGA

Souplesse
en transition

Entre la saison du Verseau et celle des Poissons… Une belle invitation à aller plus loin dans l'exploration de ton corps et de ta souplesse !

Le demi-pont

• Sur le dos, jambes fléchies, pieds écartés sur largeur du bassin.

Bonus : tu peux utiliser un ballon ou un bloc que tu cales entre tes genoux.

• Les bras le long du corps, paumes vers le sol.
• Épaules et nuque relâchés, menton légèrement rentré pour étirer les cervicales.

Décambre le dos avec une légère rétroversion du bassin → contracte le plancher pelvien → démarre une respiration thoracique.
Inspire → expire → monte le bassin vers le haut en soulevant ta colonne vertèbre après vertèbre.
Reste genoux-hanches-épaules alignées 3 à 5 respirations. → Expire → déroule doucement ta colonne sur le sol. Imagine que tu es un collier de perles qui se dépose sur le sol.
Relâche le haut → le milieu du dos → les lombaires → les fesses en dernier.

X 2 ou 3

La chandelle

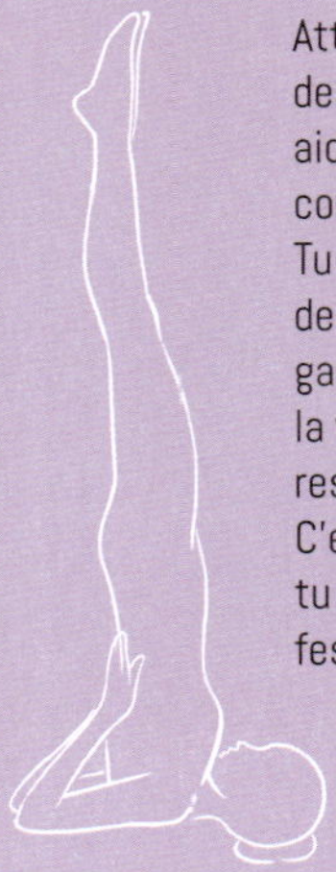

Attention : si tu as des problèmes de dos, aide-toi du mur ou de coussins (sous le dos). Tu n'es pas obligée de lever les fesses, garder tes jambes à la verticale suffit si tu ressens des douleurs. C'est en pratiquant que tu réussiras à lever les fessiers.

• Allongée sur le tapis.
• Genoux dépliés, jambes et pieds joints, bras de part et d'autre de ton corps.

Inspire → lève doucement les jambes. Expire → presse tes cuisses l'une contre l'autre et en gainant tes abdos (pour protéger tes lombaires).
Prends de l'élan → place tes jambes à la verticale → soulève ton dos.
Place directement tes mains sur les lombaires → colle tes coudes le plus possible contre tes côtes. Tes jambes doivent rester à la verticale.

Garde la posture pendant 3 à 5 respirations complètes.

La charrue

• Dans la posture de la chandelle.
Bascule doucement tes jambes vers l'arrière → essaie de toucher le sol avec tes orteils, quadriceps bien engagés, jambes collées l'une contre l'autre.
Si tu le sens → redépose tes bras → tes mains sur le sol → entrelace-les en pointant les index vers la petite ligne du tapis.
Si tes orteils ne touchent pas le sol → garde les mains sur tes lombaires → engage tes quadriceps.
Sors de la posture en repassant par la chandelle → plie tes genoux → dépose doucement un pied puis l'autre sur le tapis.

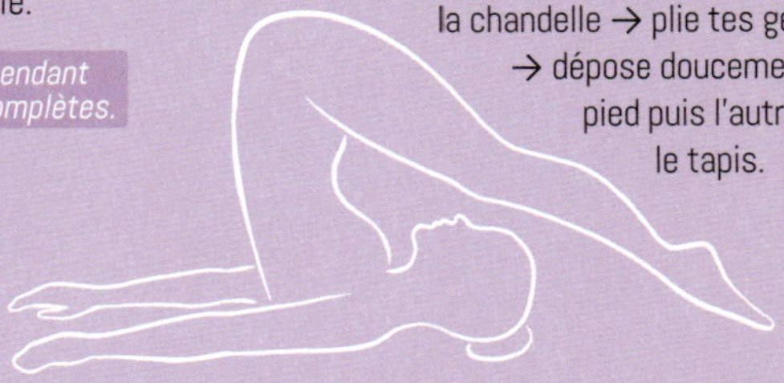

27
février

Rouleaux d'hiver et sauce aux cacahuètes

Colorés et super sains, ces rouleaux d'hiver sont agréables à préparer en binôme pour rire lors de la préparation, puis se régaler devant une série ou un film !

Ingrédients (pour 2 personnes)

- 8 à 10 feuilles de riz
- 2 tasses de chou rouge râpé
- 1 tasse de carottes râpées
- 1 tasse de radis coupés en fines tranches
- 1 tasse de pousses d'épinards frais
- 200 g lamelles de soja (tofu ou tempeh mariné)
- Eau tiède pour ramollir les feuilles de riz
- Coriandre (facultatif)
- Graines de sésame (facultatif)
- Cacahuètes non salées (facultatif)
- ¼ de tasse de beurre de cacahuète
- C. à s. de sauce soja
- 2 c. à s. de jus de citron
- 1 c. à s. de sirop d'érable ou de miel
- 1 c. à soupe de vinaigre de riz ou de cidre
- 1 gousse d'ail émincée
- ¼ de c. à c. de gingembre frais râpé (facultatif)
- Eau chaude pour ajuster la consistance de la sauce

Mélanger le beurre de cacahuète, la sauce soja, le jus de citron, le sirop d'érable (ou le miel), le vinaigre de riz, l'ail émincé et le gingembre râpé dans un bol. Ajouter de l'eau chaude petit à petit pour obtenir une consistance lisse et crémeuse. Réserver. Tremper une feuille de riz dans l'eau tiède env. 10 à 15 s. La placer sur une plaque et disposer les légumes sur le tiers inférieur sans trop remplir.

Plier les côtés de la feuille de riz vers l'intérieur et enrouler le tout fermement. Répéter avec les autres feuilles de riz.

Ajouter des graines de sésame, de la coriandre fraîche ou encore des cacahuètes concassées. Servir avec la sauce.

28 février

GRATITUDE

Merci pour...

En janvier, tu as dessiné les contours de tes projets, en février, tu les as agrémentés de jolies couleurs pour leur donner forme.

Génie fou, le Verseau t'offre une multitude de voies à suivre pour devenir un oiseau libre de voler où bon te semble – du moment que cela n'entrave ou ne fait du tort à personne. Il te rappelle que rien n'est immuable, hormis ce que tu décides d'installer sur le long terme dans ta vie. D'ailleurs, le hasard ne mettra sur ta route que des personnes inspirantes... pour le meilleur comme pour le pire.

Le moment est venu de te remercier pour ce joli mois passé !

Clap de fin sur le mois de février

Eh oui, déjà ! C'est le moment de dresser le deuxième bilan de l'année – et celui du milieu de l'hiver.

Quel est ton plus beau souvenir de ce mois de février ?

As-tu vécu une déception, malgré tout ?

Quelle a été ta relation la plus épanouissante en février ?

Quelle a été ta leçon de vie sentimentale en ce mois de février ? (Explique brièvement la situation et ce que tu en déduis.)

Quelles ont été tes personnes ressources en février ?

Si tu devais décrire février en 3 mots, lesquels seraient-ce ?

Quel serait ton focus pour le mois de mars ? Pourquoi ?

Un petit mot doux à toi-même avant de débuter le nouveau mois ?

La saison des Poissons

Des arcs-en-ciel à gogo appellent aux rêves et à l'imaginaire en cette fin d'hiver contrastée entre intempéries et doux rayons de soleil.

Ce signe double est lié à l'élément eau, dit « mutable », en raison du retour imminent du printemps. C'est une météo instable qui aurait permis aux Poissons de développer leur **intuition** et leur fameux **sixième sens**, leur laissant un air **craintif et peureux** : à cette période de l'année, on ne sait jamais de quoi demain sera fait !
La période invite au retour à soi, au réalignement spirituel... mais aussi à la guérison.

TO-DO

01 mars

1 **Je termine un projet professionnel** entrepris en automne ou en hiver dernier.

2 **Je m'adresse une lettre de pardon** (à moi-même).

3 **J'exprime ma créativité.**

4 **Je ralentis le rythme**

5 **J'écris mes rêves** les plus précieux dans un carnet.

5 **Je m'offre une nouvelle pierre** : une améthyste, une aigue-marine ou une fluorite.

7 **Je médite** ou pratique la respiration.

8 **Je pratique des sports doux** : aquagym, yin yoga ou stretching.

9 **Je passe du temps près de l'eau** ou dans l'eau.

10 **Je (re)découvre mes placements en Poisson sur mon thème astral.**

Mes intentions du mois

Alors, chère étoile, quel chapitre souhaites-tu clore une bonne fois pour toutes avant le retour du printemps ? Plonge en toi pour le découvrir !

02
mars

MOON BOARD

Une lune entre **rêve et secrets**

La date de ma nouvelle lune :

La troisième nouvelle lune de l'année se déroule fin février ou début mars, dans le signe des Poissons : elle incarne, d'une part, le rêve, la spiritualité, l'art et la douceur, tandis que, d'un autre côté, elle parle de tout ce qui est caché au fond de ton cœur : tes secrets et ton mysticisme. C'est une lunaison qui invite à la déconstruction mentale, à l'introspection et au repos psychique. En effet, cettelune t'invite à revenir aux sources, au fond de toi, pour capter l'essence de qui tu es vraiment. Elle te suggère d'éteindre les lumières pour plonger dans tes parts (trop) souvent délaissées, mais aussi de laisser mourir ce qui doit disparaître... Pour faire de la place à ce qui te nourrit et t'anime réellement au quotidien. Si tu es hermétique ou préoccupée, comment pourras-tu continuer à te projeter (positivement) dans le futur sans débordements émotionnels ? Et réussir à œuvrer pour ce qui a du sens pour toi ?

Accorde-toi un temps de pause. Un vrai. Mérité. Reviens en toi et remercie-toi pour tes derniers accomplissements. Note tes gratitudes et/ou quelques affirmations positives sur papier. La saison des Poissons est toujours une invitation au grand repos, à l'hibernation mentale, pour revenir en pleine forme dès l'équinoxe de printemps !

Tu as le temps de rêver en grand, tu n'es pas obligée d'avoir tout atteint/accompli pour être épanouie. Tout comme tu n'es plus obligée de te forcer à réaliser un rêve qui n'est plus aligné avec toi. Tu changes et évolues au quotidien, il est normal que tes idéaux et tes aspirations se muent également. Focalise-toi sur tes rêves d'aujourd'hui, et tes rêves se focaliseront sur toi.

RITUEL

03
mars

Sweet dreams

- Médite (p. 85).
- Fais du yin yoga (p. 84).
- Allume des bougies et tire-toi les cartes (p. 69).
- Écris une lettre sur laquelle tu déposes toutes tes émotions, même les plus enfouies.
- Adresse une prière à tes guides spirituels.

• Un de tes rêves s'est-il réalisé ces 3 derniers mois ? Si oui, lequel ?
• Que mets-tu en place actuellement pour atteindre
• un de tes rêves ? Pourquoi ce rêve vibre-t-il en toi ?
• Comment te sens-tu ce soir ? Quelle émotion te domine ?
• As-tu un souhait à adresser à l'Univers ?

Dresse une liste de tes rêves du « passé », ces rêves qui ne sont plus à atteindre et qui sont achevés, ou tout simplement plus d'actualité, remercie-toi pour cela et rédige une liste des nouveaux rêves que tu aimerais réaliser dans l'année qui vient ou dans les années futures.

Cette saison calme suggère le repos et murmure de prendre soin de soi... C'est le moment de :

- Clore un chapitre de ta vie sentimentale ou personnelle pour t'ouvrir à de tout autres perspectives !
- Observer les premiers accomplissements de l'hiver.
- Laisser tomber les chimères.
- Ne plus être dans les désillusions et ne plus t'attarder sur ce qui ne résonne plus et ne vibre plus en toi.
- Et plus que jamais concrétiser tes rêves. Suis ton intuition et ton cœur, ils savent ce qui est bon pour toi. D'ailleurs, le hasard ne mettra sur ta route que des personnes inspirantes... pour le meilleur comme pour le pire.

Mes rêves du passé	Mes rêves du futur

ÉCRITURE INTUITIVE

Imagine...

Avec un soupçon de magie, écris tes rêves les plus fous. De ton enfance à maintenant, quels sont-ils ? Pourquoi ? Laisse-toi aller sans uniquement songer à des choses réalistes et qui pourraient se produire dès demain. Autorise-toi à laisser ton esprit divaguer : tu rêverais de faire une balade à dos de licorne ? De conduire une voiture volante ? De traverser un portail qui t'emmène du passé vers le futur ? Ou tout simplement de retaper la maison de tes rêves à la campagne ? Toutes ces choses abstraites et concrètes parlent de toi et de qui tu es au fond de ton cœur.

Installe-toi au calme avec une feuille (de brouillon) et un stylo. Tu peux allumer une bougie, mettre une douce musique de fond, te préparer un thé et tirer une carte d'oracle ou de tarot.

Veille à déposer une intention avant de te mettre à rédiger cette lettre à ta future toi. Tu peux te répéter 3 fois mentalement un mot qui incarne une émotion ou quelque chose qui fait sens à tes yeux : un souhait que tu formules ou un mantra que tu as envie d'invoquer durant ce petit instant qui t'appartient.

Rédige, plie et colle ton poème ici

Avant de rédiger ton poème...

Dresse une liste de 3 rêves (un du passé, un du présent et un du futur) que tu souhaites faire apparaître dans ton écrit.

Lorsque tu es prête, tu peux inspirer et expirer doucement, puis entamer l'écriture de tes rêves... Tu peux choisir de rédiger cela comme si tu laissais la place à ton enfant intérieur de s'exprimer, mais aussi de parler de ces rêves au présent, comme s'ils étaient réalisés ou encore d'associer ces rêves à des situations que tu as vécues/que tu vis actuellement et les émotions que cela te procure.

PRÉDICTION

05
mars

Une énergie en 3 temps...

C'est le parfait mélange des énergies que tu as traversées durant tout cet hiver : le passé (énergie Capricorne, la tradition), le présent (les Poissons, leur introspection) et le futur (Verseau, l'avant-gardisme).

Ce tirage, le plus classique et sûrement le plus répandu dans la tradition cartomancienne, te permet de recueillir des réponses rapides et claires. En effet, par ces trois cartes, il te sera offert l'opportunité de comprendre ce qui appartient au passé, les énergies qui sont en cours actuellement et ce qui se prépare dans un futur proche.

Ce type de tirage peut s'effectuer à n'importe quelle période de l'année, phase lunaire ou solaire, pour toi ou pour quelqu'un d'autre. Il te suffit de poser la bonne intention lors du tirage des trois cartes. Munis-toi de ton oracle ou de ton jeu de tarot favori et réalise ton tirage après avoir pris le temps de poser tes rêves par écrit. Le moment est venu de réaliser un bilan introspectif pour faire le point avec toi-même et tes envies du moment, mais aussi de te projeter dans le futur.

1 La première carte correspond au « passé » : la Toi du passé, tes projets passés, peut-être même une relation du passé.

2 La deuxième carte est celle du « présent » : la Toi du présent, tes projets actuels, une relation et/ou une tendance du moment qui ressort dans ta vie.

3 La troisième carte est celle du « futur » : la Toi du futur, tes projets futurs, peut-être une relation future ou une surprise.

06
mars

Je me (re)connecte à mon for intérieur et à ma spiritualité.

ASTRO YOGA

07 mars

L'ouverture

En cette période propice au retour à soi et à l'expression de ses émotions, ces postures permettent l'ouverture du cœur et aux autres si tu as tendance à te replier sur toi-même. Et si tu viens de vivre une déception, un deuil ou une rupture (quelle qu'elle soit), elles t'aideront à extérioriser pour mieux guérir. Allez, déroule ton tapis !

Le diamant

- Sur tes genoux.
- Fesses contre talons.
- Paumes des mains posées sur les cuisses.

Si c'est inconfortable → un coussin entre tes fesses et tes talons ou installe-toi sur un banc de méditation. Les yeux fermés → respire profondément et connecte-toi à l'océan de ton âme. Tu peux également faire la respiration Ujjayi (p. 81) pour écouter le son de tes « propres vagues » et (r)éveiller l'élément eau qui sommeille en toi. Accentue petit à petit la respiration abdominale.
Inspire profondément par le nez → expire par la bouche.

Répète 3 fois.

Le dauphin

- En planche sur les avant-bras pour faciliter l'arrivée dans la posture
- Pieds rapprochés de la poitrine, coccyx vers le ciel.
- Regard dirigé entre les deux pieds.

Tu peux plier légèrement les genoux si tu ressens des tensions à ce niveau. Les talons peuvent être également décollés du sol pour un meilleur placement du dos et de la colonne vertébrale.

Répète 3 fois.

Attention, cette posture travaille fortement les épaules, tu peux sentir que ça chauffe à ce niveau !

Le poisson

- Sur le dos dans un premier temps.
- Pieds collés l'un contre l'autre, cuisses, mollets et abdominaux gainés.
- Mains sous les fesses.

Pousse sur tes coudes → soulève ton cœur vers le plafond. Imagine que tu gonfles ton cœur avec tout l'amour que tu portes en toi ! Si tu le sens → pointe les pieds → étire la nuque → place le sommet de ton crâne sur le sol.

Attention, cette posture peut être intense pour la nuque. De plus, elle tire légèrement sur le nerf vague. Il faut être doux·ce lorsque tu en sors pour ne pas avoir la tête qui tourne !

Objectif détox

Douce étoile, sache que le signe des Poissons représente l'élément de l'eau et nos émotions profondes, son analogie avec le corps humain fait référence, tout naturellement, au système lymphatique. En tant que dernier signe de la roue du zodiaque, il représente également les choses dont on doit se débarrasser pour résister à l'hiver et être en pleine forme.

Comme le rôle principal du système lymphatique est de nettoyer les cellules et les tissus de notre organisme pour les libérer des toxines et des agents infectieux qui peuvent le rendre malade, voici une liste d'ingrédients « détox » permettant de garder la forme :

Le gingembre : il facilité la destruction des toxines présente dans le corps, et donc la santé du système lymphatique. De plus, sa propriété anti-inflammatoire n'est plus à démontrer. Il suffit de le faire infuser dans de l'eau bouillante pour profiter de toutes ses vitamines et antioxydants sous forme de tisane.

Le citron : pour bien drainer le système lymphatique, il est important de s'hydrater en évitant les boissons gazeuses et en privilégiant l'eau… citronnée notamment ! Il est conseillé de boire tous les trois jours, un demi-litre d'eau mélangé à du jus de citron pour détoxifier le système lymphatique.

La canneberge : à consommer en jus, sans sucres ajoutés, ou dans des salades permet d'épurer le système lymphatique des graisses et des toxines qu'il contient.

L'ail : qui peut facilement être intégré dans 80 % de tes repas du soir et dans les soupes, c'est un puissant détoxifiant pour l'organisme qui peut t'aider à drainer ton système lymphatique aussi.

Les aliments verts : tels que la salade verte, le poivron vert, le brocoli, l'épinard, le céleri, le poireau, les algues… ces légumes sont riches en chlorophylle et en vitamine B, parfait pour purifier le sang et réaliser une détox du système lymphatique.

Les pistaches et les graines de courge : et les fruits secs en général, une fois de plus, ces aliments consommés quotidiennement (une poignée maximum) suffit à détoxifier le système lymphatique… sans parler de leurs nombreux autres bienfaits !

Le fenouil : il favorise l'expulsion des toxines et possèdes des propriétés diurétiques et anti-inflammatoires. A consommer en infusion, dans des salades ou grillé au four !

L'ortie : et les autres plantes naturelles comme le pissenlit, l'échinacée, le cyprès… À consommer dans des soupes ou infusions ! Au petit-déjeuner, à midi ou après un repas.

L'aigue-marine

Une pierre aux vertus calmantes et apaisante.

Cette magnifique pierre vert d'eau permet de réveiller les dons artistiques, d'accroître la sensibilité et l'expression de soi.

Elle harmonise la communication et consolide l'amour dans un couple. D'ailleurs, elle est encore parfois utilisée pour sertir les bagues de fiançailles. Pour l'anecdote, il est dit que les marins l'embarquent avec eux lors de leurs périples en mer pour éviter les orages et tempêtes. Mais, en réalité, elle aide à soulager le mal de mer et les nausées de manière générale.

Comme de nombreuses pierres de soin, l'aigue-marine se nettoie en la passant sous une eau distillée ou légèrement salée. Elle se recharge sous les rayons du soleil, de la lune ou dans un amas de quartz ou cristal de roche.

Ses mots-clés

- **Communication.**
- **Art.**
- **Calme.**

ÉCRITURE INTUITIVE

Combler son enfant intérieur

Quand tu étais enfant, belle âme, construire une cabane dans les arbres, créer ton propre feu de bois ou un abri de jardin pour les oiseaux et autres petites bêtes étaient un accomplissement en soi ! Alors, repense à toutes ces petites choses qui faisaient de toi un petit être heureux de se lever aux aurores pour réaliser l'une ou l'autre tâche grandiose. Ne serait-ce que d'offrir un gâteau à tes camarades de classe en l'honneur de ton anniversaire !

Quels sont tous ces petits rêves d'enfant que tu as accomplis ?

Y en a-t-il des plus grands que tu as réalisé ? Ou que tu cherches encore aujourd'hui à concrétiser ? Quel est ton plus grand rêve finalement ? Dépose tout ce que tu as sur le cœur !

Laisse ton enfant intérieur prendre le dessus !

ÉNERGIE VIBRATOIRE

11 mars

Neptune

L'astre des idéaux et de la sensibilité

Neptune est la planète qui gouverne l'énergie des Poissons. Mais ce n'est pas la seule en réalité. Jupiter, la planète de l'expansion et de la chance, est le second maître des Poissons, mais elle gouverne avant tout le Sagittaire. Nous reparlerons donc de son influence en fin d'année !
Neptune est une planète qui, sur une note poétique et mythologique, fait écho aux profondeurs de l'océan, mais également à l'eau cosmique incarnée par le signe des Poissons. En effet, le dieu Neptune est le descendant des Eaux, le protecteur des pêcheurs et des bateliers. En astrologie, cette planète représente les croyances d'une personne, la partie mystique et secrète de sa personnalité, son mental et les contes qu'elle se répète quotidiennement pour ajouter une touche de magie à son quotidien. En d'autres termes, c'est notre jardin secret ou plutôt notre « océan intérieur » dans lequel sommeillent également des abysses qui ne sont accessibles à autrui, ni à soi-même parfois. C'est ce qu'on appelle plus couramment « l'inconscient ».
Le placement de Neptune sur ton thème astral indiquera dans quels domaines tu exprimeras davantage ta sensibilité, tes croyances ou tes convictions, ainsi que ton intuition.

Sur ton thème astral, dans quel signe se trouve Neptune ?

Dans quelle maison se trouve Neptune ?

Qu'en déduis-tu par rapport à la notion de rêve, d'idéaux et d'intuition dans ta vie ?

12
mars

ÉCRITURE INTUITIVE

Intuition

Douce âme, peu importe ce qui préoccupe ton esprit aujourd'hui, sache que la réponse à la question qui te brûle les lèvres – et t'empêche de te concentrer correctement – se trouve au fond de ton cœur.

Tout se joue au niveau de ton intuition... Apprends à repérer lorsque c'est elle qui te guide et non la volonté d'autrui... ou tes propres peurs ! Tout se passe au niveau des sensations de ton corps. Particulièrement au niveau de ton cœur... et de tes tripes.

→ Voilà ce que te murmure ton intuition...

Pour te reconnecter à tes émotions, observe ton corps et les sensations qui le parcourent. Si tu ne ressens que des choses positives, c'est que tu es sur la bonne voie ! Si tu as mal quelque part, que tu bloques, c'est que tu te forces à aller à contre-sens et que tu n'écoutes pas les messages de ton intuition. Note les moments où tu te sens énergique, selon les décisions que tu prends, et les moments où tu te vides de ton énergie. Prends de la distance avec l'avis des autres et regarde quelles sont les pensées parasites qui t'empêchent de réfléchir par toi-même. Rappelle-toi qu'il n'y a pas de courage sans peur !

Quelle situation te préoccupe actuellement et pourquoi ?

....

....

....

....

....

....

Peut-elle se résoudre en 5 minutes ? Sera-t-elle encore importante à tes yeux dans 5 ans ?

....

....

....

....

....

....

Que ressens-tu en évoquant ce sujet (une sensation de chaleur, le cœur qui palpite, de la joie ou de la crainte, de la peur ou de la tristesse...) ? Quelles sensations te parcourent le ventre (des picotements, des papillonnements, des crampes, des douleurs...) ?

....

....

....

....

....

Si tu pouvais agir sans contrainte, sans te poser de question, avec une intention pure, que ferais-tu ?

....

....

....

....

....

13
mars

Ujjayi

Le mois de l'introspection s'est écoulé de moitié déjà… Ralentis et ressource-toi en écoutant le son de tes propres vagues.

Ujjayi, la respiration de l'eau, est aussi connue sous le nom de « respiration victorieuse » ou « respiration de l'océan ». Elle est pratiquée pour venir en soutien lors d'une posture de yoga difficile, mais aussi pour aller plus loin dans une posture ou un mouvement maîtrisé… Elle favorise l'endurance, entre autres, mais aussi la gestion du stress. On peut également l'utiliser lorsque le mental est dispersé et tourmenté, cela permet de se concentrer et de focaliser sur sa respiration en se déchargeant du brouhaha intérieur et des préoccupations du jour.

Pour pratiquer, Ujjayi, assieds-toi confortablement en tailleur, sur une chaise ou sur un coussin, avec le dos bien droit. Dépose tes deux paumes sur tes genoux et ferme les yeux.

Dès que tu es bien installée, inspire profondément par le nez en réalisant une petite contraction de la gorge et en gonflant ton ventre ainsi que ta cage thoracique. Ensuite, expire lentement, toujours par le nez, en maintenant la constriction de ta gorge.

Imagine que tu fermes et que tu ouvres une porte au fond de ta gorge ou que tu laisses uniquement de l'espace pour une petite paille. C'est la glotte qui se ferme et qui s'ouvre faiblement.

Le passage de l'air dans la gorge crée un son apaisant qui rappelle les vagues qui s'échouent sur la plage.

Tu peux répéter ce cycle 10 à 15 fois.

Bienfaits

- Améliore la concentration.
- Diminue le stress, l'anxiété, et apaise l'angoisse.
- Meilleure gestion émotionnelle.
- Dilatation des poumons et bienfaits métaboliques.
- Favorise une meilleure posture.

14
mars

Un point c'est toi !

Cette saison pluvieuse est associée à la fin d'un cycle, à la fermeture des chapitres qui méritent de laisser leur place à un vent de fraîcheur et de nouveauté. Cela ne se fait pas sans émotion, mais ô que c'est excitant !

Comment te sens-tu, vraiment ?

Qu'as-tu réussi à mettre en place, dans ta vie intime, en seulement deux semaines ?

Qu'en est-il de ton rapport avec ton intuition et tes émotions ?

Qu'en est-il de ta créativité et de tes loisirs en ce moment ?

Sur quel projet te focalises-tu en ce moment et pourquoi ?

Qu'as-tu accompli durant ces premières semaines ?

Quel mot décrirait au mieux ces deux premières semaines ?

Une envie particulière avant la fin du mois de mars ?

Un petit mot pour te motiver toi-même ?

15
mars

Je traverse les chimères pour consolider mes rêves.

16
mars

ASTRO
LITHO

La fluorite

C'est une pierre aux couleurs très variées : verte, bleue, violette ou directement multicolore. Selon sa couleur, diverses vertus lui sont octroyées.

La fluorite multicolore, la plus populaire, est réputée pour éveiller l'esprit et approfondir la spiritualité. Considérée comme symbole de clarté intellectuelle et de concentration, elle favorise la reconnexion à l'intuition et permet d'écouter davantage ses ressentis, ainsi que ses émotions.

Cette pierre chérie par les hommes de toutes époques est associée au Troisième œil !

Idéale pour favoriser les apprentissages, elle aide à l'organisation mentale. Elle ouvre également notre esprit vers une certaine spiritualité et la clairvoyance.

Elle se nettoie sous de l'eau distillée ou quelques heures dans une bain, mais aussi par fumigation, en utilisant de l'encens ou de la sauge. Elle se recharge à la lumière du soleil et ou de la lune, pourquoi pas en la laissant au crépuscule !

Ses mots-clés

- **Intuition.**
- **Spiritualité et éveil.**

17
mars

La lune chaste

La troisième pleine Lune de l'année fait référence aux graines qu'il convient de semer pour faire éclore les projets au printemps prochain. Elle est également appelée Pleine Lune du Ver, car elle fait référence à la pureté presque virginale de la nature. La terre est vierge de toute semence et laisse place à la nouveauté.

La date de ma nouvelle lune :

Ce n'est pas pour rien que généralement cette lunaison se déroule dans le signe de la Vierge, signe qui représente la pureté. Cette pleine lune est réputée pour chasser la malchance et la maladie. C'est pour cela qu'elle invite à des rituels de purification : autant de la maison que du corps. C'est le parfait moment pour commencer une détox, un jeûne intermittent ou encore pour faire le fameux « grand nettoyage de printemps ». C'est également le bon moment pour faire une pause (oui, la saison des Poissons est une pause en soi), mais cette fois-ci, une vraie pause mentale ! Accorde-toi du temps pour accueillir, ressentir, recevoir les premiers fruits des efforts fournis durant ces premières semaines de l'année et cet hiver qui se finit pas à pas...

Autorise-toi à être dans des énergies d'intériorisation dites « yin » et non dans le feu de l'action du « yang ». Prends un bain, nage, entame une lecture, promène-toi dans la nature... tout simplement fais une pause ressourçante. Cela t'aidera à te préparer au mieux pour le printemps qui frappera bientôt à ta porte.

Mes rituels :

- Dessine, colorie, peins... essaie-toi à l'art thérapie !
- Fais un jeûne intermittent ou une journée de détox alimentaire.
- Danse et/ou chante, exprime ta créativité et débloque ton chakra de la gorge.
- Médite ou fais une séance de yin yoga pour t'offrir une pause mentale.

18
mars

ÉNERGIE VIBRATOIRE

Cartographie astrale en Poissons

Je suis aimante, aimée et je mérite l'amour dont je rêve.

L'énergie des Poissons vibre en toi, de manière plus ou moins forte. Sache alors que ce signe est un grand amoureux de la vie et des humains en général, mais qu'il doit se rappeler qu'il est aimé en retour. Et, surtout, qu'il mérite un amour sain, loyal et conforme à celui qu'il imagine. Il n'y a pas d'idéal trop grand lorsque l'intention est pure.

Quelles sont tes planètes en Poissons ?

....

Quelle est ta maison en Poissons ?

....

Comment ressens-tu l'énergie des Poissons en toi – au quotidien ?

....

....

....

Quelles caractéristiques principales des Poissons te correspondent ?

Vulnérabilité	Inconstance	Rêverie	
Dispersion	Intuition	Mysticisme	Générosité

Cite tes rêves les plus fous :

....

....

....

....

....

....

ÉCRITURE INTUITIVE

19 mars

Ma vie en musique

Écris ici des paroles d'une (ou plusieurs) chansons qui t'inspirent et qui te motivent au moment où tu lis ces phrases.

Y a-t-il une (ou plusieurs) chansons qui t'accompagnent au quotidien ?

Un·e artiste ou un groupe en particulier ?

Qu'est-ce que cette musique t'évoque ? Que dit-elle sur toi ? Sur tes émotions et tes envies du moment ?

Si ta vie était une comédie musicale, explique du lever jusqu'au coucher quelles sont les chansons qui t'accompagneraient et que tu chanterais à tue-tête ?

Relis cela quand tu as besoin de te mettre un peu de baume au cœur :

20
mars

ASTRO YOGA

Yin yoga et détox

En cette douce fin d'hiver, réalise une mini séance de yin yoga en faisant des postures qui détoxifie le corps en se focalisant sur la région du ventre, mais aussi sur la souplesse des hanches... car le printemps approche et cela te demande de la flexibilité !

La demi-pince

- Assise, jambes tendues et fesses bien à plat sur le sol,
- Jambe droite allongée et jambe gauche repliée vers l'intérieur.

La plante du pied gauche sur la cuisse droite.
Inspire → lève les bras vers le ciel → allonge la colonne vertébrale.
Expire → incline-toi vers l'avant → la colonne vertébrale la plus droite possible, le menton haut.
Attrape ton mollet, ta cheville ou ton pied selon ta souplesse → plaque l'abdomen contre la cuisse.
Focalise ton attention sur le bas de ton dos.

Reste dans la posture pendant 10 à 15 respirations.

À chaque expire → allonge le tronc le plus vers l'avant possible → rapproche ta tête du genou → pose-la dessus.
Répète de l'autre côté → jambe gauche tendue, pied droit vers l'intérieur.

La torsion assise

- Assise, jambes tendues.
- Fesses bien à plat sur le sol.
- Jambe droite allongée.

La plante du pied gauche au sol → rapproche le genou de la poitrine, le talon vers les fesses.
Pose la main gauche à plat sur le sol, derrière toi et le coude droit à l'extérieur du genou gauche.
Inspire → allonge la colonne vertébrale.
Expire → tourne le regard vers l'arrière, par-dessus ton épaule gauche.

Reste dans la posture 10 à 15 respirations.

Répète de l'autre côté : jambe gauche tendue, genou droit contre la poitrine et coude gauche à l'extérieur du genou droit.

La grenouille

- En posture de la table, à quatre pattes.

Descends sur les avant-bras → entrelace tes doigts → écarte doucement les genoux l'un de l'autre → tes tibias et des quadriceps en angle de 90°.
Fléchis les pieds → appuie sur tes talons → protège tes genoux.
(Bonus : un coussin sous tes genoux ou sous le ventre pour plus de confort.)
Recule doucement tes hanches vers les talons.

Reste dans la posture 10 à 15 respirations.

Sors délicatement de la posture en terminant par la posture de l'enfant.
Accueille les émotions qui peuvent remonter à la surface.

Intuition

Installe-toi confortablement, ta méditation du mois va te permettre de te reconnecter... à ton intuition !

Overnight bowl banane-kiwi et granola

Besoin d'un petit-déjeuner bien vitaminé pour te revigorer en cette fin d'hiver ? Voici une recette du soir parfaite pour couper des écrans et pratiquer une activité détente avant dodo. Tu pourras la déguster le lendemain matin !

Ingrédients

- 1 banane mûre
- 1 kiwi
- ½ tasse de flocons d'avoine
- ½ tasse de yaourt végétal (soja vanille, amande ou coco)
- 1 c. à s. de graines de chia
- 1 c. à s. de sirop d'érable (facultatif)
- ¼ de c. à c. d'extrait de vanille (facultatif)
- Une poignée de granola (sans gluten)
- Tranches de kiwi et de banane pour la garniture finale

Réduire en purée la moitié de la banane et réserver l'autre moitié et le kiwi. Ajouter les flocons d'avoine, le yaourt, les graines de chia, le sirop d'érable et l'extrait de vanille à la purée de banane et mélanger. Remplir un bocal de cette préparation. Couvrir le bocal de film alimentaire et le placer au réfrigérateur 4 à 6 h minimum.
Si besoin rectifier la consistance avec du lait végétal. Mélanger et ajouter une poignée de granola ainsi que le kiwi et la moitié de la banane.

La lépidolite

Recommandée à toute personne, même aux enfants, cette pierre apaise et aide à se recentrer.

Jolie pierre violette et rosée, la pierre de lépidolite est une pierre de concentration. Elle aide l'esprit à se focaliser sur l'essentiel, à prendre de la distance avec l'anxiété, les peurs intérieures et les blessures du passé. Elle apaise les troubles compulsifs et aide à analyser son environnement sans crainte. Aussi, elle agit positivement dans la prise de décisions objectives et saines pour soi – et les autres. Enfin, elle lutte aussi contre les troubles du sommeil et la tristesse.

Le mot lépidolite vient du grec « lépidos qui signifie écaille ».

Cette pierre aura le don de te tempérer si tu es en proie à des sautes d'humeur. Elle est idéale à porter si tu dois prendre des décisions. Pierre d'apaisement, elle est parfaite pour favoriser la concentration. Elle apaise les états de tristesse et de dépression.

Elle se nettoie à l'eau, à l'encens ou à la sauge et se recharge parfaitement dans la terre ou en plein soleil !

Ses mots-clés

- **Objectivité.**
- **Concentration.**
- **Paix intérieure.**

24
mars

ÉNERGIE VIBRATOIRE

À corps détendu

Cette technique consiste à se masser soi-même pour éliminer les tensions du corps – et le stress, par la même occasion !

Pour faire circuler ton énergie et prendre soin de ton temple sacré, je t'invite à réaliser ce petit rituel dès que tu en ressens le besoin et dès que tu souhaites te libérer d'une énergie négative.

Avec l'huile végétale de ton choix (huile d'amande douce, huile de coco…), quelques gouttes d'huile essentielle, 15 minutes suffiront à te faire du bien ! Installe-toi confortablement dans une pièce calme et n'hésite pas à mettre une douce musique de fond !

Pour commencer, crée de l'énergie et de la chaleur en frottant tes paumes de main l'une contre l'autre. Ensuite, jette tes bras vers l'arrière puis vers l'avant.

Mets une noisette d'huile dans tes mains additionnée de quelques huiles essentielles si tu le souhaites. Ferme les yeux, respire calmement, pose tes mains sur le sommet de ton crâne pour commencer le massage avec ton cuir chevelu (ou ton front si tu préfères), puis masse délicatement tes tempes en faisant des petits cercles avec le bout de tes doigts. Descends lentement vers ton nez, tes joues, ton menton, ton cou, vers tes omoplates, tes épaules, le haut de ton dos, ta poitrine, ton ventre, le milieu de ton dos, le bas de ton dos, le bas de ton ventre, puis tes cuisses, tes mollets, tes chevilles, pour arriver finalement à la plante de tes pieds.

Effectue un body-scan, en gardant tes yeux fermés, tout le long du processus. Pour cela, visualise chaque zone que tu touches, comme si tu voyais ton corps « d'en haut » et que ton esprit était capable de « scanner » pour toi chacune des parties que tu masses. Ainsi, tu arriveras plus facilement à porter toute ton attention sur ton corps et à écouter les messages qu'il souhaite te faire passer via des zones plus douloureuses, plus tendues ou plus souples.

Tu peux répéter un ou plusieurs mantras sur une thématique de ton choix, selon ton intention.

ASTRO
DICO

25
mars

Les mots de la saison des Poissons

Le mois des poissons est celui des mots liés au rêve et à l'imaginaire.

Quelle est ta définition du mot :

Le rêve est un état de conscience modifié qui permet à notre esprit de voyager dans le passé, le futur, mais aussi parfois d'aller à la rencontre d'autres réalités remplies de surprises. Cela nourrit notre réalité et notre vie quotidienne. Un rêve fait partie de soi et parle de qui on est profondément, mais aussi de ce qu'on est capable d'accomplir lorsqu'on laisse la place et l'espace nécessaire à notre lumière intérieure.

Rêve

Naïveté

Repos

Douceur

Imaginaire

26 mars

Le magic break

Malgré ta vie active (et bien chargée), tu peux prendre 5 minutes pour ajouter un soupçon de magie dans ton quotidien.

Que ce soit une carte que tu tires durant ta pause thé/café, une eau de lune que tu utilises pour purifier tes pierres... Revenons sur ces divers concepts « magiques » qui enchantent ta vie !

Oracle

Ce que l'on appelle un « oracle » est un jeu de cartes utilisé comme un support d'interprétation de messages. Il peut être à thème, il n'a pas de structure particulière et le nombre de cartes peut varier. Il est souvent accompagné d'un petit livret pour expliquer les cartes et leurs significations. Il est accessible à tout le monde, notamment au grand public qui n'a que très peu, voire aucune connaissance en tirage de cartes. Tu peux choisir ton oracle selon le sujet qui t'inspire et qui résonne avec tes besoins du moment.

Tarot

Le tarot de Marseille, quant à lui, est composé de 22 arcanes majeures, toujours dans le même ordre, qui représentent toujours les mêmes figures (la lune, l'étoile, la tour, le monde... etc.). La signification de ces cartes est fixe et basée sur une symbolique qui lui est propre. Il convient d'étudier son jeu de cartes avant de pouvoir l'utiliser correctement.

L'eau de lune

L'eau de lune se crée lors d'une nuit de pleine lune. C'est une eau qui a « posé » à la « lumière » de la lune. Tu pourras ensuite t'en servir pour purifier tes cristaux, pour préparer un bain, réaliser un rituel qui te fait du bien ou autre.

L'hydrolat infusée aux cristaux

L'hydrolat est une eau issue de la distillation de fleurs ou de plantes, utilisée pour les soins de beauté. Lorsque des cristaux y sont infusés, cela lui confère une dimension spirituelle et des vertus selon la ou les pierres associées.

Lasagnes aux champignons, brocolis et épinards à la ricotta

Ingrédients

- Pâtes à lasagne
- 1 c. à s. d'huile d'olive
- 375 g de champignons
- 1 brocoli
- 1 oignon
- 2 gousses d'ail
- 200 g d'épinards frais
- 500 g de ricotta
- Quelques feuilles de sauge
- Thym
- 1 poignée de noisettes
- 100 g de parmesan râpé

Faire fondre à couvert les épinards lavés et hachés dans un peu d'huile d'olive. Hors du feu, ajouter et mélanger la ricotta, puis réserver. Faire revenir les gousses d'ail, l'oignon et les champignons émincés avec du thym et quelques feuilles de sauge. Faire cuire le brocoli découpé en petites fleurettes dans de l'eau bouillante, 10 min. env. puis mélanger avec les champignons. Dans un plat à gratin recouvert de papier sulfurisé, alterner les couches de pâtes et de préparation. Recouvrir de ricotta, puis finir par quelques fleurettes de brocolis et du parmesan. Faire cuire 35 min. env. dans un four préchauffé à 180 °C. Servir avec une petite salade d'épinards !

Les postures de l'évasion

En ce changement de saison, proche de l'équinoxe de printemps, je t'invite à réaliser des postures d'ouverture de cœur. Pour t'ouvrir à de belles et de grandes nouvelles aventures, mais aussi pour guérir des épreuves vécues l'hiver dernier.

L'aigle et le cactus assis

- Épaules détendues et alignées.
- Coudes alignés aux épaules et doigts actifs vers le ciel.

Ouvre les yeux.
Inspire → passe le bras droit dans le pli du coude gauche → croise tes bras, tente de placer tes paumes l'une contre l'autre → « verrouille » ta cage thoracique.
Expire → décroise tes bras → ouvre la poitrine → cambre légèrement le bas du dos.
À faire de l'autre côté.

Répète 3 fois.

Le chiot

- À quatre pattes.
- Poignets alignés en dessous des épaules .
- Genoux alignés en dessous des hanches.

Petit à petit, avance tes paumes de mains vers l'avant du tapis jusqu'à avoir le menton et la poitrine contre le sol. Inspire et expire 3 à 5 fois dans la posture.

Répète 3 fois.

Le chien

- À plat ventre.
- Les mains à hauteur d'épaule.
- Doigts écartés.

Pousse sur tes paumes des mains → tends tes bras. Pousse sur le coup de tes pieds → décolle légèrement les genoux du sol. Ta cage thoracique est ouverte, mais tes épaules sont bien détendues et relâchées, tout comme tes fessiers.
Gaine tes abdos pour protéger tes lombaires → pousse légèrement le bassin vers l'avant.
Ton regard se lève vers le ciel et ton cou est dans le prolongement de la colonne.

Inspire et expire 3 à 5 fois dans la posture.

Quitte la posture en délicatesse.

Le jaspe polychrome

La pierre parfaite pour les personnes désirant être davantage « dans l'instant présent ».

Pierre de protection, le jaspe polychrome agit comme un bouclier et protège contre les influences négatives. Cette pierre favorise également l'ancrage et est également réputée pour apporter un sentiment de sérénité et booster les pensées positives, tout en calmant les angoisses et les incertitudes. Enfin, ce jaspe peut également aider à ouvrir ses perspectives et à se montrer plus flexible au quotidien.

Excellente pierre de protection, elle aide à se libérer des personnes toxiques (effet décuplé si tu la couples avec l'œil de tigre ou la citrine).

Pierre d'ancrage, elle favorise la joie de vivre de son porteur.

C'est une pierre qui permet d'ouvrir son esprit, d'être réceptif aux autres et aux échanges, nous permettant de nous adapter aux différents aléas de la vie !

Cette pierre se lave à l'eau, se purifie dans du gros sel et se recharge au soleil !

Ses mots-clés

- **Protection.**
- **Positivité.**
- **Flexibilité.**

Merci pour…

Chère étoile, le mois de mars touche à sa fin ! Comme de coutume, c'est le moment idéal pour gonfler ton cœur de gratitude et TE remercier.

Pour tout ce que tu as accompli en ce mois de mars.

Ça peut être une folie d'accomplissement, mais ça peut aussi être simplement le fait d'être restée toi-même et d'avoir suivi ta voie intérieure.
Prends 5 ou 10 minutes pour écrire, ici, les choses pour lesquelles tu souhaites te remercier et celles pour lesquelles tu es fière d'être qui tu es.

CHECK-UP

31
mars

Clap de fin
sur le mois de mars

Ce mois de mars a permis de construire pas à pas un escalier vers les étoiles, pour décrocher tes ambitions les plus folles ! Quel est ton bilan en cette fin de mois ?

Quel est ton plus beau souvenir de ce mois de mars ?

As-tu pris le temps de faire une pause ?
Qu'as-tu fait durant ce moment d'introspection ?

Quel a été ton plus doux moment de partage en mars ?

Quelle a été ta leçon de vie personnelle en ce mois de mars ?
(Explique brièvement la situation et ce que tu en déduis.)

Quelles ont été tes occupations favorites en mars ?

Si tu devais décrire mars en 3 mots, lesquels seraient-ce ?

Quel serait ton focus pour le mois d'avril ? Pourquoi ?

Un petit mot doux à toi-même avant de débuter le nouveau mois ?

La saison du Bélier

Invitation au passage à l'action, au risque… mais aussi au leadership, tout redémarre avec l'énergie extraordinaire du Bélier.

Signe téméraire, lié à l'élément feu, dit « cardinal », le Bélier incarne l'équinoxe de printemps et le point Est de la roue du zodiaque. Après l'hiver et le froid, Les premiers bourgeons s'ouvrent, même si la météo est encore assez instable. C'est cette même instabilité qui motive le Bélier à foncer, sans se poser trop de questions, au lieu de fuir et de craindre l'avenir. Car finalement… qui sait de quoi demain sera fait ? Il se challenge au quotidien et avance, la tête haute, sans jamais se retourner. Ou presque.

TO-DO

01
avril

Mes intentions du mois

Alors, chère étoile, quels nouveaux projets souhaites-tu démarrer ? Place à ton feu intérieur !

1 **Je démarre un nouveau projet professionnel.**

2 **Je dresse la liste des folies** à réaliser avant de mourir.

3 **Je me remets à fond au sport.**

4 **Je fais une cure de vitamines.**

5 **Je me lance un challenge à tenir pendant 30 jours**...

6 **Je m'offre une nouvelle pierre** : une cornaline, un jaspe rouge, un grenat.

7 **J'entame une détox alimentaire.**

8 **Je réalise un grand nettoyage de printemps** !

9 **Je remets ma garde-robe de printemps/été à jour**...

10 **Je (re)découvre mes placements en Bélier sur mon thème astral.**

02
avril

MOON BOARD

Une lune d'affirmation

La date de ma nouvelle lune :

La quatrième nouvelle lune de l'année se déroule fin mars ou début avril, dans le signe du Bélier : cette lunaison est l'incarnation même de la phrase « je suis ». Elle te demande donc de faire preuve d'authenticité, de courage et d'audace. Elle t'apporte l'impulsion nécessaire pour démarrer une grande phase de renouveau. Elle te crie d'aller de l'avant et de sortir de ta zone de confort. Elle te permet de faire germer des projets qui sont en toi depuis des semaines, d'y consacrer du temps et de faire un bond en avant ! Elle te scande de faire preuve de franchise et d'oser exprimer ta nature profonde. Pour de vrai.

Trace ton chemin, prends de l'élan et lance-toi, corps et âme, dans ce qui te fait réellement vibrer. Bref, c'est le moment parfait pour avoir cette conversation importante que tu reportes sans cesse à plus tard ou pour travailler sur ce projet que tu remets toujours au lendemain. Cela peut te bousculer, te secouer et te challenger, mais cela sera beau et utile. Ainsi, tu pourras être fière de toi par la suite.

C'est l'instant, ou jamais, de dire avec toute franchise, de manière limpide et naturelle, ce que tu ressens et ce vers quoi tu désires vraiment aller. Adresse tes vœux à l'Univers et conserve-les dans une lettre ou un grimoire que tu reliras plus tard. Aie confiance, lance-toi et n'aie aucun regret !

RITUEL

03
avril

Mes rituels d'Inspiration

Dresse une liste de tes intentions pour ce nouveau printemps.

Quelles sont les choses que tu souhaites démarrer ou réaliser prochainement ? Et surtout, quelles sont les émotions que t'inspirent ces projets ? Viennent-ils du cœur, de la tête ou de tes rêves ?

- Quel est le projet que tu souhaites lancer dans les 4 prochaines semaines ? Pourquoi ?
- Quel est le dernier (grand) risque que tu aies pris ? À quoi cela t'a-t-il menée ?
- Comment te sens-tu ce soir ? Quelle émotion te domine ?
- As-tu un souhait à adresser à l'Univers ?

- Réalise un chèque d'abondance.
- Pose tes intentions à la voix affirmative ou fais une liste de gratitudes.
- Programme une séance de sport.
- Lance-toi un défi que tu devras tenir pendant 21 jours.
- Dresse ta bucket list.

04 avril

ÉCRITURE INTUITIVE

À faire avant de mourir !

Ce soir, je t'invite à écrire la liste des choses que tu souhaites faire « avant de mourir » ou avant tes 30 ou 60 ans… Peu importe, c'est toi qui choisis ! Que ce soit l'envie de faire un tatouage, de gravir une montagne de 2 800 mètres d'altitude, de découvrir l'Australie ou de mettre un pied sur la lune… Que ce soit une liste de 15, 25 ou 100 choses différentes, il faut que ça te fasse vibrer et te donne envie de te lever au quotidien !

Une fois n'est pas coutume, tu connais les règles maintenant : pour réaliser cet exercice d'écriture, installe-toi dans un endroit calme avec ce livre, une feuille (de brouillon) et un stylo. Tu peux allumer une bougie, mettre une musique douce en fond, tirer une carte d'oracle ou de tarot si tu en as à disposition ou te préparer un thé.

Veille à déposer une intention avant de te mettre à rédiger cette liste de choses à faire « avant de mourir ». Tu peux te répéter 3 fois mentalement un mot qui incarne une émotion ou quelque chose qui fait sens à tes yeux : un souhait que tu déposes ou un mantra que tu as envie d'invoquer durant ce petit instant qui t'appartient.

Petit rappel : aucun rêve n'est trop grand ! Il existe juste des étapes par lesquelles il convient de passer avant d'atteindre un objectif bien audacieux.

Lorsque tu es prête, tu peux inspirer et expirer doucement, puis entamer ta liste !

PRÉDICTION

05
avril

Action et conseils!

Ce tirage d'une seule carte t'apportera un conseil simple et efficace avant de passer à l'action tout simplement ! Réalise-le après avoir pris le temps de poser tes rêves par écrit.

C'est un tirage classique qui peut s'effectuer à n'importe quelle période de l'année et assez régulièrement ! Tu peux te tirer une carte chaque semaine pour connaître tes énergies du moment, focaliser ton esprit sur un objectif bien précis, te donner un coup de boost ou visualiser la réponse à une de tes questions.

Bonus : si tu as en ta possession *L'Oracle de l'amour astral*, je t'invite vivement à ne garder que la carte du « Oui » et celle du « Non » pour voir si tu dois bel et bien passer à l'action maintenant ou réajuster certaines choses avant de concrétiser ton projet du moment. Tu peux poser n'importe quelle question fermée pour t'éclairer !

Cette carte t'invitera à te poser les bonnes questions (ouvertes ou fermées) avant de te lancer dans ton projet ou elle mettra le doigt sur ce dont tu as besoin de faire actuellement.

06
avril

MÉDITATION

Ton pouvoir intérieur

Chère étoile, peu importe les embûches et les peurs : tu es capable de tout surmonter. En cette méditation du mois d'avril, nous allons méditer sur ton pouvoir intérieur. Prête ? Installe-toi confortablement…

Let's go vinyasa

En cette saison dédiée au retour du soleil, c'est le moment idéal pour (ré)activer le feu qui vibre en soi. Et pour ce faire, je te propose de réaliser la salutation au soleil du vinyasa yoga.

De la montagne à la cigogne

- Debout en montagne.
- Pieds ouverts sur largeur des hanches, périnée légèrement engagé/contracté.
- Jambes longues, mais l'arrière des genoux déverrouillé.
- Épaules détendues bras le long du corps de part et d'autre du bassin.

Rentre légèrement le menton pour étirer tes cervicales.
Prends une grande inspiration et lève les mains vers le ciel paume l'une contre l'autre. En expirant, plie tes hanches et fléchis le haut du corps vers l'avant et cherchant le sol du bout des doigts (les mains ne sont pas obligées de toucher le sol). Les bras restent près des oreilles et les genoux peuvent se plier davantage au besoin (si les tendons sont douloureux notamment), tandis que l'abdomen se rapproche des cuisses, comme pour s'y déposer.
Étire bien la colonne vertébrale.

Reste dans cette position durant 1 ou 2 respirations.

De la planche au Chaturanga

- Dans la posture de la cigogne.

Pose tes mains au sol pour venir te placer en planche et reste 3 secondes.
Continue à pousser sur tes paumes tout en gainant.
Avec le corps engagé, avance légèrement ton corps vers l'avant en poussant sur tes orteils. Plie tes coudes, en les gardant près du corps, et descends d'une traite, comme un bâton.
Plier et dépose tes genoux au sol si la posture est trop énergivore pour toi.
Attention, cette posture travaille fortement les épaules, tu peux sentir que ça chauffe à ce niveau !

Du chien tête en haut au chien tête en bas

- À plat ventre.
- Mains à hauteur des épaules, doigts écartés.

Pousse sur tes paumes des mains pour tendre tes bras, mais également sur le dos de tes pieds pour décoller légèrement les genoux du sol. Ta cage thoracique est ouverte, mais tes épaules sont bien détendues et relâchées, tout comme tes fessiers. Cependant, je t'invite à gainer tes abdos pour protéger tes lombaires et à pousser légèrement le bassin vers l'avant. Ton regard se lève vers le ciel et ton cou est dans le prolongement de la colonne.
Inspire dans la posture, passe en chien tête en bas à l'expire.
Retrouve le chien tête en haut p. 96.
3 à 5 respirations avant d'inspirer et de ramener doucement les pieds vers l'avant du tapis.

Tu peux répéter ce petit enchaînement 3 à 5 fois pour sentir l'énergie (le Prana) monter et parcourir tes membres.

ASTRO FOOD

Les aliments du **muscle** et du rythme (cardiaque) !

Douce âme, sache que le signe du Bélier est semble-il le plus sportif du zodiaque ! Son analogie avec le corps humain fait référence, sans grand hasard, aux muscles et au système cardiovasculaire. En tant que premier signe de la roue du zodiaque, il représente également les nutriments essentiels qu'il nous faut pour (sur)vivre. Comme il est important, pour le bon fonctionnement de ton corps, de conserver une masse musculaire suffisante, voici une liste d'aliments riches en protéines.

La viande maigre

Non végé ? Consommer de la viande maigre (blanc de poulet, poisson maigre...) une à deux fois par semaine est suffisant et t'apportera tous les acides aminés et le shot de protéines dont tu as besoin.

Les légumineuses

Les lentilles, les fèves, les pois-chiches, les haricots rouges... régulièrement conseillés dans le régime végétarien, mais pas seulement, les légumineuses possèdent une grande quantité de protéines végétales et sont réputés pour rassasier ! Il est bon de les accompagner de céréales afin d'obtenir tous les acides aminés essentiels en un repas.

Les céréales

Le quinoa, l'avoine, le sarrasin, le boulgour, l'épeautre... sont autant de céréales qui contiennent énormément de protéines végétales.

Les oléagineux

Elles font parties des meilleures sources de protéines végétales. Il faut simplement veiller à limiter sa consommation journalière, car elles sont riches en lipides et possèdent aussi pas mal de matières grasses.

Le soja

La graine de soja est riche en protéines, c'est pour cela qu'elle est toujours conseillée aux personnes qui souhaitent limiter ou supprimer totalement les produits d'origines animales. De plus, d'autres produits tout aussi bons (et sains) en sont dérivés tels que le tempeh, le tofu ou l'edamame.

La spiruline

Cette algue riche en protéines (65 g de protéines pour une consommation de 100 g) contient aussi de nombreux nutriments essentiels tels que les vitamines, le fer, le magnésium... et bien d'autres bonnes choses ! À prendre en compléments alimentaires ou en apéro (feuilles d'algues séchées).

Le seitan

Fabriqué à partir du blé, c'est un excellent substitut à la viande. Il ne contient pas de cholestérol et très peu de lipides. De plus, il contient 25 g de protéines pour 100 g. De quoi en ajouter à tous tes plats de nouilles pimentées ou à ta sauce bolognaise maison !

Les graines

Graines de courge, de chia ou de chanvre... Elles sont riches en protéines et procurent un sentiment de satiété. Elles sont parfaites à ajouter à des salades, des petits déjeuners ou des goûters sains pour compléter l'apport nutritionnel quotidien.

ÉCRITURE INTUITIVE

09 avril

Je suis forte et puissante

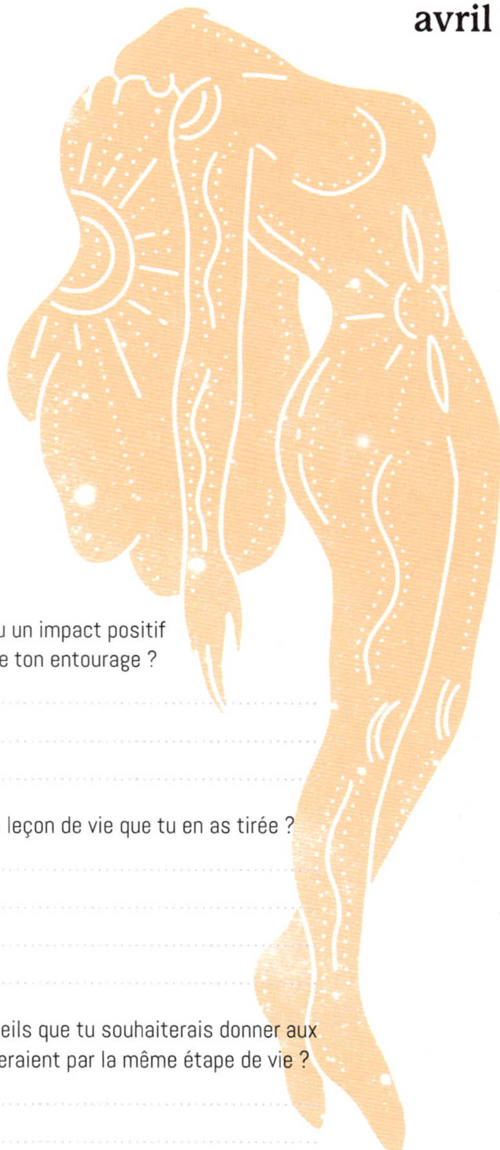

Jusqu'à présent, quelle est, selon toi, ta plus grande concrétisation ? Ton meilleur accomplissement ? Ce moment où tu as soulevé des montagnes entières ? Ce moment qui te rappelle que tu es forte, puissante et solide ?

Quand était-ce ?

....

....

Pourquoi as-tu fait cela ?

....

....

....

....

....

Quelles émotions cet événement évei le encore en toi aujourd'hui ?

....

....

....

....

....

Est-ce que cela a eu un impact positif sur les personnes de ton entourage ?

....

....

....

Quelle est la grande leçon de vie que tu en as tirée ?

....

....

....

....

Quels sont les conseils que tu souhaiterais donner aux personnes qui passeraient par la même étape de vie ?

....

....

....

....

PRENDS SIMPLEMENT LE TEMPS DE TE REMERCIER POUR CELA ET D'ÊTRE FIÈRE !

10
avril

ASTRO
LITHO

Le jaspe rouge

Une pierre qui vivifie l'esprit, stimule l'action et l'expression de soi.

Idéale pour booster la confiance en soi tout en favorisant le passage à l'action et la prise de risque, cette pierre aide le porteur à se remémorer ses rêves. Aussi, elle aide à mieux vivre la solitude, à se détacher du regard des autres et à garder le moral en période difficile. Elle dynamise les porteurs de projets, les personnes qui ont des grandes responsabilités et elle stimule la créativité. Elle encourage, aide à réfléchir rapidement et à être mieux organisé au travail.

Le jaspe rouge a servi et sert encore aujourd'hui dans de nombreux domaines comme la décoration ou le pavement.. on le retrouve en grande abondance et pour de nombreux usages ! Utilisé depuis le paléolithique, il est interprété dans toutes les civilisations comme un symbole de courage et de force.

Cette pierre du cycle féminin calme les douleurs : elle est recommandée pour les accouchements ou les interruptions de grossesse et les fausses couches. Elle aide durant la période de post partum et favorise la fécondité.

Ses mots-clés

- **Confiance**.
- **Projets**.
- **Passage à l'action**.

ÉNERGIE VIBRATOIRE

11 avril

Mars
& l'ascendant

Le placement de Mars sur ton thème astral indiquera dans quels domaines tu exprimeras davantage ta capacité d'action, ton côté entreprenant, et ta manière de prendre des initiatives au quotidien.

Mars est la planète qui gouverne l'énergie du Bélier. Cette planète incarne l'énergie de l'action, du désir, parfois même de la sexualité et de l'attirance physique. Elle est également connue pour incarner la guerre et la violence, car elle fait référence au dieu Arès, dieu de la guerre, qui tomba finalement sous le charme d'Aphrodite (Vénus) qui lui apporte l'équilibre parfait pour ne pas sombrer dans la noirceur de ses travers – et de son impulsivité.

En astrologie, cette planète représente la motivation d'une personne, la partie dynamique et entreprenante de sa personnalité, son mental… et les risques qu'elle est capable de prendre pour révéler son plein potentiel. Elle peut aussi parler du type de personnalité qui l'attirera, sexuellement parlant.

La boussole des étoiles

Le Bélier représente également le signe ascendant (et la maison 1) sur la roue du zodiaque. C'est le point Est de la boussole des étoiles. Que tu sois ascendant Bélier ou ascendant d'un tout autre signe astrologique, ce qui est bon à retenir, c'est que ce signe représente ta ligne directrice, une grande part de ton ego et de ta confiance en toi, mais également ta face sociale et ta construction personnelle.

Sur ton thème astral, dans quel signe se trouve Mars ?
Dans quelle maison ?

....

....

Qu'en déduis-tu par rapport à ta capacité d'action et ton sens de l'initiative au quotidien ?

....

....

Quel est ton signe ascendant ? Quelle est ton affinité avec lui ? Te sens-tu proche de ce signe ?

....

....

Boost de printemps

Douce âme, même si le soleil est de retour et que les journées s'allongent, ce n'est pas toujours évident de retrouver la forme !

Le changement de météo peut parfois fatiguer davantage le corps et l'esprit. Alors, c'est le moment de prendre soin de tes énergies pour recharger tes batteries comme il se doit ! Voici quelques idées, en vrac, qui paraissent bien banales au premier coup d'œil, mais qui peuvent être difficiles à mettre en pratique certains jours.
Inspire-toi et laisse la magie opérer !

- Médite pour relâcher le mental.
- Fais une sieste sans réveil.
- Écris dans un journal (intuitivement).
- Marche dans la nature (en pleine conscience).
- Fais une liste de gratitudes (hebdomadaire).
- Exprime ta créativité (sans censure).
- Profite du soleil (sans réserve).

J'aime passionnément la femme que je deviens

14
avril

CHECK-UP

Un point c'est toi !

Encore aujourd'hui, cette saison printanière est associée au début d'un cycle, au renouvellement des contacts sociaux, au regain d'énergie et au retour de l'ambition professionnelle. Chaud devant, une navette spatiale s'apprête à décoller ! Mais avant cela, pose-toi ces questions...

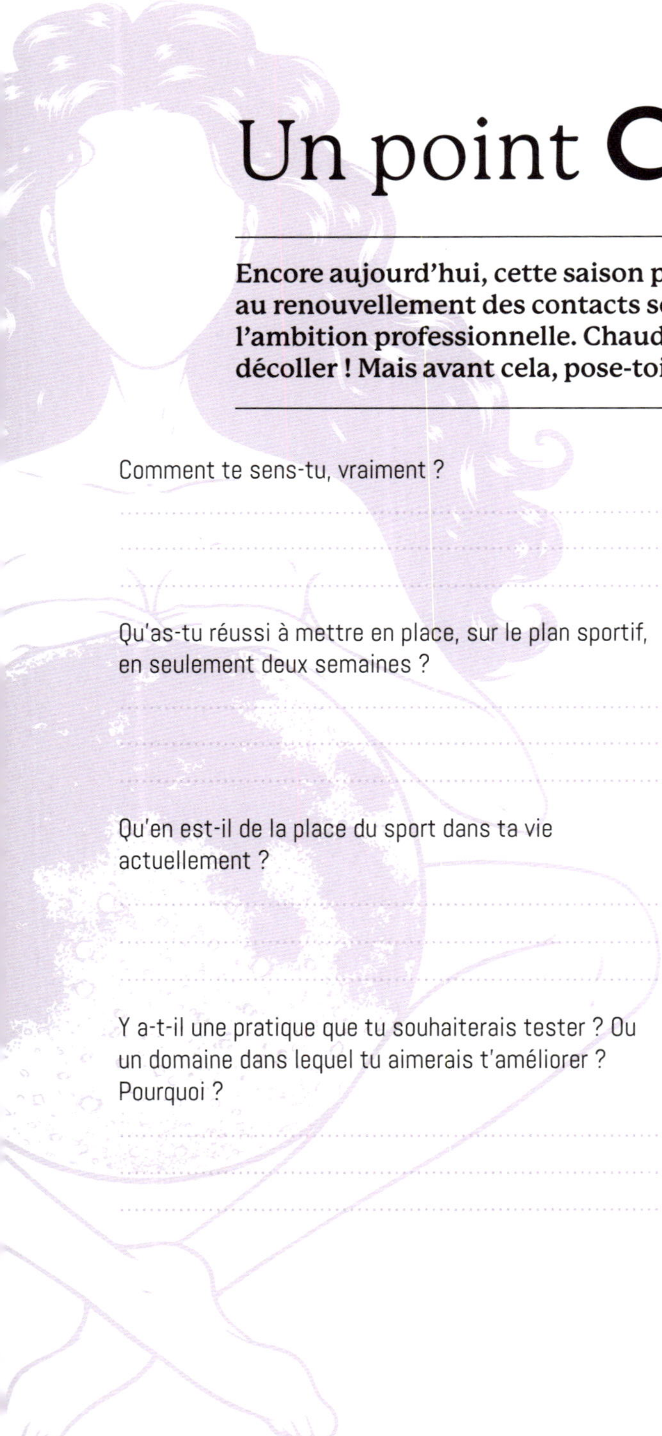

Comment te sens-tu, vraiment ?

Qu'as-tu réussi à mettre en place, sur le plan sportif, en seulement deux semaines ?

Qu'en est-il de la place du sport dans ta vie actuellement ?

Y a-t-il une pratique que tu souhaiterais tester ? Ou un domaine dans lequel tu aimerais t'améliorer ? Pourquoi ?

Sur quel sport te focalises-tu en ce moment ? Quelles émotions t'évoque sa pratique ?

Qu'as-tu accompli sur le plan professionnel durant ces premières semaines ?

Quel mot décrirait le mieux ces deux premières semaines d'avril ?

Une envie particulière avant la fin du mois d'avril ?

Un petit mot pour te motiver toi-même ?

Yoga de la guerrière

Le Bélier incarne l'énergie de la guerre, mais avant tout, il incarne ce guerrier ou cette guerrière qui se lèvent et brandissent leur épée pour défendre leurs valeurs. Sur ton tapis de yoga, c'est un peu la même chose. Chaque posture de guerrier t'invite à te poster à l'avant de ton tapis avec confiance et fermeté.

Le guerrier 1

- Dans la posture de la montagne (p. 138). Tes mains sur tes hanches → ramène le genou gauche à la poitrine en inspirant. Expire → tends ta jambe gauche → dépose ton pied vers l'arrière. Tourne tes orteils légèrement vers la grande ligne du tapis → ton pied à environ 45° à plat au sol. (La distance entre tes deux jambes est à adapter selon ton équilibre et ta souplesse.)

Plie ta jambe avant → forme un angle de 90°, genou au-dessus de la cheville.
Les hanches bien tournées vers l'avant du tapis → inspire → lève les mains et le regard vers le ciel.
Relâche tes épaules et ouvre ton cœur en grand.

Reste 3 à 5 respirations dans la posture.

Pour sortir de la posture, inspire pour descendre les bras le long du corps et déplier le genou avant.
Expire et ramène le pied arrière à l'avant du tapis pour revenir dans la posture de la montagne.
Tu peux répéter l'exercice en faisant l'autre côté pour équilibrer la droite et la gauche.

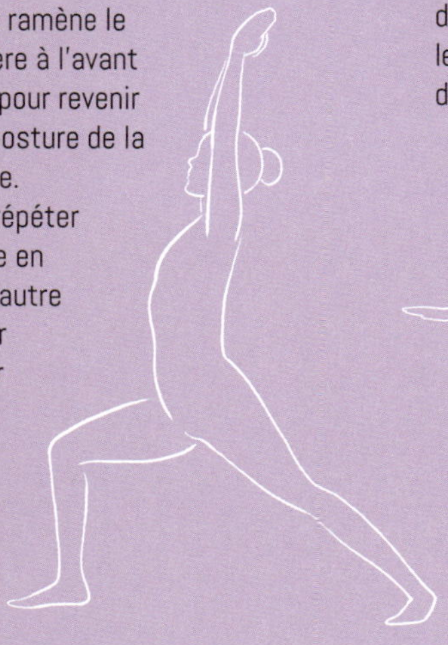

Le guerrier 2

- Dans la posture de la montagne.

Tes mains sur tes hanches → ramène le genou gauche à la poitrine → inspire.
Expire → tends ta jambe gauche → dépose ton pied vers l'arrière. Tourne tes orteils légèrement vers la grande ligne du tapis → ton pied posé à environ 45-65° à plat au sol. Tes deux talons sont sur la même ligne. (La distance entre tes deux jambes est à adapter selon ton équilibre et ta souplesse.)
Plie ta jambe avant → forme un angle de 90°, genou au-dessus de la cheville. La hanche droite tournée vers l'avant du tapis, la gauche vers la grande ligne.
Inspire → lève les bras, parallèles au sol, le regard fixe et fier, tourné vers les doigts de la main droite.
Relâche tes épaules et ouvre ton cœur en grand → ne cambre pas le bas du dos. Sors de la posture → inspire → descends les bras le long du corps → déplie le genou avant. Expire → ramène le pied arrière à l'avant du tapis → reviens dans la posture de la montagne.

Répète l'exercice en faisant l'autre côté pour équilibrer la droite et la gauche.

Le guerrier 3

- Dans la du guerrier 1.
- Le genou droit plié à l'avant du tapis.

Engage les abdominaux → décolle le talon gauche du sol → presse avec le gros orteil gauche dans le sol → décolle le pied pour basculer le poids du corps sur la jambe droite. Tends ta jambe droite en soutien (le genou peut rester un minimum plié si besoin) → lève la jambe gauche parallèle au sol.
(Si l'exercice est difficile → prends appui avec un bloc pour garder l'équilibre).
Ajuste tes hanches pour qu'elles soient bien alignées et parallèles au sol.
Engage bien les abdos et les muscles des cuisses, même à l'arrière de la jambe gauche qui est surélevée.
Sorts de la posture → inspire → expire → reviens en guerrier 1 puis en montagne.

16
avril

ASTRO
LITHO

La cornaline

Jolie pierre orange qui encourage son porteur à avoir une vie équilibrée où règnent plaisir et habitudes saines.

Elle favorise l'attraction sociale et elle permet aux plus introvertis de se sentir bien même lorsqu'ils sont entourés.

Elle renforce également la confiance en soi, la joie de vivre et invite subtilement à vivre dans l'instant présent.

Aussi, elle est réputée pour avoir un effet positif sur les troubles hormonaux et la régulation de ceux-ci, tout en apaisant les douleurs liées au cycle menstruel.

Sur un tout autre plan, elle permet de réduire les sentiments de jalousie et de possessivité.

Ses mots-clés

- **Sociabilité.**
- **Confiance.**
- **Joie de vivre.**

MOON BOARD

17 avril

L'œuf de lune en Balance

La quatrième pleine lune de l'année fait référence aux œufs que les oiseaux pondent après l'hiver. C'est pour cela qu'elle est également appelée « œuf de lune ». Bien évidemment, elle est aussi dite « rose » en référence aux fleurs qui s'ouvrent et qui recouvrent les couronnes des arbres, ainsi que les parterres verdurés.

La date de ma nouvelle lune :

Ce n'est pas pour rien que, généralement, cette lunaison se déroule dans le signe de la Balance, signe qui représente l'amour et l'union. Cette pleine lune douce est remplie de bonnes énergies pour t'aider à guérir d'une rupture ou d'un deuil récent. Sur l'axe Bélier-Balance, axe relationnel, cette lunaison te demande d'oser regarder les défauts que tu n'aimes pas chez l'autre. Car ils expriment sûrement des zones d'ombre de ta propre personnalité, ainsi que des points faibles qu'il convient de travailler pour être en réelle phase avec toi-même. Souvent, ce qu'on pointe du doigt est quelque chose qui vient (r)éveiller une blessure ou mettre en lumière des schémas qu'on souhaiterait (in)consciemment oublier…

Si tu es en couple, cela peut t'aider à briser un cycle de conflits pour atteindre un niveau de fusion supérieur avec ton partenaire. Si tu es célibataire, c'est le moment de guérir, de laisser derrière toi les mauvais schémas pour aller et accueillir un autre type d'amour, bien différent de ce que tu as pu connaître auparavant.

Quelles sont les qualités et la lumière que tu cherches chez l'autre ? Cela pourrait révéler plus d'une chose sur toi et sur ce que tu aimerais développer comme compétences personnelles.

Mes rituels :

- Allumer une bougie en posant tes intentions relationnelles.
- Dire à ceux et celles que tu aimes qu'ils comptent à tes yeux.
- Cueillir des fleurs dans la nature ou t'offrir un bouquet de fleurs.
- Couper tes cheveux (pour couper symboliquement les liens avec autrui).

18
avril

ÉNERGIE VIBRATOIRE

Cartographie astrale en Bélier

Je suis forte, je mérite amour et abondance.

Le signe du Bélier est un guerrier, mais il ne déborde pas moins d'amour pour la cause. Il te rappelle d'être en compétition avec toi-même au quotidien – et non les autres. Car le Bélier ne cherche pas à être meilleur qu'autrui, mais à devenir une meilleure version de lui-même, jour après jour.

Que tu sois née ou non sous le signe du Bélier, sache que son énergie fait partie de toi – à un degré plus ou moins fort.

Quelles sont tes planètes en Bélier ?

....

....

Ta maison en Bélier ?

....

....

Quelle énergie du Bélier vibre en toi – au quotidien ?

....

....

....

....

Lesquelles de ses caractéristiques principales te correspondent ?

Optimisme	Entêtement	Impulsivité	
Volonté	Passion	Endurance	Bravoure

Quelles sont les choses les plus audacieuses que tu aies faites ?

....

....

....

....

5 choses que tu aurais aimé savoir avant l'âge adulte !

Belle âme, je suis sûre que toi aussi, tu as déjà dit cette fameuse phrase : « Ah ! J'aurais aimé être consciente de cela plus tôt ! » ou « Qu'est-ce que j'aurais aimé savoir ça avant ! »

Surtout sur le plan relationnel (autant amoureux qu'amical), la vie nous enseigne plus d'une chose… qu'on ne comprend parfois qu'en prenant de l'âge !

Comme le fait qu'un amour passionnel peut brûler les ailes au lieu de construire quelque chose de durable…

Que notre partenaire ne peut pas deviner ce qu'on a en tête si on exprime pas nos besoins.

Ou encore le fait qu'on n'a pas à être fusionnelles en amitié pour conserver la bonne entente !

Quelles sont ces 5 bonnes choses que tu aurais aimé savoir avant ?

Indique ces belles leçons ici et relis-les dès que tu en as besoin !

20
avril

ASTRO YOGA

Yoga de la puissance intérieure

En cette fin de saison du Bélier, je t'invite à éveiller, une fois de plus, la puissance qui est en toi ! C'est une opportunité de plus pour exprimer tout ton courage et montrer de quel bois tu te chauffes ! *You are on fire, baby !*

Le guerrier renversé

• Dans la posture du guerrier 2 (p. 115).
• Jambes solidement ancrées dans le sol et genou avant bien plié.

Inspire → lève les mains vers le ciel → étire la colonne vertébrale.
Expire → pose la main gauche sur ta jambe arrière : sur la cuisse ou le mollet selon ta souplesse.
Le bras droit suit le mouvement de ton buste et peut légèrement pencher avec toi vers l'arrière.
Reste 3 respirations dans la posture.
Sors du guerrier renversé → reviens en guerrier 2 → en posture de la montagne.
Répète l'exercice de l'autre côté.

Le guerrier humble

• Depuis la posture du guerrier 2 (p. 115).
• Doigts croisés dans le dos.

Inspire → étire la colonne vertébrale vers le haut en poussant avec tes mains vers le bas. → Pivote le torse vers la gauche, à l'intérieur du pied du droit → plie tes hanches. Intuitivement, tes bras suivront le mouvement → lève-les le plus haut possible. Baisse la tête vers l'intérieur du pied droit.

Reste 3 respirations dans la posture.

Quitte la posture en délicatesse, en remontant le buste et en te recentrant en guerrier 2.
Ensuite, reviens en posture de la montagne et répète l'exercice de l'autre côté.

La posture du guerrier au repos

Parce que toute guerrière honorable mérite également le repos, je t'invite à réaliser cette posture !
• Couchée sur le dos.
• Jambes écartées et orteils légèrement tournés vers l'extérieur.

Relâche tes bras le long du corps → tourne tes paumes vers le ciel. → Ouvre la poitrine → rentre légèrement le menton pour étirer tes cervicales.

***Bonus :** tu peux placer un coussin sous le dos, les genoux ou la tête pour plus de confort.*

Cette posture invite au relâchement total et à la relaxation ! Profite autant que tu le peux.

CONSEIL
ET BIEN ETRE

21 avril

Dans quelle région se trouve la forêt que tu souhaites découvrir ?

....

Combien de kilomètres es-tu prête à marcher ?

....

Iras-tu seule ou accompagnée ?

....

Es-tu bien équipée ? (Chaussures de randonnée, sac à dos, gourde isothermique, snacks, etc. ?)

....

....

Une intention à poser pour cette balade ?

....

....

Quand t'y rendras-tu ?

....

Une petite pause s'impose dans ce mois bien mouvementé ! Tu te sens un peu submergée ? Ou tu souhaites simplement ralentir un peu le rythme, te défaire de l'injonction du sport, tout en faisant quelque chose d'agréable… en mode : repos actif ? J'ai l'activité qu'il te faut : la sylvothérapie !

Un bain de forêt pour se regénérer !

La sylvothérapie, c'est quoi ? C'est un « bain de forêt », une immersion en pleine nature qui te permet de te ressourcer au contact des arbres et des plantes. Tout simplement ! Cependant, ce n'est pas « juste » marcher en nature. C'est prendre le temps de ralentir, de marcher doucement, minimum deux heures, et en pleine conscience, parfois même dans un silence total. Ce serait l'un des secrets de longévité des Japonais ! Aussi, si tu es à l'aise, tu peux directement toucher et enlacer les arbres… voire leur parler. Cela aura des propriétés thérapeutiques surprenantes !

En effet, la saison du Bélier se clôture tout doucement pour laisser place à la saison du Taureau, signe qui incarne la nature et la verte forêt… C'est l'excuse idéale pour aller te perdre lors d'une balade.

La howlite

Pour être à l'écoute des autres et entrer dans la communication non violente !

Blanche naturellement, parfois colorée pour lui attribuer des vertus supplémentaires, la howlite est une pierre d'apaisement et de calme.

Cette pierre est notamment réputée pour apaiser les personnalités les plus impulsives. Aussi, elle permet de lutter contre les peurs et de tempérer la colère.

Elle est conseillée pour ceux et celles qui souhaitent démarrer un régime, une détox ou (re)prendre des habitudes de vie saines.

Ses mots-clés

- **Apaisement.**
- **Douceur.**
- **Rationalité.**

ASTRO FOOD

23 avril

Protein balls

Envie d'une collation gourmande riche en protéines pour nourrir tes muscles avant ou après une bonne séance de sport ? Ces protein balls t'apporteront un boost d'énergie tout en réparant tes tissus musculaires. Bonus : tu peux les décorer comme tu le souhaites !

Ingrédients

- 1 tasse de flocons d'avoine
- ½ tasse de beurre de cacahuète
- ¼ tasse de lait d'amande
- ⅓ tasse de sirop d'agave
- ⅓ tasse de noix concassées
- ¼ tasse de pépites de chocolat noir 60 ou 70 %
- ¼ tasse de protéines en poudre végan au choix (vanille, chocolat, etc.)
- 1 c. à c. d'extrait de vanille (facultatif)
- Une pincée de sel (facultatif)
- Des toppings (noix de coco râpée, graines de chia, amandes effilées, etc.) pour enrobage

Mélanger tous les ingrédients dans un grand bol et bien malaxer. Une fois le mélange homogène, créer des petites boules avec les mains. Les rouler dans une assiette remplie du topping voulu (noix de coco râpée, choco at fondu, etc.). Les faire durcir dans un tupperware ou une boîte hermétique au réfrigérateur 30 min à 1 h env. Ces balls se conservent env. 1 semaine.

24
avril

Je suis un aimant puissant. J'attire à moi tout ce que l'Univers a de bon à m'offrir.

Les mots de la saison du Bélier

La détermination d'une personne traduit le fait qu'elle est déterminé, donc qu'elle a une attitude ou des agissements sans hésitation, selon les décisions qu'elle a prises.

Quelle est ta définition du mot :

Motivation

Action

Dynamisme

26
avril

ASTRO FOOD

Ingrédients (pour 2 personnes)

- 1 sachet de 200 g de nouilles udon
- 180 g d'émincés végétariens (seitan en lamelles)
- 200 g d'edamame
- 2 tomates
- 1 concombre
- 1 botte d'oignons jeunes
- 2 carottes
- Gingembre frais
- Ail
- 1 c. à s. d'huile d'olive
- 2 c. à s. de sauce soja
- Sauce asiatique sucrée (teriyaki)
- 40 g de cacahuètes concassées
- 4 brins de basilic thaï
- 1 piment rouge
- 1 citron vert

Cuire les nouilles udon.
Dans un bol mélanger l'ail émincé, le gingembre râpé, le seitan et la sauce soja.
Dans un saladier, mélanger des morceaux de tomates et de concombre, les oignons détaillées, l'edamame et le basilic.
Cuire dans un peu d'huile d'olive le seitan, les carottes en ruban 3 à 5 min.
Ajouter nouilles udon et laisser cuire 3 à 5 min en ajoutant la sauce asiatique sucrée selon tes goûts. Ajouter le mélange de légumes et couper le feu.
Servir dans des bowls en décorant de cacahuètes concassées, de rondelles de piment rouge et de quartiers de citrons verts.

Wok végan de nouilles udon à la sauce soja

Pour ce dernier cours du mois, on va se focaliser sur la stabilité de ta ceinture abdominale, mais aussi te challenger pour la fameuse posture sur la tête ! Promis, tout ira bien. Le plus important et de t'amuser et de prendre du plaisir.

Yoga de la stabilité abdominale

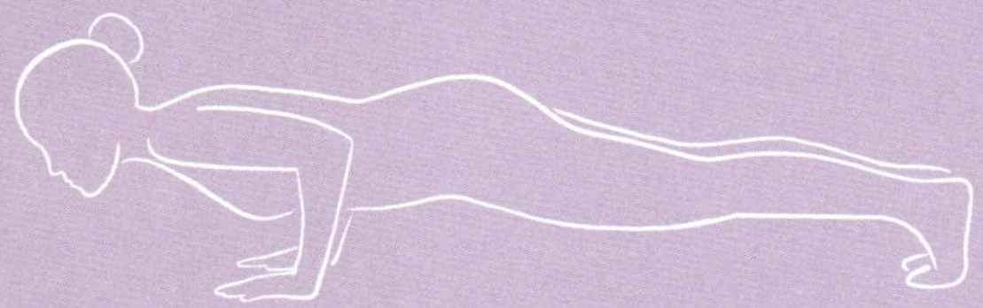

La posture sur la tête

- En planche devant un mur – ou à quatre pattes - (surtout si tu n'as jamais pratiqué cela).

Doigts entrelacés, seuls les auriculaires doivent toucher le sol. Tes pas trop écartés l'un de l'autre dans le prolongement de tes épaules → prends-les dans tes mains → replace tes mains au sol.
Pose le sommet du crâne au sol, entre tes mains, soutien et « muret » pour ta tête.
Aligne correctement tes cervicales → tout doucement, marche en direction de ta tête → essaie d'avoir les fesses parallèles au sol.
Retourne d'avant en arrière → répète 2 ou 3 fois.
Pousse sur tes coudes → engage tes abdominaux → lève simplement une jambe, puis l'autre → observe ton équilibre sur une jambe. Cela peut être ton final du jour.

La Planche

- À quatre pattes,
- Jambes allongées (une jambe et puis l'autre) en veillant à bien garder les hanches baissées, alignées avec la colonne vertébrale pour former une ligne droite.

Engage les abdominaux → fixe un point à hauteur des yeux.
→ Respire profondément.

Maintiens la posture pendant 3 à 5 respirations complètes.

Le dauphin

- En planche sur les avant-bras pour faciliter l'arrivée dans la posture.
- Pieds rapprochés de la poitrine, coccyx vers le ciel.
- Regard dirigé entre les deux pieds.

Plie légèrement les genoux si tu ressens des tensions. Les talons décollés du sol pour un meilleur placement du dos et de la colonne vertébrale.
Attention, cette posture travaille fortement les épaules → ça chauffe !

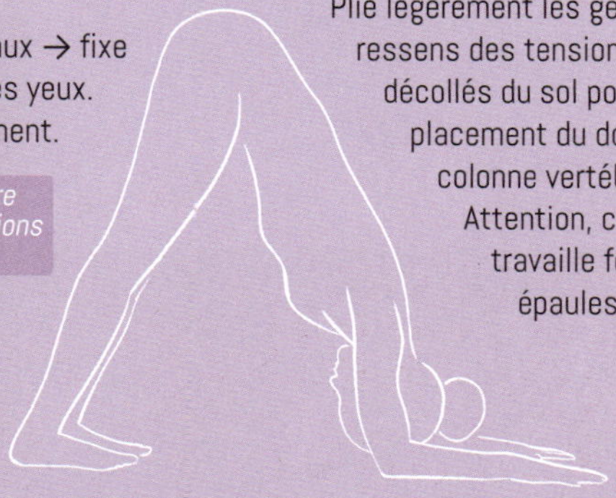

Bonus

Si tu désires aller plus loin, plie le genou de ta jambe « dominante » et essaie de le ramener à la poitrine, normalement le deuxième genou suivra naturellement. Dès que tu le sens, tu peux allonger les jambes et pointer les orteils vers le ciel. Reste autant de temps que la posture t'est accessible, puis redépose-toi et termine avec une posture de l'enfant ou un Savasana.
Attention, c'est une posture avancée, utilise un mur, des coussins ou autre pour ne pas te blesser si tu tombes ! et n'oublie pas qu'il est normal de tomber, cela fait partie du processus !

28
avril

ASTRO LITHO

Le grenat

Pour apporter énergie, force, courage et persévérance.

Avec cette pierre à la couleur de la grenade, il n'y a aucun frein à la réalisation du projet. Considéré comme un talisman protecteur depuis le Moyen Âge, le grenat est relié au chakra du cœur.

Autrefois, cette pierre rouge servait à sertir les couronnes des rois et reines de nos contrées. En effet, énormément de vertus lui sont accordées ! Cette pierre aide à la réalisation d'un projet personnel en éloignant toute idée déviante ou inutile. Elle accompagne aussi les sportifs dans leurs objectifs de performance.

Attention ! Elle est déconseillée aux personnes impulsives et colériques.

Ses mots-clés

- **Persévérance.**
- **Courage.**
- **Dynamisme.**

29
avril

Merci pour...

Avril incarne le retour des beaux jours et, traditionnellement, le début de la nouvelle année solaire : l'action, le feu et la passion sont au rendez-vous en ce frais printemps où le dynamisme s'installe et la créativité devient fertile...

N'oublie pas de te remercier pour tout ce que tu as accompli en cette fin de mois !

CHECK-UP

Clap de fin
sur le mois d'avril

Le mois d'avril est parfait pour digérer fièrement le plus audacieux de tes projets, celui qui te tient à cœur. Ce sont tes règles à toi et celles de personne d'autres ! Alors où en es-tu à la fin de ce mois ?

Quel est ton plus beau souvenir de ce mois d'avril ?

As-tu pris le temps de démarrer un nouveau projet ? De recommencer le sport ? Ou de faire une activité créative ? Si oui, laquelle ?

Quel a été ton plus grand accomplissement en avril ?

Quelle a été ta leçon de vie personnelle en ce mois d'avril ? (Explique brièvement la situation et ce que tu en déduis)

Quelles ont été tes occupations favorites en avril ?

Si tu devais décrire avril en 3 mots, lesquels seraient-ce ?

Quel sera ton focus pour le mois de mai ? Pourquoi ?

Un petit mot doux à toi-même avant de débuter le nouveau mois ?

La saison du Taureau

Invitation à la stabilisation, à la concrétisation… mais aussi à l'amour, l'énergie du Taureau t'invite à profiter des bonnes et belles choses de la vie.

Signe ancré, lié à l'élément terre, dit « fixe », le Taureau incarne le milieu du printemps et l'enracinement à la terre. Le retour du soleil, des températures clémentes et des journées plus longues incitent à profiter des choses simples offertes par la nature. Tout projet naît et s'épanouit à la lumière, il convient alors d'en stabiliser solidement les fondations… et de ralentir, car rien ne sert de se presser !

C'est aussi le moment de rêvasser d'amour et de dîner aux chandelles dans un parc… Le Taureau te murmure d'ouvrir ton cœur en grand et de te (re)connecter à ta véritable nature.

TO-DO

Alors, chère étoile,
quelles fleurs désires-tu cueillir ?
Laisse parler tes désirs !

Mes intentions du mois

1 **Je stabilise un projet personnel ou professionnel.**

2 **Je dresse la liste de mes gratitudes** quotidiennes.

3 **Je réserve un brunch entre copines.**

4 **Je prends le temps de célébrer mon corps.**

5 **Je m'offre un cadeau.**

6 **Je m'offre une nouvelle pierre** : une aventurine, une rhodonite, une fluorite verte...

7 **Je booke un moment bien-être** !

8 **Je cueille des fleurs.**

9 **J'accepte ou j'organise un rendez-vous amoureux.**

10 **Je (re)découvre mes placements en Taureau sur mon thème astral**

MOON BOARD

02
mai

Une lune pour s'ancrer au **présent**

La date de ma nouvelle lune :

La cinquième nouvelle lune de l'année se déroule fin avril ou début mai, dans le signe du Taureau. Cette lunaison est l'incarnation de l'énergie d'ancrage. Elle te demande de te relier à ton corps, à la nature, à la matière première, à la matrice cosmique qui t'a fait naître. Pour cela, prends le temps de réaliser une activité en pleine conscience. Utilise les 5 sens qui t'ont été octroyés lors de ta venue dans ce monde : goûte, écoute, touche, vois et ressens.

Être en pleine conscience, c'est observer pleinement tout ce qui t'entoure et tes ressentis. Sans contrôle, sans chercher à songer au passé ou à planifier le futur.

C'est tout simplement sentir le frottement d'un vêtement contre ta peau, écouter les bruits autour de toi, prendre en compte les émotions qui te traversent, inspirer et expirer et sentir la sensation du gonflement de tes poumons.

C'est te connecter au présent en te laissant porter par le flot de sensations que t'offre ta venue sur Terre.

Les possessions, l'argent, les investissements, mais aussi les plaisirs de la vie sont mis en avant via cette lune d'éclosion. C'est le moment de dresser la liste des choses qui font ton bonheur quotidien, mais aussi d'observer ce qui est superflu et de te délester… Aie le cœur léger !

03
mai

RITUEL

Dresse une liste des biens matériels qui ont une valeur symbolique ou sentimentale à tes yeux. Tu peux aussi te demander quel événement ou quelle personne liée à cet objet le rend si spécial à tes yeux !

Finalement, ce n'est pas tant les objets qui sont précieux, mais les intentions qui se cachent derrière.

- Marche dans la nature en pleine conscience.
- Mange un repas en pleine conscience, en détaillant chaque saveur.
- Écoute une musique ou le son de la nature pour t'inspirer.
- Fais une méditation pour te relier à ton ancrage.
- Dresse une liste de gratitudes (voir page 135).

La vraie valeur des choses

Mes Objets à Valeur Symbolique	L'Émotion, l'événement ou la Personne liée à cet objet

• Quel moment de repos souhaites-tu prendre dans les 4 prochaines semaines ? Pourquoi ?
• Qui ou qu'est-ce qui t'inspire un sentiment d'amour en ce moment ? Pourquoi ?
• Comment te sens-tu ce soir ? Quelle émotion te domine ?
• As-tu un souhait à adresser à l'Univers ?

C'est le moment de :
• Réajuster ou de stabiliser un projet sur une longue durée.
• Accorder le pardon à quelqu'un ou déclarer ta flamme à l'élu·e.
• Prendre un week-end de repos.
• Te focaliser sur un ou deux projets à la fois, sur l'essentiel et rien de plus.
• Organiser un barbecue avec tes proches ou bruncher sur une terrasse ensoleillée.
• Garder la tête sur les épaules sans oublier d'écouter les murmures de ton cœur.

ÉCRITURE INTUITIVE

04 mai

Anti-coup de **mou**

À réaliser, pour le plaisir, en début ou en fin de journée.

Note ici toutes les choses pour lesquelles tu t'estimes chanceuse et toutes ces choses qui font ton bonheur au quotidien. Cela peut être le fait d'être en bonne santé, d'avoir un toit au-dessus de ta tête, d'avoir rencontré ton ou ta partenaire de vie, d'être la mère de tes enfants, d'avoir un boulot que tu aimes…

Le défi : réaliser une liste de gratitudes les jours de coup de mou ! Tu verras qu'en relisant ces « petites » choses essentielles à ton bonheur, ton moral remontera en flèche !

05
mai

Passer à l'action !

Ce tirage de 2 cartes t'apportera un conseil simple et efficace pour que tu puisses passer à l'action, tout simplement !

C'est un tirage simple et efficace qui fait le focus sur ta situation amoureuse du moment, mais également sur ta situation professionnelle. En soi, sur les deux piliers qui sont mis en avant par l'énergie du Taureau : Vénus qui aime, Vénus qui fructifie. Ce tirage peut s'effectuer à n'importe quelle période de l'année et dès que tu en as besoin ! Cela t'aidera à faire le point sur le plan pro et le plan cœur de ta vie.

Les deux cartes t'invitent à visualiser ta situation du moment, ce qui va moins bien, sur quoi te focaliser ou ce qui est à ajuster ou à réajuster selon tes besoins du jour.

Le bonheur

En cette saison du Taureau, chère étoile, peut-être pourras-tu t'installer en extérieur ? Je t'invite à méditer ce mois-ci sur le bonheur… prête ? Détends-toi…

07
mai

S'ancrer jusqu'à s'enraciner

En cette saison dédiée à l'éclosion et à la célébration de Mère Nature, c'est le moment rêvé pour s'ancrer profondément dans le sol pour y prendre racine. Et pour ce faire, je te propose de réaliser plusieurs postures d'ancrage.

La montagne

- Debout, pieds ouverts sur la largeur des hanches.
- Périnée légèrement engagé/contracté.
- Jambes longues, mais arrière des genoux déverrouillé.
- Épaules détendues et bras le long du corps de part et d'autre du bassin.

Rentre légèrement le menton → étire tes cervicales.
Inspire profondément → lève les mains vers le ciel, paume l'une contre l'autre.
Expire → redescends tes mains devant le cœur. → Étire bien la colonne vertébrale.

Reste dans cette position durant 5 respirations complètes.

L'arbre

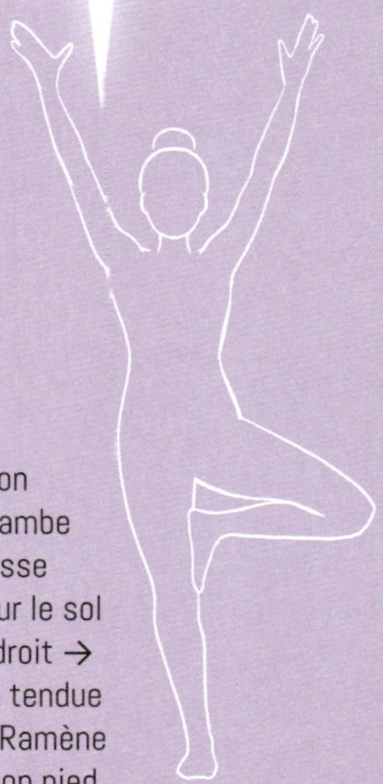

- Debout dans posture de la montagne. Fixe et maintiens un point focus devant toi, pour garder l'équilibre et la concentration.

Le poids de ton corps sur la jambe droite → pousse fermement sur le sol avec le pied droit → la jambe bien tendue et active. → Ramène la plante de ton pied gauche sur le mollet droit ou selon ta souplesse, sur ta cuisse droite. Ne la dépose pas directement ton genou car cela peut fragiliser ton articulation. Installe-toi sur la jambe opposée → ouvre le genou gauche vers l'extérieur → crée une ouverture de la hanche, le bassin bien vers l'avant, les mains en prière devant le cœur.

Bonus

Si ton équilibre est stable, alors tu peux commencer à allonger ta colonne vertébrale et à lever les mains (toujours jointes) vers le ciel en ramenant les coudes vers l'arrière pour garder les épaules basses.

Maintiens la posture pendant 5 à 8 respirations.

Pour en sortir, baisse tes bras (s'ils étaient levés), replie ta jambe gauche, attrape ta cheville et redépose ton pied délicatement au sol. Secoue tes bras et tes jambes. Puis répète la posture de l'autre côté pour l'équilibre de ton corps.

La guirlande

Inspire → place tes mains en prière devant le cœur → lève-les vers le ciel (paumes l'une contre l'autre) → fixe tes pouces.
Expire → redescends tes mains contre ton cœur → gaine le ventre → pousse le coccyx vers le sol → accroupis-toi aussi bas que possible.
Le but : avoir les coudes à l'intérieur des genoux, paume contre paume pour effectuer une résistance, ouvrir tes hanches et étirer ta colonne vertébrale vers le haut.
Attention, tes talons peuvent ne pas toucher le sol : pose des blocs ou des coussins sous tes pieds pour être plus à l'aise.

Fais 5 à 7 respirations abdominales complètes dans la posture.

Si ton équilibre est stable, alors tu peux commencer à allonger ta colonne vertébrale et à lever les mains (toujours jointes) vers le ciel en ramenant les coudes vers l'arrière pour garder les épaules basses.

Maintiens la posture pendant 5 à 8 respirations.

Sors de la posture → baisse tes bras (s'ils étaient levés) → replie ta jambe gauche → attrape ta cheville → redépose ton pied délicatement au sol. Secoue tes bras et tes jambes. Répète la posture de l'autre côté pour l'équilibre de ton corps.

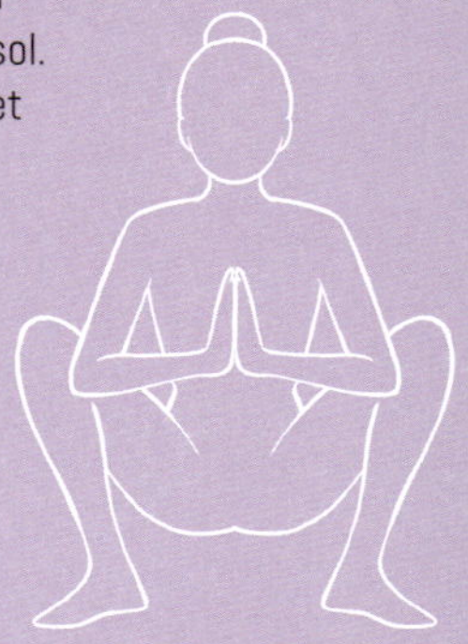

Des aliments beauté

**Pour avoir une mine au top, il est conseillé de privilégier les aliments riches en bonnes graisses, en biotine, en probiotiques, mais pas que…
Ce qu'il faut à tout prix éviter ? L'excès de sucre !**

Douce âme, en ce mois de mai, gouverné par l'énergie du solide Taureau, le focus alimentaire sera sur les aliments qui te rendent naturellement belle ! Car ce signe est dirigé par Vénus, la planète de la beauté. L'analogie avec la beauté de la peau et des cheveux est donc vite fait !

Les olives ou l'huile d'olive

Riche en acides gras (et en bon gras), l'huile d'olive empêche le dessèchement des cellules et nourrit la peau en profondeur. Elle est parfaite à utiliser dans les masques pour cheveux également. Consommer des olives – avec modération – est tout aussi bon pour briller de l'intérieur et de l'extérieur.

Le yaourt blanc

Il est riche en protéines tout en apportant les bonnes graisses. Le Skyr ou les Petits Suisses sont excellents pour le petit déjeuner ou pour le goûter.

Les fruits rouges

Une fois de plus, les célèbres fruits rouges reviennent dans le top du classement ! En dehors des antioxydants, ces fruits contiennent des propriétés anti-agressions internes et externes, mais aussi anti-rougeurs. Je te file deux super recettes avec des cerises page 153 et page 156.

Le chocolat noir

Avec minimum 50 % de cacao, le chocolat noir ralentit le vieillissement de la peau et il réduit l'apparence des cernes et des poches autour des yeux.

La tomate

Ce fruit est idéal à appliquer à la suite d'un coup de soleil pour apaiser les brûlures, mais il est également riche en nutriments qui protègent contre les effets néfastes des UV. Il atténue également les taches brunes.

La patate douce

Riche en vitamine A, la patate douce aide à lutter contre la sécheresse et la perte d'élasticité de la peau. C'est un véritable aliment anti-âge !

L'avocat

Ce fruit est riche en acides gras, mais il possède également des propriétés régénératrices qui estompent tout problème de peau comme les vergetures, les cicatrices et les crevasses. Il ralentit également le vieillissement de la peau.

L'huile de coco

Fortement concentrée en acide laurique, elle lutte contre la sécheresse cutanée, mais elle aide aussi à purifier l'épiderme. C'est pour cela qu'elle est fortement recommandée dans la routine du soir lors de la case « démaquillage ».

Le rubis zoïste (ou fuschite)

Une pierre qui permet de découvrir sa véritable nature en oubliant l'influence (parfois négative) de l'entourage ou de ses propres peurs.

Cette magnifique pierre verte incrustée de petit morceaux de rubis permet la réalisation de soi. Elle est équilibrante, surtout en cas de stress, et aide à retrouver facilement et rapidement une harmmonie psychique.

Elle transforme les énergies négatives en énergies positives. Elle peut également apaiser les traumas en lien avec des figures d'autorité tout en libérant, en douceur, de ce qui pèse sur les épaules.

Si cette pierre tient son nom du chimiste et minéralogiste allemand Johann Nepomuk von Fuchs (1774-1856), elle est parfois appelée « Cristal de fée », ses aspects mouchetés rappelant la poussière d'étoile.

Ses mots-clés

- **Courage.**
- **Volonté.**
- **Positivité.**

ÉCRITURE INTUITIVE

10
mai

Flower power

Belle âme en éclosion, c'est le moment de prendre le temps de te visualiser comme la sublime fleur que tu es et qui s'épanouit jour après jour. Tu n'apprécies peut-être pas les jours de pluie, pourtant ils sont là pour t'aider à fleurir et dont la combinaison avec le soleil ne crée pas que des arcs-en-ciel...

Elle te forge toi aussi !

Quelle est ta fleur préférée ?
Que t'inspire-t-elle ?

Si tu étais une fleur, serais-tu celle-là ou une autre ?

Quand as-tu reçu ou t'es-tu offert des fleurs ?

Quelles couleurs t'apportent les plus belles émotions ?

Portes-tu régulièrement cette couleur sur toi ?

Dessine-toi maintenant comme une belle fleur qui éclot...

11 mai

ÉCRITURE INTUITIVE

Vénus

En astrologie, cette planète représente les valeurs d'une personne, la manière dont elle exprime ses sentiments et ce qu'elle recherche en amour, mais également son rapport à l'argent… et les désirs qu'elle éprouve sur le plan sensuel, autant que sur le plan matériel. Elle peut aussi parler du type de personnalité qui l'attirera, relationnellement parlant.

Vénus gouverne l'énergie du Taureau. Elle est également connue pour incarner l'art et la paix, car elle fait référence à la Déesse Aphrodite, déesse de l'amour, qui tomba sous le charme d'Arès (Mars), ce dernier lui apportant l'équilibre parfait pour ne pas se laisser porter par une passivité lassante ou s'installer dans l'inaction. Le placement de Vénus sur ton thème astral indiquera dans quels domaines tu exprimeras davantage ton rapport à la beauté, à l'art et aux loisirs. Mais aussi comment tu exprimes ton amour au quotidien.

Sur ton thème astral, dans quel signe se trouve Vénus ?

Sur ton thème astral, dans quelle maison se trouve Vénus ?

Qu'en déduis-tu pour ce qui est de ton rapport à l'argent et à l'amour au quotidien ?

Quelle est ton affinité avec cette planète ? Te sens-tu proche d'elle ?

Bonus

Vénus gouverne à la fois l'énergie du Taureau, pour son côté matérialiste et voluptueux, et l'énergie de la Balance, pour son côté relationnel et unifiant.

Au cœur et au corps

Se (re)connecter à la nature et à la terre avec l'énergie du Taureau, c'est une chose. Mais ce signe parle également de sensualité, d'affection et du rapport au corps. Il incarne le toucher et la gourmandise gustative, mais c'est sans oublier l'appétence sexuelle.

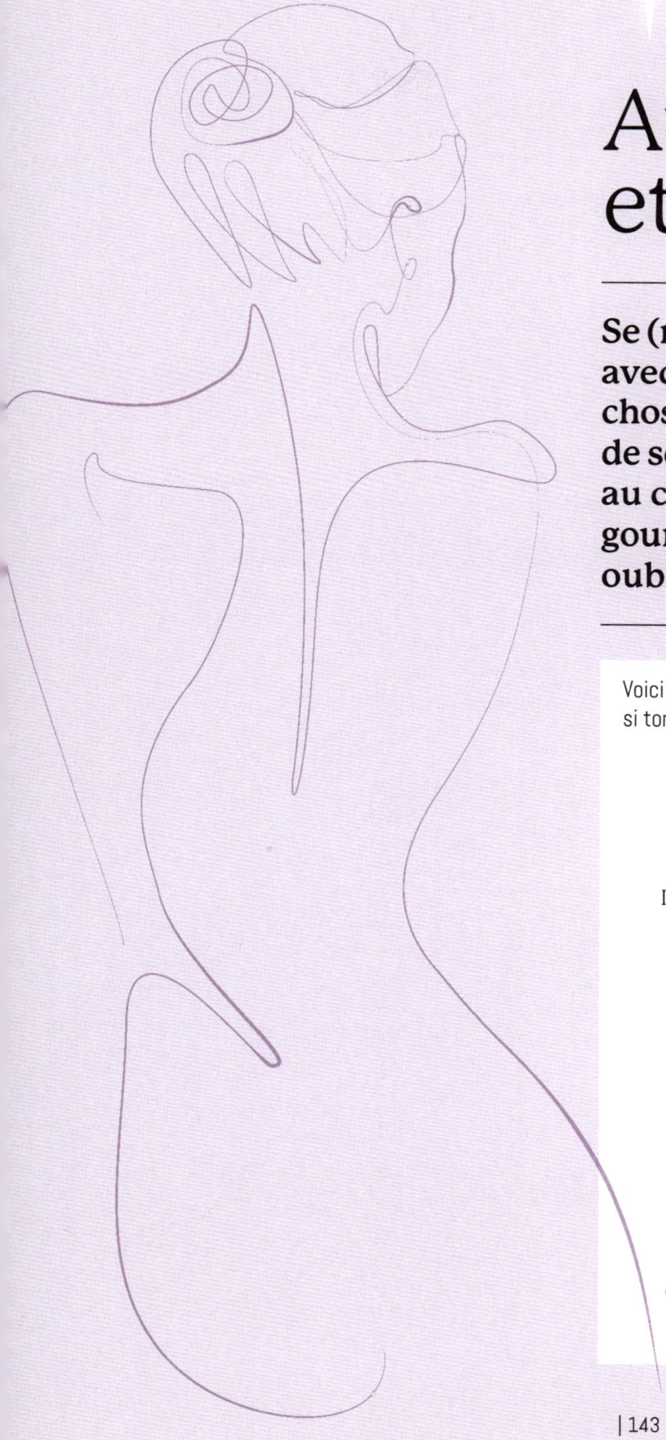

Voici quelques petits rappels pour te réconcilier avec ton corps si ton rapport avec lui est compliqué à l'heure où tu lis ces mots :

Ton corps est le centre de ton existence.

Il te soutient et te porte quotidiennement, même lorsque tu as pu le détester.

Il te permet de danser, bouger, marcher, rire et jouir.

Il représente la plus longue relation que tu auras dans cette vie, de ta naissance jusqu'à ta mort.

C'est ton temple sacré, ta maison pour toujours.

Il est résilient et est capable de s'adapter à n'importe quel changement.

Il te permet de te connecter à ceux que tu aimes via le toucher et la tendresse.

Il est capable de donner la vie à un autre humain.

Comme la nature qui est faite de cycle, ton corps change et évolue à chaque moment pour te fournir tout ce dont tu as besoin pour vivre.

13
mai

Je suis riche dans tous les aspects de ma vie.

CHECK-UP

14 mai

Un point c'est toi !

Comment te sens-tu, vraiment ?

Qu'as-tu réussi à mettre en place, sur le plan alimentaire, en seulement deux semaines ?

Qu'en est-il du temps octroyé à la cuisine dans ta vie actuellement ?

Y a-t-il une que tu souhaiterais tester ? Ou un restaurant que tu voudrais essayer prochainement ? Pourquoi ?

Quel est ton plat/aliment préféré ? Quelles sont les émotions que cela t'évoque lorsque tu en manges ?

Qu'aimerais-tu mettre en place pour faciliter ta routine au petit déjeuner ou au dîner ?

Quel mot décrirait au mieux ces deux premières semaines de mai ?

Une envie particulière avant la fin du mois du mai ?

Un petit mot pour te motiver toi-même ?

15
mai

ASTRO YOGA

Le Taureau incarne l'énergie de l'amour et du romantisme, certes, mais aussi celle de la rancune et du pardon. Alors, si tu as quelque chose de lourd sur le cœur, c'est le moment de le déposer sur ton tapis de yoga !

Libère tes émotions !

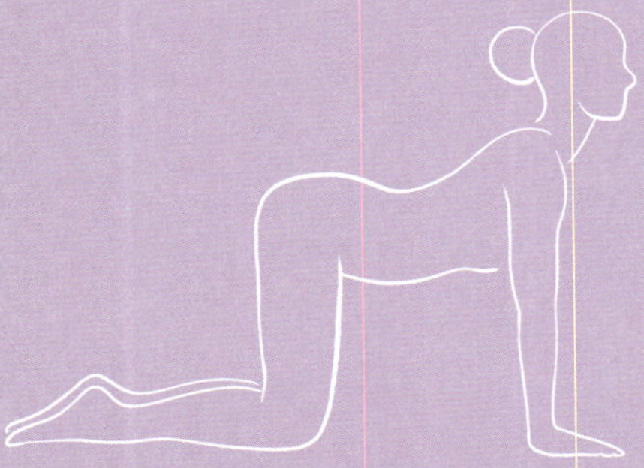

Le chat-vache

- À quatre pattes, mains alignées aux épaules.
- Genoux alignés sur les hanches.
- Tête droite dans le prolongement de la colonne vertébrale.

Expire → plaque le coup des pieds contre le sol → enroule ta colonne vertébrale vers le ciel → rentre le bassin vers l'intérieur. Le thorax se ferme, les omoplates s'écartent l'une de l'autre, la tête est relâchée, le regard dirigé vers le nombril et le menton posé sur la gorge.
Inspire → crochète tes orteils contre ton tapis → cambre le bas du dos → ouvre le thorax → rapproche tes omoplates l'une de l'autre, le menton vers le ciel → étire la gorge. Ton ventre est dirigé vers la terre.

Répète 3 à 5 fois.

Le cœur aimant

- À quatre pattes.
- Poignets alignés en dessous des épaules.
- Genoux alignés, en dessous des hanches.

Petit à petit, avance tes paumes de mains vers l'avant du tapis jusqu'à avoir le menton ou le front et la poitrine contre le sol.

Inspire et expire 3 à 5 fois dans la posture.

La tête de vache

- Assise jambes tendues.

Plie ta jambe gauche → amène le talon près de ta hanche droite.
Plie ta jambe droite → le genou droit au-dessus du genou gauche → ton talon près de la hanche gauche.
Tes mains sur tes chevilles (ou tes pieds) → inspire → allonge ta colonne vertébrale.
Expire → enfonce tes fessiers dans le sol, comme si tu prenais racine. Plie le coude gauche et pointe-le vers le ciel → ta main gauche derrière le dos.
Plie également le coude droit → pointe-le vers le sol → ta main droite derrière le dos. → Essaie d'attraper ta main droite avec ta main gauche pour étirer les triceps. Si tu n'y parviens pas → utilise une sangle une corde.

Maintiens la posture pendant 3 respirations complètes. Puis répète de l'autre côté.

ASTRO LITHO

16 mai

L'œil de taureau

Une pierre de haute protection aux multiples reflets chocolatés : on dit qu'elle permet à son porteur de développer le courage, la ténacité et la force !

L'œil de taureau favorise la capacité d'action et le fait de suivre spontanément son intuition. Aussi favorable pour l'ancrage, la concentration et la stabilité en général, elle canalise l'esprit de celui qui la porte et l'empêche d'être influencé par tout type de distraction. Réputée pour bloquer les ondes négatives environnantes, c'est une pierre à porter quotidiennement pour se protéger du mauvais œil !

Sa couleur marron apporte encrage et stabilité. Teintée de rouge, cette pierre permet d'activer le courage de celui qui la porte.

Très efficace contre toutes les mauvaises intentions à votre égard, cette pierre agira comme un miroir en vous protégeant. Effet doublement garanti si vous la portez avec la tourmaline noire !

Il paraitrait que les soldats romains la portaient pour se protéger, tel un talisman ! Pierre du dernier espoir, elle est l'ultime talisman à porter lorsque tout semble perdu !

Ses mots-clés

- **Stabilité.**
- **Protection.**

17
mai

MOON
BOARD

La cinquième pleine lune de l'année fait bien évidemment référence aux champs de fleurs sauvages. Elle est également connue sous le nom de lune de plantation. Car c'est la période durant laquelle les agriculteurs sèment les graines des futures récoltes. Moment prospère et fécond.

La lune fleurie

La date de ma nouvelle lune :

Généralement, cette lunaison se déroule dans le signe du Scorpion, signe qui représente la sensualité, la transformation et la fructification des biens matériels, ainsi que les investissements sur le long terme. Cette pleine lune t'invite à te débarrasser de ce qui ne te convient plus.
C'est dans une énergie de totale introspection que te transporte le signe du Scorpion. Il te demande d'aller en profondeur, de te connecter à tes parts d'ombre, qu'elles soient relationnelles, matérielles, professionnelles, pour t'en défaire. Il convient de te poser ces questions : « Qui serais-je si je n'avais pas peur de me retrouver sans le sous ? Que ferais-je si je n'avais pas besoin de gagner de l'argent ? De quoi ai-je besoin de me libérer ? Quelles sont mes peurs actuelles ? Par qui ou par quoi sont-elles générées ? » Lorsque tu parviens à mettre des mots, prends du recul et demande-toi comment tu pourrais ajuster ces diverses situations et émotions qui te traversent pour être davantage en phase avec toi-même et libéré·e de ces entraves puissantes. Lâche prise, vraiment. Le Scorpion t'aide à laisser mourir et partir ce qui doit, pour faire vivre et créer d'autres belles choses dans ta vie.

Mes rituels :

- Purifier son intérieur avec de la sauge ou du Palo Santo.
- Faire du tri, donner et revendre.
- Écrire une lettre à ses ancêtres ou à ses guides spirituels.
- Faire une liste de tous les schémas répétitifs ou mauvaises habitudes à éliminer de sa vie.

ÉNERGIE VIBRATOIRE

18 mai

Cartographie astrale en Taureau

Je suis puissante, je suis ancrée et remplie d'amour.

Que tu sois née ou non sous son signe, le Taureau t'habite toujours de manière plus ou moins forte, au moins une de tes 12 maisons astrales étant dans ce signe ! Sache alors que le Taureau est un roc, une âme puissante qui pose généralement la première brique à l'édifice de chaque grand projet. Mais en tout équilibre, cela reste une âme romantique et sensuelle.

Quelles sont tes planètes en Taureau ?

....

Quelle est ta maison en Taureau ?

....

Comment ressens-tu l'énergie du Taureau au quotidien ?

....

....

....

Quelles caractéristiques du Taureau te correspondent ?

Gourmandise	Entêtement	Matérialisme	
Romantisme	Stabilité	Loyauté	Rationalité

Liste tes plats favoris :

....

....

....

....

....

19
mai

ÉCRITURE INTUITIVE

Une journée (bien) dans son assiette

Sais-tu qu'il y a un lien très intime entre tes émotions et la nourriture que tu vas spontanément choisir pour te nourrir ? Il en est de même pour le lien entre ton cerveau, tes pensées, parfois claires ou parfois embrouillées, qui favorisent ta digestion ou la tourmentent... Faisons ensemble le point sur ce qui t'a nourrie intérieurement et spirituellement au cours de cette journée.

Le nombre de verres d'eau que tu as bus :

Ton petit déjeuner du jour :

....

....

Dans quelles conditions l'as-tu dégusté ? As-tu mangé seule ou accompagnée ? Quelles sont les émotions que tu as ressenties ce matin ?

....

....

....

Ton repas de midi :

....

....

Dans quelles conditions l'as-tu dégusté ? As-tu mangé seule ou accompagnée ? Quelles émotions as-tu ressenties ce midi ?

....

....

....

Ton repas du soir :

....

....

Dans quelles conditions l'as-tu dégusté ? As-tu mangé seule ou accompagnée ? Quelles sont les émotions que tu as ressenties ce soir ?

....

....

....

Tes snacks du jour (si tu en as consommés) :

....

....

À quelle(s) heure(s) les as-tu pris ? T'ont-ils fait plaisir ? T'ont-ils permis de prendre une pause en bonne et due forme ?

....

....

Ton taux de motivation du jour ?

Tes notes supplémentaires :

....

....

ASTRO YOGA

20 mai

En cette fin de saison du Taureau, je t'invite à ralentir le rythme et à prendre juste un moment pour te détendre. Prends le temps de respirer et de laisser infuser le mouvement de ces dernières semaines.

Relax !

L'ouest

• Assise avec les jambes tendues. (Bonus : tu peux ramener les fesses à l'arrière en tirant légèrement dessus pour mieux t'installer).

Inspire → engage le bas du ventre → lève les bras vers le ciel → grandis-toi.
Expire → penche-toi vers l'avant → allonge la colonne vertébrale.
Attrape tes pieds, tes chevilles, tes mollets ou tout simplement tes cuisses – selon ta souplesse. Tu peux garder les genoux légèrement pliés. Le plus important est le contact entre ton abdomen et tes cuisses pour effectuer un massage des organes internes.
Tu peux déposer un coussin ou un bloc sous tes genoux ou directement sous ton ventre si ton abdomen ne touche pas les cuisses et que tes lombaires s'arrondissent.

Reste 5 à 7 respirations dans la posture.

Puis relève-toi délicatement en inspirant.

La planche inversée

• Assise avec les jambes tendues.
Tes mains à une dizaine de centimètres derrière toi, les doigts pointés vers l'avant ou vers l'arrière.
Inspire → pousse les mains dans le sol → engage les abdominaux → soulève tes hanches comme si tu essayais de pousser tout ton corps vers le ciel.
Posture dynamique → pointe les orteils vers le sol.
Posture douce → répète en pliant les jambes. Si tu es à l'aise → bascule la tête en arrière et détends la gorge, ainsi que les cervicales.

Reste 3 à 5 respirations dans la posture. Puis dépose-toi en douceur sur une expire. Tu peux répéter la posture 2 fois.

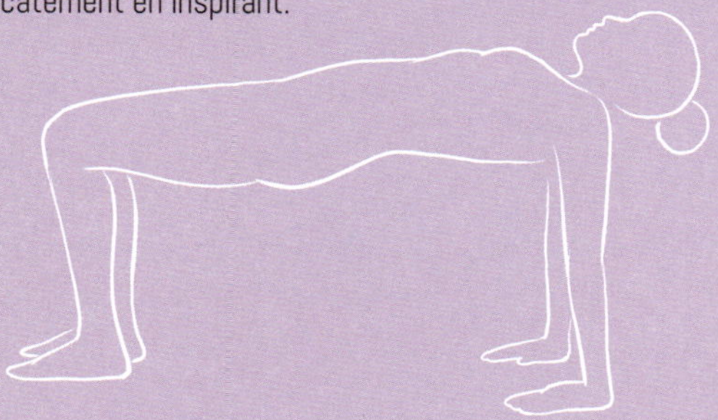

La déesse du sommeil

• Couchée sur le dos.

Plie tes genoux → dépose-les vers l'extérieur du tapis → joins les plantes de pieds l'une contre l'autre. Tu peux amener tes talons plus près de ton bassin, il doit y avoir environ la distance d'une ou deux mains entre ton sacrum et tes pieds. Ou → garde une posture plus confortable avec une distance entre tes talons et ton sacrum.
Pour plus de confort → un coussin sous ta tête ou sous le bassin.
Tu te retrouves en réalité dans la posture du papillon (voir p. 58) mais en version couchée. Une fois bien installée, tu peux démarrer une respiration abdominale profonde et rester autant de temps que tu le souhaites dans cette posture de repos.

21
mai

ÉCRITURE INTUITIVE

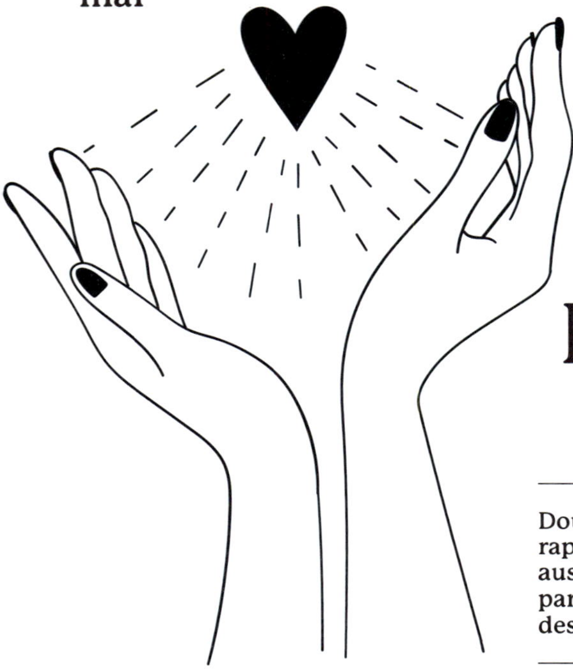

En tête à tête avec moi-même

Douce âme, un peu de temps en tête à tête avec toi-même te rappelleras ce que tu aimes dans ton apparence physique. Mais aussi quelle est la partie de ton corps favorite et quelle est la parcelle de peau la plus sensible… (Re)découvre-toi sous un jour des plus sensuels !

Quelle est la partie de ton corps que tu préfères et pourquoi ?

……………………………………………………………

……………………………………………………………

Comment la mets-tu en avant au quotidien ?

……………………………………………………………

……………………………………………………………

Tu te sens bien dans ta peau quand tu…

……………………………………………………………

Tu es confiante en ton potentiel de séduction quand tu…

……………………………………………………………

Tu es au top de ton glow lorsque tu portes…

……………………………………………………………

Comment as-tu pris soin de toi-même dernièrement ? (Via une activité, une décision que tu as prise, un geste que tu as fait pour ton bien-être… ?)

……………………………………………………………

……………………………………………………………

Écris ici un compliment qui t'a particulièrement touchée :

……………………………………………………………

……………………………………………………………

Qui est cette personne qui a dit ces mots ?
Es-tu toujours en contact avec elle ?

……………………………………………………………

……………………………………………………………

Remémore-toi un moment de douceur vis-à-vis de ton corps, t'ayant permis de te sentir à l'aise avec lui :

……………………………………………………………

……………………………………………………………

Tes affirmations à crier haut et fort (ou mentalement) :

« Je lâche toute honte sexuelle qui me tient à l'écart de mon pouvoir érotique. »
« Je reçois des moments de tendresse quotidienne qui me connecte à mon plaisir. »
« Je libère tout jugement que j'ai sur mon corps. »

ASTRO FOOD

22 mai

Parfait comme en-cas ou dessert sain et frais, surtout lorsque les températures grimpent – ou après avoir fait quelques brasses dans la piscine ! Tu retrouveras tous les nutriments qu'il faut pour garder une peau saine et belle (fruits rouges, coco...) Mais aussi de quoi conserver un bon apport en protéine sur ta journée !

Ingrédients

- Skyr ou yaourt végétal (à la coco ou à l'amande de préférence)
- Noix de coco râpée
- 1 c. à c. d'extrait de vanille
- Grains de chia
- Pistaches
- Beurre de cacahuète ou de noisette
- Cerises et framboises coupées en 2

Mélanger le yaourt, la noix de coco râpée et l'extrait de vanille et étaler sur une plaque de cuisson recouverte de papier sulfurisé. Parsemer des fruits rouges, de graines de chia et de pistaches. Arroser d'un filet de beurre de cacahuètes fondu.
Placer 3 heures min. au congélateur.
Sortir le yaourt et le casser en morceaux pour le déguster.

Barre protéinée glacée cerises-pistaches

23
mai

ASTRO
LITHO

La rhodonite

Cette jolie pierre rose et noire aiderait, selon les rumeurs, à trouver le grand amour !

Réputée pour attirer à soi des personnes qui correspondent à notre personnalité et nos besoins du moment, elle favorise également les échanges affectueux et invite à la douceur. Pierre protectrice, elle agit également contre la jalousie et l'envie des personnes environnantes. Enfin, elle est parfaite en soutien lors de la guérison de blessures émotionnelles et/ou traumas liés à l'enfance et à la figure parentale. Elle permet de ne plus se sentir « déraciné » et de trouver la force au fond de Soi.

Elle permettrait de stimuler l'organisme et optimiserait le système immunitaire.

Antidote contre la jalousie, cette pierre favorise mes relations au sein du couple ou attirerait le partenaire idéal !

Cette pierre est très utile lors de l'adolescence, régulant parfaitement les trop-pleins émotionnels. Efficace en période d'examens, elle permet de prendre confiance en soi et de garder ses moyens !

Ses mots-clés

- **Soin.**
- **Amour et compassion.**

ASTRO
DICO

24
mai

Les mots de la saison du Taureau

Taureau, le mois des mots liés à l'amour et à l'argent.

L'épicurisme est un sentiment qui invite à accueillir la douceur de vivre dans son quotidien, à ralentir et à profiter purement et simplement des bonnes et des belles choses de la vie. En relâchant le mental et en acceptant de célébrer la Terre-Mère sur laquelle nous vivons. Et toi ? Quelle est la définition que tu donnes à ce mot ?

Argent

Ancrage

Romantisme

Repos

Épicurisme

Caprese revisitée aux cerises et aux amandes

Une salade gourmande pour clôturer ce mois de mai qui respire la dolce vita ? Eh bien, ajoutons-y une touche sucrée avec des cerises et de la vinaigrette de framboise ! So yummy et bon pour la santé.

Ingrédients (pour 2 personnes)

- 250 g de tomates cerises coupées en 2
- 200 g de mozzarella di buffala
- 1 poignée de cerises dénoyautées et coupées en 2
- 1/2 concombre
- Amandes effilées
- Vinaigrette à la framboise
- Pesto vert
- Feuilles de laitues iceberg
- Basilic frais
- 1 citron vert

Mélanger les fruits et légumes (sauf la salade iceberg) et les arroser de vinaigrette de framboise.
Dans deux assiettes creuses, placer un lit de laitue, une moitié de mozzarelle et disposer le mélange tout autour.
Poser une noisette de pesto vert et assaisonner de citron vert et de basilic.
Garnir de quelques amandes effilées.

J'accueille tout revenu illimité, ainsi que la richesse au sein de ma vie.

27 mai

ASTRO YOGA

Relâche toutes les tensions accumulées au cours de ces derniers jours dans ton corps. Prends ce moment pour revenir à toi !

Le temple sacré

La libération des vents

- En position allongée.
- Bras et jambes déposés délicatement sur le sol.

Amène un genou vers la poitrine en le pressant contre ton abdomen.
Relâche → fais de même avec l'autre genou. → Plie les deux genoux → ramène-les vers ta poitrine → presse-les contre ton ventre → encercle-les de tes bras, comme si tu te faisais un énorme câlin.
Balance-toi d'avant en arrière et/ou sur les côtés comme un ballon pour un petit massage du bas du dos. → Relâche sur une expiration.

La torsion allongée

- Toujours en position allongée.

Amène les deux genoux à la poitrine → ouvre les bras en grand en forme de cactus si tu n'as pas trop d'espace pour les étendre. → Dépose tes genoux sur le côté droit du tapis → les omoplates collées sur le sol.
Tourne le regard vers la gauche, ta main droite sur le genou gauche pour accentuer la torsion → étends la jambe droite.
Respire profondément, par le ventre.

Tu peux réaliser 5 à 7 respirations complètes.

Puis ramène tes genoux vers le centre et répète la torsion de l'autre côté.

Le bébé heureux

- Toujours en position allongée.

Expire → plie tes genoux en les ramenant à la poitrine. → Ouvre-les et pointe-les vers le sol, de part et d'autre de ton torse. Comme si tu essayais de les rapprocher de tes aisselles. → Attrape tes chevilles, tes orteils ou l'intérieur de tes paumes de pieds avec tes mains.
Expire et baisse les genoux → à pousse avec tes pieds vers les mains → crée une résistance.
Tu peux ensuite te balancer d'un côté et de l'autre, comme un bébé heureux.

Tu peux rester autant de temps que tu le souhaites dans cette posture.

ÉCRITURE INTUITIVE

28
mai

Money, money, money…

Quel est ton rapport à l'argent et à l'abondance au sein de ta vie ?

Écris l'histoire que tu te racontes autour de l'argent. Mais aussi l'image que tu as, encore aujourd'hui, d'une personne riche… et tout particulièrement d'une femme riche. Est-elle belle ? Mince ? Gentille ? Hautaine ? Opportuniste ? Qu'associes-tu à ces traits de caractère ? Des choses positives ou négatives ? Comment vit-elle au quotidien ? Quelle est sa routine ?

Cette femme riche te ressemble-t-elle ? Oui ou non ? Pourquoi ? Qu'est-ce qui vous différencie ?

Ce qui est important de comprendre dans cet exercice, ce sont les clichés et stéréotypes que tu associes à la richesse et aux personnes qui ont de l'abondance financière. De mettre des mots sur ces histoires que tu te racontes autour de la notion d'argent.

D'où viennent ces pensées ? De ton éducation ? De ton vécu ? De ce que la télévision et la presse véhiculent au quotidien ? Ou d'ailleurs encore ?

Trouve des contre-exemples pour chaque cliché et pensée limitante qui restent ancré(e)s en toi. C'est-à-dire des exemples de personnes qui t'inspirent et qui, selon toi, réussissent financièrement et t'incitent à aller dans la même direction. (Par exemple, quand je me dis que je ne peux pas obtenir de l'abondance parce que je suis une femme racisée, je pense à Rihanna, une femme noire et milliardaire.)

Ensuite, sur une autre feuille, écris l'histoire que tu aimerais te raconter sur la richesse. Comment tu souhaiterais l'obtenir et à quoi te servirait cette abondance ? (Par exemple : obtenir 5 000 € permettrait de lancer un projet d'entreprise ou d'entreprendre les démarches pour acheter un bien… ou autre) ! Il faut rendre l'obtention de cet argent concrète en y mettant un objectif qui te tient à cœur. Cela te permettra de comprendre que l'argent n'est, au final, qu'une énergie pour concrétiser tes projets les plus précieux.

L'aventurine verte

Une pierre d'aventure mais aussi d'amour et de pardon !

Réputée pour apaiser toutes sortes de stress et d'anxiété liées à des projections du futur, l'aventurine verte ouvre le chakra du cœur et dans cette même lignée, aide aussi à accroître la patience envers soi-même et les autres.

Connue pour calmer les esprits, l'aventurine verte est idéale pour gérer les situations conflictuelles.

Pierre de patience, elle permet de mener à bien des projets courants sur le long terme.

Elle calme les craintes et les angoisses.

Elle est également recommandée pour adoucir les peurs liées à l'abandon et à la trahison. On dit qu'elle apporte réconfort et lâcher-prise émotionnel. Enfin, elle est conseillée pour les enfants et pour les adolescents, car elle les aide dans leur développement intellectuel et émotionnel.

Ses mots-clés

- **Apaisement.**
- **Patience.**
- **Réconfort.**

30
mai

Merci pour…

Mai incarne l'éclosion des fleurs, l'épanouissement de la nature et le romantisme à souhait ! C'est notre Terre-Mère qu'on honore en cette agréable période à l'odeur de farniente, suggérant épicurisme et réalisation de soi…

N'oublie pas de te remercier de toutes ces choses accomplies !

31
mai

CHECK-UP

Clap de fin
sur le mois de mai

Le mois de mai est associé à la saison des amours : beaucoup de mammifères sortent de leurs terriers et batifolent... c'est aussi une période de plaisirs et de tendresse. Et pour toi, qu'en est-il ?

Quel est ton plus beau souvenir de ce mois de mai ?

As-tu pris le temps de ralentir la cadence ? D'installer définitivement une habitude dans ton quotidien ? Ou de stabiliser un projet de cœur ? Si oui, lequel ?

Quel a été ton plus grand accomplissement en mai ?

Quelle a été ta leçon de vie personnelle ?

Quelles ont été tes occupations favorites ?

Si tu devais décrire mai en 3 mots, lesquels seraient-ce ?

Quel sera ton focus pour le mois de juin ? Pourquoi ?

Un petit mot doux à toi-même avant de commencer le nouveau mois ?

La saison du Gémeaux

Les journées ensoleillées, les activités sociales et les festivités offrent un avant-goût d'été, période idéale pour partager de beaux moments entre amis.

Signe aux multiples facettes, lié à l'élément air, dit « mutable », le signe des Gémeaux incarne le changement de saison prochain et la capacité d'adaptation de l'être humain. Avec les douces soirées , propices aux retrouvailles en terrasse ou au jardin, les Gémeaux ne peuvent que se montrer souriants et sociables.

On dit les Gémeaux curieux de tout et de tout le monde, mais se lassant parfois. Ce signe double incarne les contradictions et la polyvalence tant son énorme soif de connaissances le rend vagabond et instable. Au fond, les Gémeaux restent de grands enfants, explorateurs de la vie.

JUIN

22 mai-21 juin

01
juin

TO-DO

Mes intentions du mois

Alors, douce âme, quelles sont les festivités auxquelles tu comptes prendre part ? Ouvre tes perspectives !

1. **Je peaufine les préparatifs de mes futures vacances.**
2. **Je dis expressément à ceux que j'aime** à quel point je tiens à eux !
3. **Je deviens ma propre meilleure amie.**
4. **Je décroche mon diplôme, ma certification.**
5. **Je démarre une nouvelle lecture.**
6. **Je m'offre une nouvelle pierre...**
7. **Je passe du temps avec mes meilleurs amis.**
8. **J'ajoute de la couleur dans mon quotidien !**
9. **Je profite des rayons du soleil.**
10. **Je (re)découvre mes placements en Gémeaux sur mon thème astral.**

02
juin

Nouvelle lune en Gémeaux

La date de ma nouvelle lune :

La sixième nouvelle lune de l'année se déroule généralement fin mai ou début juin, dans le signe des Gémeaux. Cette lunaison représente le relationnel et le partage. Elle invite à l'ouverture vers autrui et aux rencontres. Parfois, avec les autres, mais aussi et avant tout avec soi-même.

D'autre part, cette lune t'invite à retravailler tes pensées pour qu'elles ne soient plus limitantes. C'est l'instant où jamais d'effacer de ta mémoire certains concepts préconçus, des systèmes de pensées obsolètes ou incompatibles avec ta vie actuelle et l'évolution de ton parcours.

Défais-toi des choses qu'on t'a toujours enseignées, regarde vers l'avenir avec optimisme… Et répète-toi intérieurement ceci : « c'est ok de mener une vie que les autres ne comprennent pas, tant que ton quotidien te remplit de joie ! »

À l'approche des festivités estivales, il est temps d'ouvrir tes perspectives et de te projeter dans tes prochaines vacances.

Si tu as un conflit quelconque, rappelle-toi que tout peut s'arranger avec un zeste de communication (telle serait la sage parole des Gémeaux). Il te suffit de contacter la personne à qui tu penses pour réserver un créneau et discuter de ce que tu as sur le cœur. Cela pourrait même permettre à votre relation de (re)démarrer sur de nouvelles bases, bien plus saines. Et dans le pire des cas, cette relation qui se termine laissera sa place à une autre plus alignée avec qui tu es aujourd'hui.

03
juin

RITUEL

Mes routines et les autres

Dresse une liste de tes ami·e·s les plus proches et note ce que tu aimes chez eux ou chez elles ! Remémore-toi votre rencontre. Quelle est la première impression que tu as eue de cette personne que tu chéris ? Et qu'en est-il aujourd'hui ?

- Y a-t-il un événement social auquel tu prends part dans les 4 prochaines semaines (soirée, anniversaire, festivité...) ? Te réjouis-tu d'y être ? Pourquoi ?
- Avec qui passes-tu le plus de temps en ce moment ? Pourquoi ?
- Comment te sens-tu ce soir ? Quelle est l'émotion qui domine ?
- As-tu un souhait à adresser à l'Univers ?

CETTE SAISON ENSOLEILLÉE SUGGÈRE LA DÉCOUVERTE ET L'APPRENTISSAGE...

- Lis !
- Planifie une virée entre ami·e·s.
- Prends le temps d'apprendre ou de te former à un domaine que tu aimes.
- Peaufine l'organisation de tes futures vacances.
- Imprime des photos ou (re)visionne des photos de beaux moments de partage.

Les amis chers à mon cœur	Notre rencontre et ce que j'aime

04
juin

J'envoie de l'amour !

Voilà un petit exercice à réaliser, pour le plaisir, en début, en milieu ou en fin de journée !

Écris sur une feuille :

J'envoie de l'amour à (nom de la personne) et je le·la remercie parce que...

J'admire (cite une ou plusieurs qualités) et je lui souhaite de (un vœu à faire pour cette personne)

Un mot supplémentaire à son propos ?

05
juin

PRÉDICTION

Action ! et relations

Ce tirage de 3 cartes te conseillera de manière claire et efficace, tout simplement !

C'est un tirage à 3 cartes (3 comme le chiffre qui incarne la communication) pour faire le point sur tes relations, notamment les plus importantes d'entre elles.

Chaque carte te permettra de visualiser une tendance qui se dégage au sein de tel ou tel cercle de ton entourage (amitié, famille, amour). En plus de te souffler leurs petits conseils, ces cartes t'inviteront à :

- mettre en place quelque chose pour fluidifier l'une ou l'autre relation et te sortir d'une situation délicate,
- ne rien faire parce que tout va bien.

Chacune d'entre elles te permet de visualiser ta situation actuelle (amicale, amoureuse et familiale), ce qui va bien, ce qui va moins bien, sur quoi te focaliser ou ce qui est à ajuster ou à réajuster selon tes besoins du jour.

Des moments précieux

Te souviens-tu de l'attraction ? Et si en cette énergie du Gémeaux, signe de joie et de communication, on faisait le plein d'énergie positive en se remémorant des moments heureux… Installe-toi confortablement !

C'est le moment idéal pour « danser » et challenger son équilibre dans des postures « aériennes » pour honorer l'énergie des Gémeaux.

Yoga de l'adaptabilité et de la souplesse de l'esprit

La fente haute en torsion

• Depuis la posture de la montagne, pose tes mains sur tes hanches et ramène le genou gauche à la poitrine en inspirant.

Expire → tends ta jambe gauche → dépose ton pied vers l'arrière du tapis → le talon surélevé. (La distance entre tes deux jambes est à adapter selon ton équilibre et ta souplesse.) → Plie ta jambe avant → forme un angle de 90°, genou au-dessus de la cheville. → Les hanches bien tournées vers l'avant du tapis → inspire → lève les mains et le regard vers le ciel. → Relâche tes épaules → ouvre ton cœur en grand. Expire → descends le bras gauche vers l'avant et le bras droit vers l'arrière → ton regard suit ton pouce droit pour faire une torsion du buste.

Reste 3 à 5 respirations dans la posture.

Pour sortir de la posture, inspire pour descendre les bras le long du corps et déplier le genou avant. Expire et ramène le pied arrière à l'avant du tapis pour revenir dans la posture de la montagne. Tu peux répéter l'exercice en faisant l'autre côté.

Le guerrier 3

• Réinstalle-toi en fente haute avec le genou droit plié à l'avant du tapis.

Abdominaux engagés → décolle le talon gauche du sol → presse avec le gros orteil gauche dans le sol → décolle le pied pour basculer le poids du corps sur la jambe droite. → Tends ta jambe droite en soutien (le genou un minimum plié si besoin) → lève la jambe gauche parallèle au sol.
(Si l'exercice est diffic le prends appui avec un bloc pour garder l'équilibre.)
Ajuste tes hanches bien alignées et parallèles au sol. → Engage bien les abdos et les muscles des cuisses, même à l'arrière de la jambe gauche surélevée.
Sors de la posture → inspire → expire → reviens en guerrier 1 puis en montagne.

Le danseur

• Démarre en posture de la montagne.

Le poids du corps sur ta jambe gauche → plie légèrement le genou droit → attrape le pied droit avec ta main droite. Assure-toi de garder l'équilibre en fixant un point devant toi. Maintiens → lève le pied droit vers l'arrière → étends ta jambe. Lorsque tu lèves le pied, ton torse se penche naturellement vers l'avant. Simultanément, tire ton bras gauche vers l'avant pour équilibrer le mouvement de ta jambe droite. Ton bras gauche parallèle au sol.
Pour intensifier l'étirement → soulève ton pied droit légèrement plus haut tout en gardant l'équilibre. Maintiens cette position quelques respirations profondes → concentre-toi sur ton équilibre et l'alignement des hanches. (Tu peux plier légèrement le genou gauche si tu ressens une tension à l'arrière du genou).
Reviens à la position de départ → baisse doucement ta jambe droite → ramène ton bras gauche vers le bas.
Répète la même séquence de l'autre côté → le poids sur la jambe droite → lève le pied gauche.

ASTRO FOOD

08 juin

Les aliments santé des voies respiratoires

Douce âme, en ce mois de juin, gouverné par l'énergie des Gémeaux aériens, le focus alimentaire est dédié aux aliments qui soutiennent le système respiratoire ! Car ce signe d'air est lié aux voies respiratoires et tout particulièrement aux poumons. Bien évidemment, pour prendre soin de cela, il convient de consommer des aliments qui ralentissent l'altération des fonctions pulmonaires

Le poivron rouge

Qui est dans le top 3 des légumes pour être en bonne santé ! Source de vitamine C et d'antioxydants, il protège autant les poumons que tout autre organe vital du corps. À consommer cru, grillé, cuit, dans les sauces, les salades et les sandwiches, mais aussi en apéro ! Tu as le choix.

Le piment ou le curry

Toute épice piquante contient de la capsaïcine (qui donne le goût relevé), à l'effet vasodilateur : cela stimule la circulation sanguine et permet l'élimination de toute congestion ou infection.

Le miel

Ta grand-mère te faisait-elle un lait chaud au miel lorsque tu avais un rhume ? Eh bien, ce n'est pas pour rien ! Le miel est riche en substances antibactériennes.

Le bouillon

Également un remède de grand-mère, le bouillon végétal a un effet décongestionnant et apaise les voies respiratoires. Tu en reprendras bien une tasse, n'est-ce pas ?

L'abricot

Naturellement délicieux, il possède des propriétés anti-allergiques, anti-inflammatoires et même anti-cancéreuses ! C'est une excellente source de vitamine C, vitamine E, de bêta-carotène et de lycopène.

Le pamplemousse

Il renforce le système immunitaire grâce à sa forte teneur en vitamine C, calcium et potassium. Mais c'est également un puissant anti-inflammatoire (un petit rhume ? bois un jus de pamplemousse !). De plus, il contient des flavonoïdes qui nettoient les voies respiratoires et digestives.

La pomme

« Une pomme par jour, éloigne le médecin pour toujours. » Adage pas si faux lorsqu'on sait que les pommes sont riches en antioxydants et phytochimiques qui réduisent les risques d'inflammation, mais aussi d'asthme. Elle aide également les fumeurs et ex-fumeurs à purifier les organes vitaux.

Les myrtilles

Superaliment aux multiples vertus pour la santé, les myrtilles sont les reines des antioxydants et, en plus, elles préviennent également du vieillissement des cellules. Le must ? Elles améliorent la mémoire, favorisent la concentration et ont des effets anti-diabétiques !

La citrine

Un quartz jaunâtre qui invite à la générosité et au détachement matériel.

Liée au chakra du plexus solaire, cette pierre renforce l'estime de soi et donne du courage tout en favorisant la prise de risques. Vecteur de joie de vivre et d'optimisme, elle est d'un excellent soutien, permettant de rester focalisé pour matérialiser tout objectif. Elle est également parfaite pour les personnes timides ayant peur de prendre la parole et qui souhaitent communiquer davantage.

La citrine est même considérée comme un porte-bonheur et ce depuis la Grèce Antique.

Elle aide à guider son porteur dans son comportement. L'optimisme et la confiance en soi sont générateurs de courage.

La citrine est en réalité une pierre assez rare et pourtant de nombreuses pierres circulent, signifiant que nombreuses sont les imitations, méfiance donc...

Ses mots-clés

- **Optimisme.**
- **Confiance en soi.**
- **Courage.**

ÉCRITURE INTUITIVE

10 juin

Je suis ma meilleure amie !

T'es-tu demandé si tu agissais comme étant ta propre meilleure amie ? Est-ce que tu es cette personne qui te connaît de A à Z, qui écoute tes besoins et qui priorise ton bonheur ? Te connais-tu vraiment ? Tes habitudes ? Tes préférences ? Tes contradictions ?

Je t'invite à remplir les espaces ci-dessous comme si tu écrivais dans le carnet d'amitié d'une de tes meilleures copines auprès de laquelle tu souhaites laisser une trace indélébile.

Qui es-tu (en quelques mots : prénom, métier, passion, rêve...) ?

Ta couleur préférée :

Ton animal préféré :

Ton plat préféré :

Ton film préféré :

Ta chanson préférée :

Ton livre préféré :

Le garçon ou la fille de tes rêves :

Qu'est-ce qui t'a fait le plus rire ?

Qu'est-ce qui t'a déjà fait pleurer ?

Qu'est-ce qui te rend heureuse au quotidien ?

11
juin

ÉNERGIE VIBRATOIRE

Mercure

En astrologie, cette planète représente l'intellect et le sens de réflexion d'une personne, la manière dont elle s'exprime, mais également ses centres d'intérêt et ses compétences relationnelles. Elle peut faire référence aux liens entretenus avec la fratrie et les cousin·e·s.

Le placement de Mercure sur ton thème astral indiquera dans quels domaines tu as des intérêts intellectuels, mais aussi ce qui te nourrit socialement. Cela peut aussi indiquer le type de personne avec lequel tu vas facilement avoir le « feeling » sur le plan amical, par exemple.

Le savais-tu ?

Mercure est la planète qui gouverne l'énergie des Gémeaux. Cette planète incarne l'énergie de la communication, de l'intellectualité et de la rationalité. Elle est également connue pour incarner la sociabilité et l'esprit de communauté car elle fait référence au dieu Hermès, messager des dieux, mais aussi connu pour être le dieu de l'exploration et des voyages. On lui attribue souvent une éloquence sans faille et un sens de la commercialité inné.

Mercure gouverne à la fois l'énergie des Gémeaux, pour son côté communicant et polyvalent, et l'énergie de la Vierge, pour son côté intellectuel et rationnel.

Sur ton thème astral, dans quel signe se trouve Mercure ?

Sur ton thème astral, dans quelle maison se trouve Mercure ?

Qu'est-ce que tu en déduis par rapport à ta manière de communiquer ?

Quelle est ton affinité avec cette planète ? Te sens-tu proche d'elle ?

12 juin

Dépasse tes pensées **limitantes !**

Cite une peur qui t'empêche de passer à l'action.

....

D'où vient cette peur ? D'un événement ?
D'une personne de ton entourage qui te l'a transmise ?

....

....

Trouve un contre-exemple pour déconstruire cette peur.
Indique une habitude que tu pourrais mettre en place dans ton quotidien pour surmonter cette peur.

....

....

Inscris un objectif que tu aimerais atteindre dès que tu auras surmonté cette peur (ce sera ton boost au quotidien).

....

....

Cite un défaut ou une faiblesse que tu penses avoir.

....

Où as-tu entendu ces mots te concernant ? Qui t'a dit cela ? Es-tu toujours en contact avec cette personne ? Qu'est-elle devenue ?

....

....

Inscris le nom d'une personne qui a semble-t-il ce « défaut » aussi, mais qui t'inspire au quotidien.

....

Écris ici un compliment, un mot doux que tu souhaiterais plus souvent entendre te concernant (que ça touche de près ou de loin ce « défaut » que tu aurais).

....

....

Rappelle-toi ! Aucune de tes faiblesses ne peut t'empêcher d'accéder au bonheur ! Elle te rend simplement humaine.

13
juin

J'accueille toutes les parts de moi, même les plus contradictoires. Je suis en paix et je brille à travers elles.

CHECK-UP

14
juin

Un point **c'est toi !**

Nous voici déjà arrivés quasiment à la moitié de l'année…

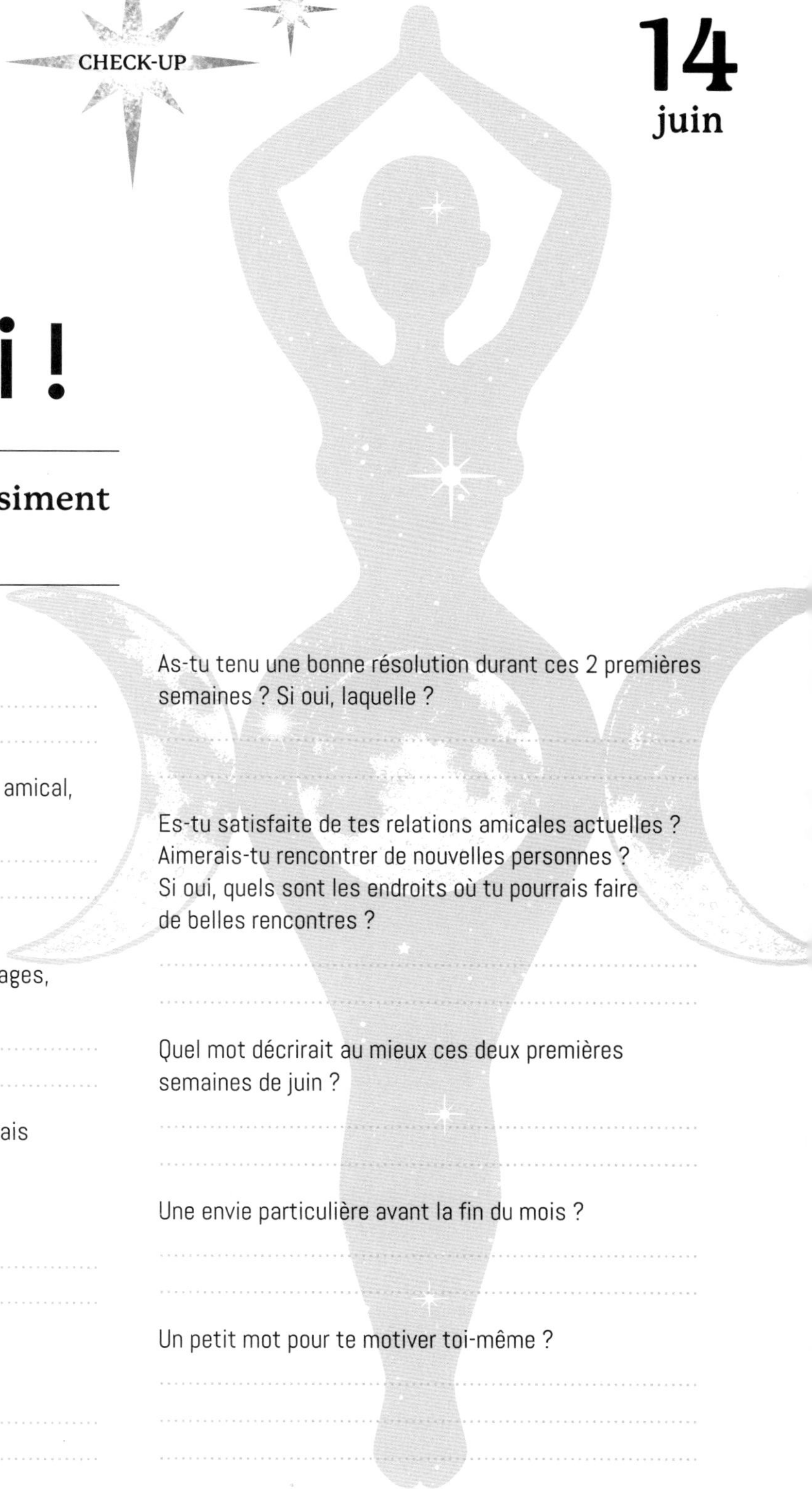

Comment te sens-tu, vraiment ?

Qu'as-tu réussi à mettre en place, sur le plan amical, en seulement deux semaines ?

Qu'en est-il du temps octroyé à apprendre de nouvelles choses (via des lectures, reportages, formations, etc.) dans ma vie actuellement ?

Y a-t-il justement une formation que tu aimerais commencer ou terminer prochainement ? As-tu déjà pensé à reprendre des études ? Si oui, dans quoi ? Pourquoi ?

Quels sont les premiers apprentissages que cette année m'a apportés ?

As-tu tenu une bonne résolution durant ces 2 premières semaines ? Si oui, laquelle ?

Es-tu satisfaite de tes relations amicales actuelles ? Aimerais-tu rencontrer de nouvelles personnes ? Si oui, quels sont les endroits où tu pourrais faire de belles rencontres ?

Quel mot décrirait au mieux ces deux premières semaines de juin ?

Une envie particulière avant la fin du mois ?

Un petit mot pour te motiver toi-même ?

15 juin

ASTRO YOGA

Le Gémeau incarne l'énergie de la communication. Il t'invite à ouvrir ton chakra de la gorge en faisant remonter tes émotions via tes cordes vocales. Et si tu chantais quelques mantras lors de ta pratique ?

Yoga de la **voix**

Le mantra Om

- Confortablement assise sur le sol.
- Jambes croisées en tailleur, en demi-lotus ou en lotus complet.

Si cette position est inconfortable → assoie-toi sur une chaise, le dos droit. Tes mains sur tes genoux, paumes vers le haut. → Ferme les yeux. → Détends-toi quelques instants → recentre-toi sur toi-même → respire profondément → relâche les tensions de ton corps. → Chante le mantra « Om » de manière douce et continue à voix haute ou intérieurement. → Concentre-toi sur le son et les vibrations créés dans ton esprit et dans ton corps. → Continue à chanter le mantra aussi longtemps que tu le souhaites → laisse-toi porter par sa répétition → permet à ton esprit de se calmer et de se concentrer.

De la chandelle à la charrue

- Allongée sur le dos.
- Jambes droites et les bras le long du corps, paumes vers le bas.

Tes mains sur le sol à côté de tes hanches, les doigts pointant vers les pieds. Expire → utilise tes bras et tes muscles abdominaux pour soulever tes jambes et ton bassin du sol, vers le plafond. → Soutiens ton dos avec tes mains → place tes paumes sur le bas de ton dos. → Étends tes jambes vers le haut → maintiens-les droites et perpendiculaires au sol. → Essaie de garder tes jambes serrées et tes orteils pointés vers le plafond. → Respire profondément → maintiens la posture de la chandelle pendant quelques respirations → concentre-toi sur le soutien de tes épaules et de ton haut du dos.

Variation : si cette posture ne t'est pas accessible, tu peux simplement t'aider d'un mur sur lequel tu vas déposer tes jambes et pointer les pieds vers le ciel.

Depuis la chandelle → plie lentement tes hanches → abaisse tes jambes derrière ta tête → tes bras et tes mains au sol pour soutenir ton dos. Les pieds peuvent toucher le sol derrière la tête ou être légèrement soulevés selon ta flexibilité. → Entrelace tes doigts → tes bras tendus sur le sol pour un soutien supplémentaire. → Respire profondément → détends-toi dans la posture de la charrue, en ressentant un étirement dans ton dos, tes épaules et ton cou.

Sors de la posture → reviens lentement à la posture de la chandelle → ramène tes jambes vers le haut → déroule ta colonne vertébrale sur le sol.

Le poisson

- Sur le dos dans un premier temps.
- Pieds collés l'un contre l'autre, cuisses, mollets et abdominaux gainés.
- Mains sous les fesses.

Pousse sur tes coudes → soulève ton cœur vers le plafond. Imagine que tu le gonfles de tout l'amour que tu portes en toi !

Pour plus d'aisance → pointe les pieds → étire la nuque → placer le sommet de ton crâne sur le sol.

Cette posture vient ouvrir ton cœur et ta gorge qu'on a refermées dans la chandelle-charrue, pour un sentiment de liberté – et notamment de liberté d'expression !

Attention, sois douce en sortant de cette posture

ASTRO LITHO

16 juin

Le jade

Cette pierre verte, tant appréciée pour sa beauté, est signe de vitalité.

Elle apporterait longévité et prospérité à toute personne qui la possède. Liée au chakra du cœur, elle favorise la compassion, l'empathie et les échanges non violents, empreints de sympathie. Elle dissout les tracas, l'anxiété et les soucis. Elle incite le cœur à s'ouvrir pour faire preuve de tolérance et d'acceptation, surtout en période de changements ou de conflits. Aussi, elle invite à être honnête, franc et sans jugement. Les Indiens l'utilisaient pour soigner les problèmes rénaux. La pierre de Jade est un outil d'acceptation de l'autre. Enfin, elle dissipe les culpabilités intérieures.

La pierre de jade se porte régulièrement en bijou (bague, collier, bracelet...). Tu peux l'avoir quotidiennement près de toi, sous forme de pierre roulée. Tu peux également la déposer dans un endroit de ta maison que tu souhaites protéger des mauvaises intentions relationnelles.

Cette pierre est aussi efficace en cas de migraines.

Tu peux la purifier avec de l'eau (légèrement salée), une fois par mois ou dès que tu en ressens le besoin. Puis, tu peux la recharger à la lumière de la pleine lune. Tu peux aussi simplement la déposer sur une fleur de vie.

Ses mots-clés

- **Vitalité.**
- **Compassion.**
- **Tolérance.**

17
juin

MOON BOARD

La lune des fraises

La date de ma nouvelle lune :

Généralement, cette lunaison se déroule dans le signe du Sagittaire, signe qui représente la sagesse, l'ouverture d'esprit et la philosophie. Cette pleine lune te demande d'arrêter de te torturer l'esprit et de passer à l'action ! Il est grand temps de passer à l'action et de boucler un (ou plusieurs) beaux projets. Cette lune de feu soutient chacune de tes convictions et t'intime de (r)éveiller le feu qui est en toi.

C'est, en quelque sorte, un premier bilan qui s'offre à toi en ce milieu d'année. Les premières grandes leçons de vie annuelles se sont présentées à toi et tu les as surmontées avec brio, d'une manière ou d'une autre car tu lis actuellement ces lignes. Alors félicite-toi. Oui, l'énergie de la pleine lune en Sagittaire te demande de te récompenser ! Gâte-toi, car tu le mérites bien. Tu n'es peut-être qu'à mi-parcours et peut-être même arrivée qu'au quart de tes ambitions, mais tu as accompli le plus difficile, alors sois-en fière !

L'énergie du feu du Sagittaire souhaite t'aider à faire jaillir ta propre vérité. Elle estime que tu dois t'engager (ou te ré-engager) vis-à-vis de toi-même et de ton bonheur. Tu es en pleine possession de ton libre-arbitre, il ne tient qu'à toi de co-créer ta vie !

Mes rituels :

- Faire une liste de mantras positifs.
- Partir en citytrip pour le week-end.
- Planifier ses futures vacances.
- Faire une séance de yoga vinyasa ou ashtanga..

ÉNERGIE VIBRATOIRE

18 juin

Cartographie astrale en Gémeaux

Je suis douée, j'évolue et j'apprends quotidiennement.

Les Gémeaux sont d'une extrême polyvalence, ils voient chaque jour comme une nouvelle opportunité d'en apprendre davantage sur le monde qui les entoure. Le but est également d'en apprendre plus sur eux-mêmes grâce aux rencontres qu'ils font quotidiennement.

Quelles sont tes planètes en Gémeaux ?

....

Quelle est ta maison en Gémeaux ?

....

Comment ressens-tu l'énergie des Gémeaux au quotidien ?

....

....

....

Quelles caractéristiques des Gémeaux te correspondent ?

Humour	Naïveté	Curiosité	Versatilité
Sociabilité	Maladresse	Extraversion	

Tes livres favoris :

....

....

....

....

19
juin

ASTRO YOGA

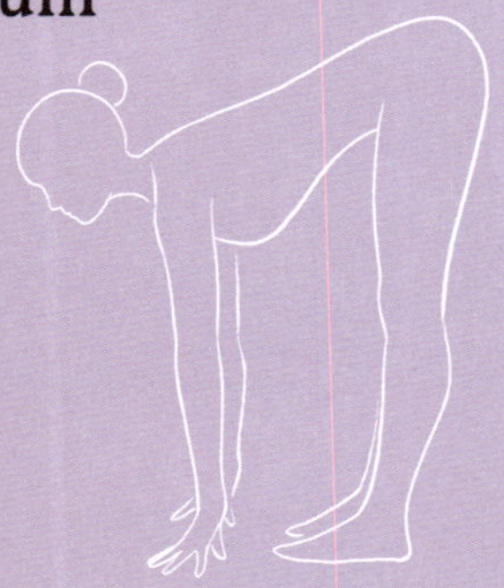

En cette fin de saison des Gémeaux, je t'invite à prendre un moment pour assouplir ton corps en posant l'intention d'être ouverte au changement de saison (astrologique, mais également cyclique) à quelques heures du solstice d'été.

Yoga du changement de saison

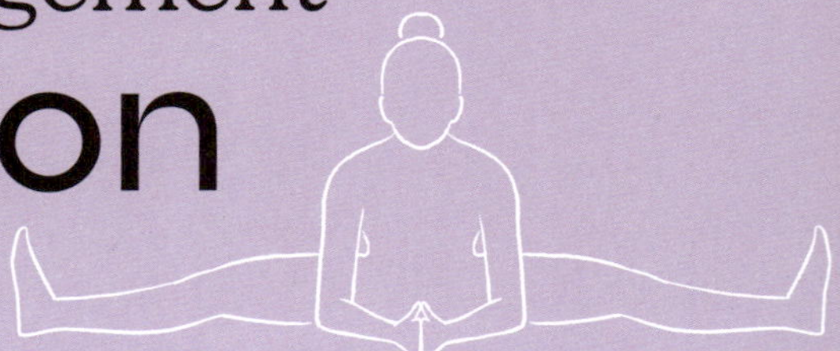

L'étirement des ischios jambiers

- Allongée sur le dos.
- Les jambes et les bras étendus sur le sol.

Plie ton genou droit → rapproche ta cuisse de la poitrine → ta jambe droite pliée → tiens une sangle placée sous ton pied droit ou saisis ton gros orteil droit avec ta main droite. → Redresser ta jambe droite → utilise la sangle ou ta main pour étendre la jambe vers le plafond. → Essaie de garder ta jambe droite et ton pied perpendiculaires au sol. Le genou peut être légèrement plié. Tu dois ressentir un étirement dans l'arrière de la jambe tout en restant à l'aise. Détends tes épaules et ton cou → maintiens l'étirement de la jambe. → Utilise ta main gauche pour maintenir ta jambe gauche étendue sur le sol. Respire profondément → détends-toi dans cette posture, en permettant à ton corps de s'ouvrir et de s'étirer. Reste 3 à 5 respirations complètes en relâchant toute tension. Sors de la posture → plie ton genou droit → abaisse lentement ta jambe vers le sol. → Relâche la sangle ou ta main de ton gros orteil. Répète la même séquence de l'autre côté → plie ton genou gauche → étends la jambe gauche → utilise une sangle ou tiens ton gros orteil gauche avec ta main gauche.

Le demi-papillon

- Confortablement assise sur le sol.
- Jambes étendues.

Plie ton genou droit → rapproche-le de ton bassin, la plante de ton pied droit en contact avec ta cuisse gauche. Laisse ton genou droit tomber vers l'extérieur → amène ton pied droit vers l'aine gauche. Ton genou droit devrait se trouver près du sol. → Utilise ta main droite pour saisir ton pied (ou ta cheville) droit(e). Si tu ne peux pas atteindre ton pied → laisse ton bras droit reposer sur ta jambe droite. → Assieds-toi → allonge ta colonne vertébrale. → Respire profondément → incline un peu ton torse vers l'avant en attrapant le mollet ou la cheville gauches, le dos bien droit

Reste dans cette posture 3 à 5 respirations complètes.

Pour sortir de la posture, redresse doucement ta colonne vertébrale et ton genou droit, en étendant la jambe devant toi. Répète la même séquence de l'autre côté, en pliant le genou gauche et en amenant le pied gauche vers l'aine droite.

L'angle assis

- Toujours assise.
- Les jambes tendues devant toi.

Ouvre tes jambes sur les côtés aussi largement que tu le peux → tes orteils pointés vers le haut, tes paumes derrière tes hanches, sur le sol. Inspire doucement → abaisse ton dos les abdominaux engagés. → Place tes mains devant toi → étends-les aussi loin que possible → installe-toi confortablement. Tu peux venir sur les avant-bras ou plaquer les bras et le front au sol – selon ta souplesse.

Maintiens la posture pendant 3 à 5 respirations complètes.

En expirant, relève lentement ton dos et détends tes jambes.

Pizza naan veggie à partager

Parce que déguster des bons petits plats, c'est génial. Mais les partager avec des personnes qu'on aime, c'est encore mieux !

Ingrédients (pour 4 personnes)

- 4 pains naan
- 2 aubergines
- 2 poivrons (rouges et/ou colorés)
- 1 courgette
- 1 sachet de roquette
- 4 tomates
- 2 mozzarellas maxi
- 1 passata de tomates
- Basilic frais
- Épices italiennes ou persillade
- 1 gousse d'ail
- Huile d'olive
- Vinaigre balsamique
- Sel et poivre

Faire revenir 5 min les légumes en fines tranches dans un peu d'huile d'olive. Mélanger la passata, l'ail émincé et les épices en une sauce. Disposer les pains nan sur une plaque recouverte de papier sulfurisé et étaler la sauce. Décorer avec les légumes. Saler et poivrer. Poser des morceaux de mozzarella et enfourner 10 min dans un four préchauffé à 200°C. Mélanger la roquette avec les tomates en morceaux, le basilic détaillé et assaisonner le tout de vinaigre balsamique et d'huile d'olive. Saler et poivrer. Servir les pizza avec la salade.

21
juin

CONSEIL
ET BIEN-ÊTRE

Le boost de l'été

Oui, le soleil est là ! C'est donc le moment idéal pour faire le plein de vitamines D, mais également le plein de vitamines *sea*… Si tu vois ce que je veux dire.

Fais de la limonade ou une eau infusée aux fruits
pour vitaminer ton quotidien !

Déconnecte-toi des réseaux sociaux
pour vivre l'instant présent.

Organise un date autour d'une glace
pour aimer passionnément…

Pars nager pour te rafraîchir les idées.

Marche sur la plage ou en nature
pour te dégourdir les jambes.

Prends le temps d'observer le lever
ou le coucher du Soleil pour t'inspirer.

Pratique le yoga ou le stretching en extérieur
pour méditer en mouvement.

ASTRO LITHO

22
juin

La calcédoine

Réputée pour renforcer la diplomatie, elle atténue l'impulsivité et invite à la compassion, mais également à la compréhension de l'autre et du monde qui nous entoure.

Cette pierre apaisante apporte douceur et positivité. C'est la raison pour laquelle elle est fortement recommandée aux personnes cherchant à calmer leur irritabilité, leur agressivité, mais aussi leur chagrin. Sur une dimension plus spirituelle, elle développe la concentration et l'intuition.

La calcédoine est disponible sous diverses couleurs. Il existe de la calcédoine bleue, blanche, mauve... à toi de voir sous quelle nuance elle t'attire le plus ! Tu peux la porter en bracelet ou en pierres roulées.

Tu peux la purifier avec de l'eau (légèrement salée) puis la recharger à la lumière de la pleine lune. Tu peux aussi simplement la déposer sur une fleur de vie.

Idéale pour apaiser les chagrins ou les états de tristesse. Cette pierre calme aussi les agitations. Associée au chakra de la gorge, elle favorise la communication.

Ses mots-clés

- **Positivité.**
- **Concentration.**
- **Écoute.**

23
juin

Je suis curieuse
et ouverte aux
changements.
J'accepte que
les choses
se passent
différemment
de ce que
j'avais prévu.

ASTRO DICO

24 juin

Les mots de la saison du Gémeaux

L'apprentissage est la fin d'un cycle que nous avons, au préalable, décidé d'emprunter en tant qu'éternels élèves de la vie et des leçons qu'elle a à nous transmettre. Un apprentissage nous rappelle (in)-directement pourquoi nous avons choisi de nous incarner sur Terre.

Quelle est ta définition du mot :

Curiosité

Sociabilité

Intelligence

Apprentissage

Lien

25
juin

ASTRO FOOD

Barre d'avoine aux myrtilles

Un en-cas parfait à déguster au soleil avec un smoothie ou un mocktail tout en lisant un bon livre.

Ingrédients (pour 2 personnes)
- 100 g de farine d'avoine
- 50 g d'amandes moulues
- 2 c. a s. de graines de chia
- Myrtilles (surgelées ou fraîches)
- Sirop d'érable
- Beurre de cacahuète
- Huile de coco
- 1 c. à c. de levure chimique
- 1 c. à c. de cannelle
- Jus de citron
- Eau
- Sel

Réduire en purée les myrtilles, le sirop d'érable et le jus de citron dans un fond d'eau bouillante, avec une cuillère en bois. Incorporer à froid les graines de chia et laisser refroidir. Mélanger les graines de lin moulues et l'eau. Laisser reposer 15 min. Mélanger la farine d'avoine, les amandes moulues, la cannelle et le sel. Ajouter le sirop d'érable, l'huile de noix de coco, le mélange de graines de lin reposé. Mélanger le tout. Diviser la pâte en deux et l'étaler en rectangle entre deux feuilles de papier sulfurisé. Couper les bords irréguliers. Étaler sur chacun la confiture de myrtilles au centre et replier d'un côté de pâte. Appuyer très légèrement, puis replier l'autre côté pour refermer le gâteau. Rouler doucement la bûche pour que la couture soit en bas, puis la couper en 3 barres. Faire dorer dans un four à 180°C 15 à 20 min. Badigeonner de beurre de cacahuètes réchauffé au bain-marie (si besoin). Déguster chaud ou froid !

ÉCRITURE INTUITIVE

Clôture relationnelle : les bonhommes allumettes

Pour te libérer d'une de tes âmes sœurs, utilise la technique des bonhommes allumettes – de préférence lors d'une phase de pleine lune ou de lune décroissante qui favorisera les énergies de « nettoyage » et de « coupure ».

Cet exercice, mis au point par le thérapeute québécois Jacques Martel, peut aussi être réalisé avec une personne décédée ou une situation inconfortable de laquelle tu aimerais te détacher. Cette technique simple et très ludique est apaisante et t'apportera du bien-être en mobilisant ton subconscient pour libérer tes émotions négatives et tes attaches toxiques ; d'ailleurs, elle est régulièrement conseillée par les psychologues et les thérapeutes !

Munis-toi d'une feuille de papier, d'une paire de ciseaux, d'un stylo à bille et de sept crayons ou feutres de couleur (si tu le souhaites, pour les liens de chakras) et installe-toi confortablement, dans une pièce calme.

Dessine-toi comme un petit bonhomme allumette (croquis basique et très simple à partir de traits) : avec une tête, un nez, un sourire, deux bras, un corps et deux jambes. En dessous de ce premier bonhomme, écris ton prénom en toutes lettres et l'initiale de ton nom de famille.

Ensuite, dessine la deuxième personne (si c'est une situation ou un schéma karmique, dessine un grand rectangle) et écris le prénom de cette personne, ainsi que l'initiale de son nom de famille (si c'est une situation, écris le nom de la situation dont tu aimerais te défaire).

Trace un premier cercle de lumière (comme des traits de rayons de soleil) autour de ton bonhomme, puis un deuxième cercle de lumière autour de l'autre personne, en vous souhaitant ce qu'il y a de mieux pour l'une comme pour l'autre. Tu peux visualiser une lumière dorée qui vous entoure chacun·e et vous englobe dans un amour bienveillant.

Trace un troisième cercle de lumière vous entourant dans la même bulle. Tu n'es pas obligée de mettre une intention précise, hormis le fait de vous souhaiter le meilleur pour que l'équilibre revienne et que tout se passe au mieux pour chacun·e.

Dessine les lignes d'attachement conscientes et inconscientes en partant des sept centres énergétiques principaux (les chakras) : tu dois tracer sept lignes qui représentent les sept chakras distincts (en couleur ou pas, selon ton envie).

Enfin, prends tes ciseaux et découpe la feuille en deux – afin d'avoir sur une moitié de la feuille ton bonhomme et, sur l'autre, l'autre bonhomme (ou la situation), comme si tu coupais de tes propres mains les liens toxiques qui vous relient. C'est la phase finale, à toi de voir ce que tu souhaites faire de ces morceaux de papier. Tu peux les brûler, les broyer, les déchirer, les enterrer ou encore les mettre à l'eau en récitant une phrase symbolique à tes yeux, telle que « Je nous souhaite d'être heureux·ses l'un·e et l'autre » ou « Je nettoie notre relation de tout lien karmique ou négatif à travers ce geste et je fais le serment de mettre en place quelque chose de constructif et bienveillant pour nous deux. »

Les effets peuvent se percevoir immédiatement ou plus tard, selon la charge émotionnelle qui pesait sur toi – et sur vous.

La respiration bhastrika

La respiration Bhastrika, également connue sous le nom de respiration de soufflet de forge, est une technique de respiration énergisante et purifiante dans la pratique du yoga. En somme, elle est parfaite pour démarrer l'été du bon pied et elle est à pratiquer dès que tu as un coup de mou durant la journée !

Assieds-toi confortablement en position méditative, en croisant les jambes et en gardant le dos droit. Tu peux également t'asseoir sur une chaise si cela est plus confortable.

Ferme les yeux et commence par prendre quelques respirations profondes pour te détendre.

Commence la respiration Bhastrika en inspirant profondément par le nez et en soulevant tes bras vers le ciel. Remplis tes poumons d'air et sens ton abdomen et ta poitrine se gonfler.

Expire rapidement et puissamment par le nez, en baissant les bras vers le sol, mais aussi en contractant les muscles abdominaux pour expulser l'air de tes poumons. Le mouvement de l'expiration devrait être fort et ressembler au soufflet d'une forge.

Répéte ce cycle de respiration rapide et puissante, en inspirant pour lever les bras et expirant pour baisser les bras avec force. Les inhalations et les exhalations devraient être de la même durée et aussi rapides que possible. Assure-toi tout de même de ne pas t'essouffler et de rester à ton aise tout au long de la pratique.

Continue à respirer de cette manière pendant environ 15 à 20 respirations, en te concentrant sur le rythme et l'intensité de la respiration.

Ensuite, relâche la respiration Bhastrika et reviens à une respiration lente et naturelle. Laisse ta respiration se stabiliser et revenir à un rythme régulier.

Pendant les prochaines minutes, concentre-toi sur ta respiration, en observant le mouvement de l'air entrant et sortant de ton corps. Reste présente et attentive à chaque inspiration et expiration.

Si ton esprit s'éloigne de ta respiration, ramène doucement ton attention sur ton souffle sans jugement. Continue à méditer de cette manière, en te concentrant sur ta respiration et en cultivant un état de calme et de clarté mentale.

•

Les bienfaits de la respiration Bhastrika

Elle augmente l'énergie, elle purifie le corps et calme l'esprit, elle favorise la concentration, elle renforce le diaphragme et stimule le système digestif, elle améliore la circulation sanguine..

ASTRO LITHO

28 juin

L'amazonite

Cette sublime pierre bleue favorise l'expression et l'affirmation de soi !

Elle apporte un sentiment de liberté, invite aux voyages et aide à surmonter la solitude. Liée au chakra de la gorge, elle invite à donner son opinion avec courage et éloquence. Apaisante et protectrice, elle bloque les énergies négatives et calme les chagrins. C'est une pierre parfaite à porter sur soi lorsqu'on souhaite aller davantage vers les autres et tisser du lien.

Cette pierre est une alliée dans le cas de problèmes de peau. Elle favorise et équilibre les échanges. Elle est une aide à la sérénité et protège des énergies négatives !

Tu peux porter l'amazonite en bague, en collier, en bracelet ou l'avoir auprès de toi sous forme de pierre roulée. Comme tu le souhaites ! Ce sera également une pierre idéale à avoir à tes côtés lors de tes (grands) voyages par-delà les frontières. Elle est idéale pour protéger des ondes et des pollutions électromagnétiques !

Ses mots-clés

- **Douceur.**
- **Relationnel.**
- **Communication.**

29
juin

Merci pour…

Cette saison pré-estivale est associée aux examens de fin d'année scolaire, aux remises de diplômes, mais aussi aux festivités et à la musique et aux arts, mêlant intellect et réseautage.
Tout est un jeu d'apparence et de façade, autour de nombreux concours de circonstance.

On s'adapte
et on savoure !
Sans oublier de
se remercier !

CHECK-UP

30 juin

Clap de fin
sur le mois de juin

Clore une année scolaire ou une formation, réserver des tickets pour un concert ou un festival, organiser une sortie culturelle entre amis, démarrer une nouvelle lecture ou une nouvelle série, être plus présente sur les réseaux sociaux ou prendre part à plus d'activités… Ouvre tes perspectives relationnelles, ne te ferme pas à la première impression. Quel est ton bilan de ce mois de juin ?

Quel est ton plus beau souvenir de ce mois de juin ?

....

....

....

....

....

As-tu pris le temps de rencontrer de nouvelles personnes ? De sortir et de prendre part à des activités ? Ou d'apprendre nouvelles choses via des lectures ou autres ? Si oui, lesquelles ?

....

....

....

....

Quel a été ton plus grand accomplissement en juin ?

....

....

....

....

....

Quelle a été ta leçon de vie personnelle ? (Explique brièvement la situation et ce que tu en déduis)

....

....

....

Quelles ont été tes occupations favorites ?

....

....

....

Si tu devais décrire juin en 3 mots, lesquels seraient-ce ?

....

....

Quel sera ton focus pour le mois de juillet ? Pourquoi ?

....

....

Un petit mot doux à toi-même avant d'entamer le nouveau mois ?

....

....

La saison du Cancer

La saison la plus lumineuse et ensoleillée de l'année ! Une période de détente, idéale pour répondre au besoin de mettre les pieds dans l'eau.

Signe intuitif, lié à l'élément eau, dit « cardinal » car il incarne le solstice d'été – et donc un des points cardinaux de la roue du zodiaque –, le Cancer est réputé pour émouvoir toute personne qu'il croise.

Sensible, émotif et attentionné, il veille au bien-être de chacun, ce qui fait de lui un excellent confident. Une caractéristique qui évoque la force des liens qui peuvent unir à ses fidèles amis d'enfance. Aussi, l'énergie du Cancer est-elle fortement liée au foyer, à la famille – celle dans laquelle on naît comme celle que l'on se crée et se choisit –, l'hérédité et les racines. soi-même.

TO-DO

01
juillet

Alors, douce âme, comment appuies-tu sur le bouton pause ? Profite des moments simples !

Mes intentions du mois

1 **Je profite de mes vacances** ou je m'offre un moment de déconnexion lors d'un week-end.

2 **Je fais revivre un de mes rêves d'enfant** pour le réaliser au cours de cet été.

3 **J'écoute les murmures de mon cœur** et je prends une décision qui mettrait mon enfant intérieur en joie.

4 **Je prends un moment pour ne RIEN faire** juste pour intégrer les événements des derniers mois.

5 **Je passe du temps avec des enfants**... ou je fais du babysitting pour aider une copine !

6 **Je m'offre une nouvelle pierre** : une pierre de lune, une pierre angélite, une célestine, un quartz...

7 **Je passe du temps avec ma famille** dans la maison familiale ou dans un gîte à la campagne.

8 **Je réalise une playlist spéciale « nostalgie »** avec tous les tubes que j'adorais en étant plus jeune.

9 **Je me prélasse au bord de l'eau** avec un cocktail et/ou une bonne lecture.

10 **Je (re)découvre mes placements en Cancer sur mon thème astral.**

02
juillet

MOON BOARD

Une lune de (re)connexion à la féminité

La date de
ma nouvelle lune :

La septième nouvelle lune de l'année se déroule généralement fin juin ou début juillet, dans le signe du Cancer. Cette lunaison incarne les émotions et l'intuition profonde. Elle fait référence aux racines, à l'hérédité et à tout ce qui touche l'enfance. Dans ses parts les plus lumineuses, elle peut t'aider à guérir d'une ancienne blessure émotionnelle ou familiale, voire transgénérationnelle. Dans ses parts les plus sombres, elle peut (re)faire jaillir certaines de tes insécurités et peurs émotionnelles pour te demander de faire la paix avec elles.
Cette lunaison t'invite à te focaliser sur ton foyer. Tu peux te sentir plus fragile ou plus renfermée avec un grand besoin de retourner auprès de tes « racines » ou de ta ville natale, par exemple. Tu seras aussi très inspirée et intuitive, c'est donc le bon moment pour te (re) plonger dans un hobby ou une activité créative. Tu te sentiras mieux chez toi, dans un lieu que tu connais et qui te rassure. Tu auras tendance à te retirer en petit comité et tu auras ce besoin de te protéger. Tu ressentiras l'envie de réaménager ton chez-toi ou ton jardin.
La prudence n'est pas un frein à l'évasion ni à la curiosité... Mais une invitation à naviguer vers ton cœur. Pour en faire émerger plus d'un trésor.

Pars explorer des contrées ou médite pour te retrouver en tête à tête avec toi-même ! Le but étant ici de ne pas cogiter, ni de t'isoler, mais de faire le point avec toi-même et avec tes émotions pour commencer l'été de la plus belle des manières.

RITUEL

03
juillet

Mes routines de juillet

Dresse la liste des membres de ta famille et note ce que tu aimes chez eux ! Mais aussi, Remémore-toi un beau souvenir à leurs côtés. Quelle « leçon » de vie t'ont-ils donnée ?

- Réaménage ton chez-toi.
- Passe du temps en famille.
- Programme un week-end en bord de mer.
- Téléphone à un ou une amie d'enfance.
- Profite de la vue du coucher de soleil.

Les membres de ma famille de cœur	Une leçon de vie et ce que j'aime chez cette personne

- Y a-t-il une sortie familiale à laquelle tu prends part dans les 4 prochaines semaines (vacances, anniversaire, restaurant...) ? Qui te réjouis-tu d'y retrouver ? Pourquoi ?
- À qui te confies-tu le plus en ce moment ? Pourquoi ?
- Comment te sens-tu ce soir ? Quelle est l'émotion qui domine ?
- As-tu un souhait à adresser à l'Univers ?

04 juillet

PRÉDICTION

Mes émotions et **moi**

Les cartes t'inviteront à lâcher prise et à prendre un moment méditatif pour te délester de tout sentiment qui t'emprisonne.

Ce tirage à deux cartes représente le fait d'être en « tête à tête » avec tes émotions. Simple, court, mais efficace, il t'invite à mettre des mots sur une blessure d'antan qui peut (res)surgir dans ton quotidien. Il permet également de faire le point sur le passé pour tirer un trait définitif.

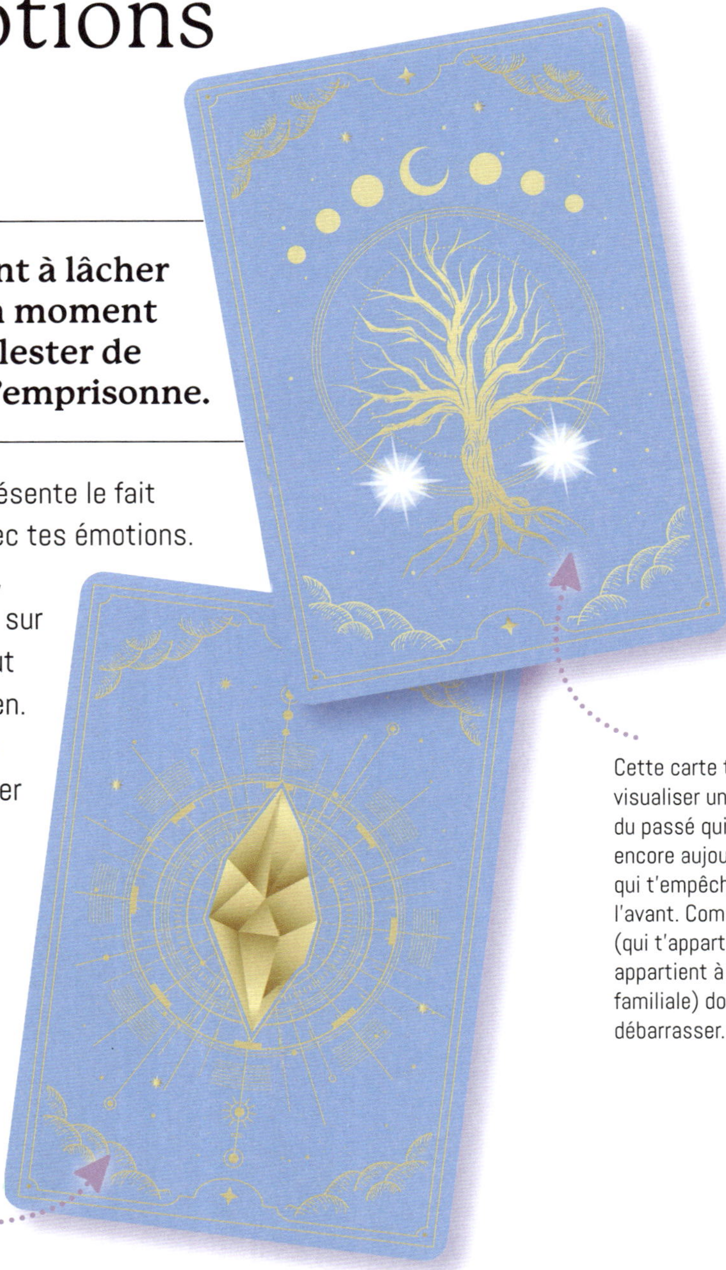

Cette carte t'invite à visualiser un événement du passé qui te retient encore aujourd'hui et qui t'empêche d'aller de l'avant. Comme un karma (qui t'appartient ou qui appartient à ta lignée familiale) dont tu dois te débarrasser.

Cette carte t'invite à visualiser tes émotions du moment. À les accueillir, les intégrer, les accepter et en prendre pleinement conscience pour avancer sur ton chemin. Cette carte peut être un support de méditation ou d'écriture intuitive.

Visualise ton Higher Self.

ASTRO YOGA

En cette saison dédiée à l'intuition et à l'émotion, c'est le moment rêvé pour t'initier à la salutation à la lune dont voici les premières postures.

Premier cycle de la salutation à la lune

La montagne, le croissant de lune et la déesse

- Depuis la posture de la montagne, inspire et monte tes bras vers le ciel, paume l'une contre l'autre.
- Sur une expire, étire tout le côté gauche de ton corps en laissant tomber ton buste et tes bras vers la droite. Reviens vers le centre en inspirant.
- Sur une deuxième expire, répète la même chose à gauche : étire le flanc droit → bascule les épaules et les bras vers la gauche. Reviens vers le centre en inspirant.

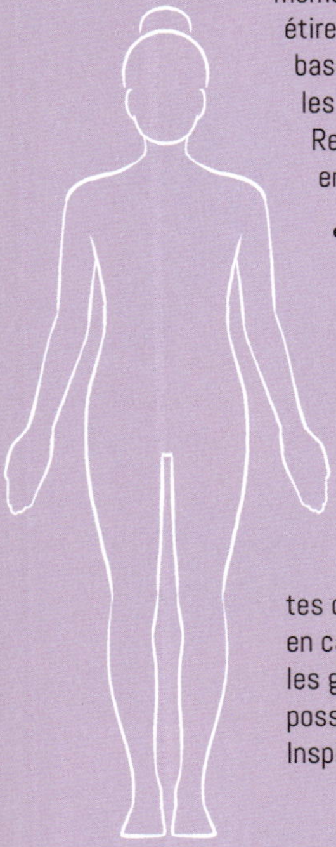

- En expirant, fais un grand pas vers la gauche, ouvre les bras → parallèles au sol. Place tes deux pieds, les gros orteils pointés vers chaque côté de ton tapis. Plie tes coudes → tes bras en cactus, tout en pliant les genoux autant que possible → en squat. Inspire et expire.

Le triangle, la pyramide et la fente basse

- Dans la posture de la déesse, jambes tendues à nouveau et bras baissés.

Maintenant, ton pied droit à 45°. Ton pied gauche vers l'avant, parallèle au tapis. Les bras alignés avec tes épaules.
Regarde vers l'avant (à gauche). Sur une inspire, amène ton bras gauche le plus loin possible vers l'avant, pour toucher ta cuisse, ton mollet ou ta cheville gauche. Ton bras droit tendu vers le ciel, tout comme ton regard.
Inspire et expire, → redresse-toi en douceur.
Dessine un demi-cercle avec ton bras droit → près de ton bras gauche. Les deux mains de chaque côté de la jambe gauche (sur le sol ou posées sur des blocs si nécessaire). Ta hanche droite vers l'avant du tapis, le talon droit peut se décoller légèrement si besoin.
Tourne-toi vers l'avant du tapis. Inspire, regarde vers l'horizon et expire → ton nez vers le genou gauche.
Pose le genou droit au sol, à l'arrière du tapis. La jambe gauche pliée. Inspire → les bras vers le ciel, paume l'une contre l'autre et le buste légèrement vers l'arrière et le regard vers le ciel. Sur une expire replace tes deux mains à droite du pied gauche.

Voilà un demi-cycle de salutation à la lune. Familiarise-toi avec ces postures avant de maitriser le cycle complet ! Rendez-vous demain !

Maintenant que tu maîtrises les premières postures de la salutation à la lune, exerce-toi en cycle complet.

La salutation à la lune en cycle complet

La demi-guirlande de transition et deuxième moitié de cycle

• Dans la position de la fente basse.

Pose doucement tes mains vers le milieu du tapis, tout en ouvrant la hanche droite. La jambe droite → une rotation vers l'extérieur, les orteils vers le ciel et le talon planté dans le sol. Le talon gauche peut lever du sol pour plus de facilité.
La hanche gauche vers l'extérieur, la jambe droite tendue. Inspire ici.

A la force des jambes et en t'aidant des mains → appuie-toi sur l'autre côté en utilisant la force de tes jambes.
Fesses soulevées → le poids du corps vers la droite. La jambe gauche tendue → orteils pointés vers le ciel, le talon gauche dans le sol.
La jambe droite pliée → le talon dans le sol ou légèrement décollé. Les deux mains sont placées sur le tapis ou devant le cœur, en prière.
Reproduis la fente basse de l'autre côté.
→ Change de sens en regardant vers l'avant (à droite cette fois).
Sur une expire → les hanches sur la même ligne et le genou gauche au sol.
Le pied droit est à plat, posé à l'avant du tapis.
Sur une inspire → les bras vers le ciel comme le regard. Sur une expire → tes deux mains de chaque côté du pied droit.
Inspire → en posture de la pyramide en tendant les deux jambes → le nez rapproché du genou droit.
Reproduis la posture du triangle de ce côté → le bras gauche levé vers le ciel.
Redresse-toi → les abdominaux engagés → en posture de la déesse (en squat), les bras de cactus (coudes pliés et doigts vers le ciel).
Inspire et expire → redresse-toi en étoile en tendant les jambes. Clôture → le croissant de lune à droite et à gauche → reviens en posture de la montagne.

Tu as clôturé un cycle complet de la salutation à la Lune. Tu peux le répéter autant de fois que tu le souhaites. Cette séquence est parfaite à réaliser lors de la Nouvelle ou Pleine Lune pour te connecter plus profondément à l'énergie ambiante, à ton féminin... et à l'astre lunaire.

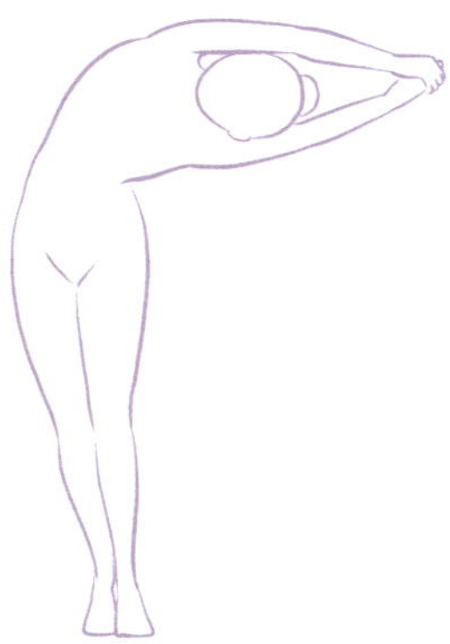

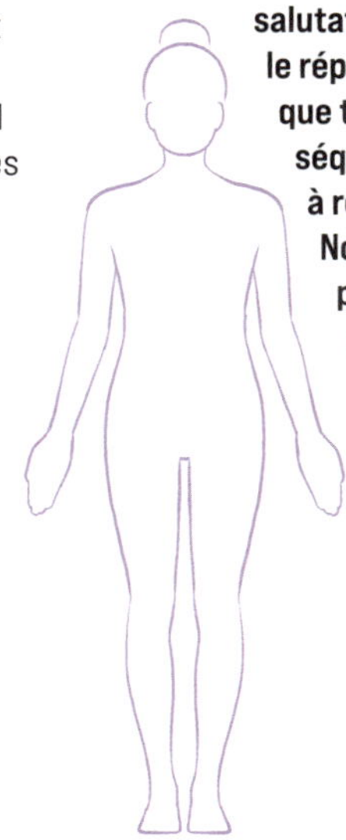

08
juillet

ÉCRITURE INTUITIVE

Retour aux **sources**

Cette saison maritime suggère un retour sur ton histoire, ta part d'hérédité qui sommeille en toi et les souvenirs de ton passé. Si nous partions à la rencontre de ton enfant intérieur et tentions toute réconciliation avec ton passé...

Quel espace laisses-tu consciemment à l'exploration de ta créativité et de tes loisirs d'antan ?

(Re)connecte-toi à tes émotions les plus pures et les plus enfantines, elles ont énormément de choses à te transmettre. Voilà des idées d'activité pour t'y aider :

- Fais un tour dans ton village ou dans ta ville d'enfance.
- Organise des retrouvailles familiales.
- Laisse davantage d'espace et de place à des activités et loisirs qui nourrissent ton cœur.
- Pars en vacances ou en bord de mer pour profiter des jours ensoleillés.
- Planifie un projet bébé ou entame les discussions à ce propos.

Ouvre tes perspectives relationnelles, ne te ferme pas à la première impression.

Les aliments et les hormones

Douce âme, en ce mois de juillet, gouverné par l'énergie du lunaire du Cancer, le focus alimentaire est dédié aux aliments qui font du bien au système endocrinien ! Car ce signe d'eau est lié aux hormones, à l'utérus et aux fluides du corps. Nous allons donc dresser la liste des aliments qui boostent la thyroïde, mais qui ont aussi un effet positif sur la glycémie et qui réduisent les effets néfastes de la résistance à l'insuline, du diabète ou autre… qui ont une grande influence sur ton bien-être féminin.

Le vinaigre de cidre a la capacité de soutenir et d'aider le corps à (ré)équilibrer naturellement la production d'hormones dans le corps.

Les œufs lors d'un petit déj salé et protéiné le matin permettent de maintenir un taux de glycémie dans les normes… et ils sont riches en protéines et en graisses saines pour les hormones !

Les champignons sont une excellente (pour ne pas dire LA meilleure) source de vitamine D végétale : ils fournissent tout ce qu'il faut pour soutenir le système endocrinien.

Les poivrons sont les légumes qui contiennent le plus d'antioxydant (grâce à leur forte teneur en vitamine C). Mais ils contiennent surtout énormément de flavonoïdes qui stimulent la production et la bonne santé des hormones.

Les choux-brocoli, chou frisé, chou-fleur, chou rouge… Ces légumes régulent les hormones en diminuant le taux de testostérone tout en améliorant le développement musculaire.

L'huile de coco régule la glycémie, ainsi que l'insuline. Mais ce n'est pas tout : elle stimule la thyroïde et aide à restaurer l'équilibre hormonal (notamment quand il est en détresse). Je te donne RDV page 220 pour réaliser un merveilleux en-cas à la coco pour cet été !

Le sel rose d'Himalaya est une alternative plus saine que le sel classique, son puissant apport en iode apporte tout ce dont le système endocrinien a besoin !

La betterave régule les hormones et la digestion en réduisant le stress et le niveau de cortisol. Ce légume apporte un bien-être instantané, sans parler de sa haute teneur en fer et en acide folique.

La pierre de Lune

Une pierre qui, sur le plan symbolique, fait référence à la sensualité et à la fertilité.

Cette pierre nacrée est conseillée aux femmes souhaitant réguler leurs cycles menstruels et/ou en voie de concrétisation d'un projet bébé. Il est dit aussi qu'elle attenue les syndrômes prémenstruels et aide le corps à éliminer la rétention d'eau. En raison de sa connexion avec la lune, cette pierre aiderait aussi à travailler les émotions, aidant notamment à faire preuve d'empathie et d'ouverture d'esprit envers les autres, mais également envers soi-même.

La pierre de lune noire, ainsi que la pierre de lune rose/pêche existent également et possèdent des propriétés similaires à la pierre de lune blanche.

La pierre de lune peut se porter (en bijou ou pierre roulée) et se « programmer » en posant une intention puissante concernant ton féminin sacré. Mais il est également fortement conseillé de la poser sous le lit de la suite nuptiale ou sur la table de chevet pour accroître les chances de grossesse.

La pierre de lune peut être purifiée avec de l'eau (légèrement salée), puis rechargée à la lumière de la pleine lune.

Ses mots-clés

- **Féminité.**
- **Empathie.**
- **Fertilité.**

ÉCRITURE
INTUITIVE

11
juillet

L'âge tendre

Quel serait ton ou tes meilleurs souvenirs d'enfance ? Aujourd'hui, je t'invite à te les remémorer !

Choisis un endroit calme où tu pourras te détendre en silence. Crée une atmosphère propice en allumant une bougie parfumée, en diffusant une huile essentielle ou en mettant un parfum évoquant une odeur de ton enfance. Pour activer la fameuse « madeleine de Proust ». Une musique douce et apaisante peut être mise en fond sonore, pour une ambiance relaxante. Assieds-toi confortablement, que ce soit sur un coussin de méditation, sur une chaise ou sur le sol. Ferme les yeux et respire profondément en prenant quelques instants pour te connecter à ta respiration. Prends conscience de chaque inspiration et expiration, en laissant ton corps se détendre davantage à chaque souffle.

Laisse ton esprit vagabonder, puis pose une intention pour visualiser un souvenir d'enfance. « Joyeux souvenir, viens à moi et illumine ma journée comme tu l'as fait autrefois. ».
Prends le temps qu'il te faut pour te connecter à ce souvenir, puis dès que son image se matérialise, visualise-le et cramponne-toi à lui. Essaie de te rappeler les détails, les sensations et les sentiments qu'il suscite. Autorise-toi à ressentir les émotions positives qu'il implique, les odeurs, les sons et les sensations physiques.
Laisse ce ou ces souvenirs t'envelopper complètement, te transporter dans ce moment précieux de ton passé.
Enfin, prends un moment pour exprimer ta gratitude pour ce beau souvenir d'enfance.
Remercie l'enfant que tu étais d'avoir vécu cette expérience merveilleuse. Ressens la joie et la reconnaissance pour les moments heureux vécus autrefois.

Reste assise en silence pendant quelques instants, en laissant les émotions et les souvenirs se déployer dans ton cœur et dans ton esprit. Profite de ton état de calme et de gratitude. Termine par une affirmation positive pour terminer ce rituel. Tu peux dire, par exemple : « Je chéris ces beaux souvenirs de mon enfance. Ces moments aussi précieux que des diamants. »
Reviens doucement à la réalité et lorsque tu es prête, ouvre lentement les yeux et prends un moment pour t'étirer et revenir à ton environnement présent.
Tu peux répéter ce rituel autant de fois que tu le souhaites.
Décris ici brièvement le(s) souvenir(s) qui sont remontés à la surface lors de ce rituel :

12 juillet

ÉNERGIE VIBRATOIRE

La lune et le signe lunaire

En astrologie, le signe lunaire est très important car il est considéré comme une part puissante et profonde de ta personnalité. Sur un tout autre plan, la lune représente l'incarnation de ton énergie féminine : le genre de femme que tu es, le genre de mère que tu peux être et l'image que tu as de la femme ou la mère idéales.

Le signe lunaire « brille » au sein de ta personnalité, tout comme le signe solaire et le signe ascendant. À eux trois, ils forment la Grande Trinité astrale qui donne des grandes indications concernant ta personnalité. Le signe lunaire incarne ton intimité, tes émotions et tes perceptions, c'est un peu la face « cachée » de l'iceberg que seules les personnes très proches de toi (famille, partenaire de vie, amis de longue date...) ont le loisir de voir.
La lune est l'astre qui gouverne l'énergie du Cancer. Ce luminaire incarne l'énergie des émotions, de l'intuition et de la réceptivité. Sur ta carte du ciel, elle représente le placement de la lune lors du jour de sa naissance. Dans la mythologie, la lune est incarnée par une trinité de sœurs : Hécate (la lune noire/nouvelle Lune), Artémis (la lune croissante) et Séléné (la pleine lune).

Le placement de la Lune sur ton thème astral indiquera dans quel(s) domaine(s) tu déploies ta créativité et tout particulièrement tes émotions, ainsi que ton intuition. Cela peut aussi indiquer le type de foyer que tu peux construire et le type de besoins affectifs que tu manifestes en relation amoureuse.

Si tu es née un jour de nouvelle lune, tu auras le même signe solaire et lunaire. Si tu es née un jour de pleine lune, ton signe solaire sera opposé à ton signe lunaire. Après avoir consulté ton thème astral, note ici :

Dans quel signe se trouve ta lune ?

....

....

....

Dans quelle maison se trouve ta lune ?

....

....

....

Tes déductions quant à tes émotions, ton intuition et tes besoins affectifs ?

....

....

....

....

....

CHECK-UP

13
juillet

Un point c'est **moi !**

Comment te sens-tu, vraiment ?

Qu'as-tu réussi à mettre en place, sur le plan familial, sur ces deux premières semaines de juillet ?

Qu'en est-il du temps pris pour intégrer les changements de ces six derniers mois ? Comment est-ce que tu vis ces transitions ? T'es-tu accordé du repos ? T'es-tu remerciée ?

Quelles sont les personnes de ta famille qui te soutiennent le plus en ce moment ? Et dont tu te sens la plus proche ?

La moitié de l'année s'est écoulée !
Quelles ont été tes opportunités professionnelles ?

As-tu atteint tes objectifs en hiver et/ou au printemps dernier ?

As-tu pris le temps de te récompenser ?
De quelle manière ?

Si non, je t'invite à aller lire la rubrique page 184 qui te reboostera et t'aidera à rester motivée !

Quel est le mot qui décrirait le mieux ces deux premières semaines de juillet ?

Une envie particulière avant la fin du mois ?

Un petit mot pour te motiver toi-même ?

14
juillet

Je suis en sécurité lorsque je reçois de l'amour.

ÉCRITURE INTUITIVE

15 juillet

Mes **émotions** quotidiennes

Ma belle âme, réalise cet exercice d'écriture pour te délester de ce qui t'entrave actuellement et créer davantage d'espace dans ton cœur.

Installe-toi dans un endroit calme avec ce livre, une feuille, un stylo, ainsi qu'une enveloppe (facultative). Prends un instant pour réfléchir à l'émotion ou aux sentiments que tu souhaites extérioriser ce soir. Identifie clairement l'émotion que tu désires explorer, qu'il s'agisse de la tristesse, de la colère, de la joie, de la peur ou autre.

Quelle émotion as-tu choisi d'explorer ce soir ?

....

....

Pourquoi ? Que t'inspire-t-elle ?

....

....

....

Y a-t-il un événement que tu as vécu aujourd'hui (ou récemment) qui a fait jaillir cette émotion de ton cœur ?

....

....

....

....

....

Écris tout ce qui te passe par la tête concernant cette émotion, ne te préoccupe pas de ton orthographe, ni de ta grammaire ni de ta syntaxe... Dépose tout comme pour te libérer d'un poids :

....

....

....

....

....

....

....

Lorsque tu as terminé, prends un moment pour te relire et observer ce que tu découvres sous ta plume. Lorsque tu es prête à clôturer cette session, remercie-toi pour ce temps accordé à ton expression émotionnelle et pose les mains sur ton cœur.

Brochettes d'halloumi-poivrons-courgettes

Parce que c'est l'été et que la saison des barbecues est officiellement ouverte, voici une alternative végétarienne et riches en bonnes protéines, ainsi qu'en nutriments *hormone friendly* ! À déguster et à partager sans réserve !

Ingrédients

- 250 g d'Halloumi coupé en cubes
- 1 poivron rouge coupé en morceaux
- 1 poivron jaune coupé en morceaux
- 1 courgette coupée en rondelles épaisses
- 2 c. à s. d'huile d'olive
- 1 c. à s. de jus de citron
- 2 gousses d'ail émincées
- Sel et poivre noir
- Herbes fraîches hachées (menthe, persil, coriandre)

Faire une marinade en mélangeant l'huile d'olive, le jus de citron, l'ail émincé, le sel et le poivre. Enfiler les poivrons, les courgettes et les cubes d'Halloumi sur des pics à brochette en les alternant. Faire dorer ces brochettes 8 min env. dans un four à 200° (ou env. 3 à 4 min. de chaque côté au barbecue).
Les retirer et laisser reposer quelques min. avant de saupoudrer (menthe, persil, coriandre).

17
juillet

La lune du tonnerre

La date de
ma nouvelle lune :

La septième pleine lune de l'année annonce les premiers orages de l'été, ceux durant lesquels il ne vaut mieux pas embarquer Outre-Mer. Elle est également connue sous le nom de lune des foins. Car cette lunaison arrive au moment où les agriculteurs tondent et sèchent le foin pour l'hiver prochain.

Généralement dans le signe du Capricorne, signe de la stabilité, l'autorité et l'ambition et six mois après le début de l'année cette lunaison marque la fin d'une époque, une transition majeure dans le quotidien. C'est comme si un projet entamé en janvier dernier prenait fin maintenant et qu'il laissait place à l'ouverture d'un tout autre chapitre. C'est un vrai bilan de mi-parcours qui se fraie un chemin jusqu'à toi.

Si une de tes grandes résolutions de l'année vient d'être atteinte (ou si tu te rapproches de cet objectif à grands pas), cette lunaison vient te saluer et te féliciter pour ce que tu as entrepris et mené à bien jusqu'à présent.

C'est aussi le moment parfait pour dresser une liste d'intentions ou planifier les prochaines semaines, voire les prochains mois. Cette lunaison t'encourage à faire le point sur tes projets professionnels en cours, à surveiller tes finances et à gagner en maturité. Elle vient t'apporter un éclairage important concernant des questions que tu peux encore te poser concernant ton travail, tes responsabilités et ton implication dans celles-ci.

Mes rituels :

- Pose tes intentions professionnelles par écrit.
- Dresse une liste d'affirmations positives.
- Fais le point sur tes finances.
- Prends quelques jours de congés.

18
juillet

ÉNERGIE VIBRATOIRE

Cartographie astrale en cancer

Je suis sensible, remplie d'amour et je mérite le meilleur.

Que tu sois née ou non sous son signe, le Cancer t'habite toujours de manière plus ou moins forte, au moins une de tes 12 maisons astrales étant dans ce signe !
Sache alors que le Cancer est une âme douce et sensible, sacrée comme la perle qui se trouve à l'intérieur de la coquille d'huître. Il sait qu'il est important de solidifier ses liens avec les membres de la famille et ceux qu'on aime retrouver au bord de l'eau lorsque le soleil se dévoile.

Quelles sont tes planètes en Cancer ?

....

....

Quelle est ta maison en Cancer ?

....

Comment ressens-tu l'énergie du Cancer en toi – au quotidien ?

....

....

Quelles caractéristiques du Cancer te corresponcent ?

Créativité	Intuition	Sensibilité	Caprice
Vulnérabilité	Susceptibilité	Empathie	

Liste les dessins animés qui ont marqué ton enfance :

....

....

....

ASTRO
LITHO

19
juillet

La célestine

La pierre idéale à poser (en forme polie ou brute) dans une chambre, dans une salle de bain ou une pièce de détente. En dehors de ses vertus de paix et de communication, elle favorise un sommeil profond.

Cette magnifique pierre bleu ciel, également appelée pierre des anges, est vectrice de paix et de tranquillité. Elle tient son nom du grec coelestis, qui veut dire « céleste ».

Elle favorise le sentiment de sécurité et invite à être pleinement soi-même en effaçant tout mirage. Elle apporte aussi réconfort lors de périodes de tristesse ou de deuil. Comme elle est connectée au chakra de la gorge, elle facilite les échanges et la communication en favorisant la compréhension de l'autre et la recherche de compromis. Petite dédicace aux artistes : cette pierre stimule l'imagination et la créativité ! Enfin, ses propriétés méditatives ne sont plus à prouver et on lui accorderait même des vertus divinatoires. Si vous en possédez une, munissez-vous-en lors de vos tirages d'oracle, de vos prédictions ou de vos méditations. Cette pierre est idéale pour les enfants ou les bébés, les personnes plus fragiles ou angoissées.

Une fois sortie de son élément naturel, cette pierre est assez sensible à l'eau et à la luminosité. Il est préférable de la nettoyer/purifier par fumigation en brûlant de la sauge ou du paolo santo ou en utilisant les vibrations d'un bol tibétain.

Ses mots-clés

- **Paix.**
- **Communication.**
- **Écoute.**

20 juillet

ASTRO YOGA

Le Cancer est un signe d'eau, il incarne la marée haute et l'océan azur. Il t'invite à plonger en toi pour nager au sein de tes propres vagues… C'est pour cela qu'il t'incite à pratiquer des postures qui rappellent le bruit des vagues.

Yoga de l'Eau

Le bateau

• Assise sur ton tapis de yoga, les jambes tendues.

Genoux pliés, soulève les pieds du sol en gainant les abdominaux → tes jambes forment un angle d'environ 90°.
Étire tes bras parallèlement au sol → hauteur des épaules → paumes tournées vers le haut.
Le dos droit, le torse ouvert et le regard dirigé vers l'avant.
Attention à ne pas t'affaisser ni à te recroqueviller.
Variante : si tu te sens à l'aise dans la posture du bateau, déplie progressivement tes genoux → jambes allongées et orteils pointés vers le ciel. Assure-toi de garder le bas du dos soutenu et de continuer à engager les muscles abdominaux.

Maintiens la posture pendant 3 à 5 respirations.

Pour sortir de la posture, baisse doucement les pieds vers le sol, détends tes bras et étire-toi (si besoin) pour libérer toute tension accumulée dans la région abdominale.

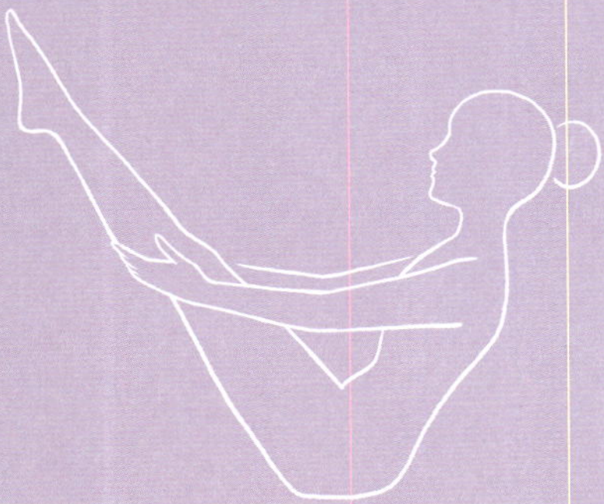

Le roi des poissons
(demi-torsion assise)

• Assise sur ton tapis de yoga, les jambes tendues.

Ta jambe droite pliée, ton pied près de ta fesse droite et ton genou pointé vers le plafond. → ton pied gauche sur le côté extérieur de ton genou droit, posé à plat sur le sol. → place ta main droite derrière toi pour te soutenir.
Inspire → allonge ta colonne vertébrale.
Expire → tourne lentement ton torse vers la gauche, ton bras gauche à l'extérieur de ta cuisse droite. Ta main gauche peut reposer sur le sol à côté de ta hanche droite ou saisir ta cheville droite.
Maintiens ta colonne droite et allongée → tourne la tête vers la gauche, en regardant par-dessus ton épaule gauche.

Maintiens la posture pendant 3 à 5 respirations.

Expire → sors de la posture doucement jambes étendues devant toi.
Répète de l'autre côté → jambe gauche pliée et torse tourné vers la droite.

La respiration Ujjayi ou la respiration océan

• En posture méditative.

Inspire profondément par le nez → gorge légèrement contractée, ventre et cage thoracique gonflés.
Expire lentement par le nez → la contraction de ta gorge maintenue.
Imagine que tu fermes et que tu ouvres une porte au fond de ta gorge ou que tu laisses uniquement de l'espace pour une petite paille. C'est la glotte qui se ferme et qui s'ouvre faiblement.
Le passage de l'air dans la gorge crée un son apaisant qui rappelle les vagues qui s'échouent sur la plage. Cette respiration t'invite à la relaxation et à l'apaisement.

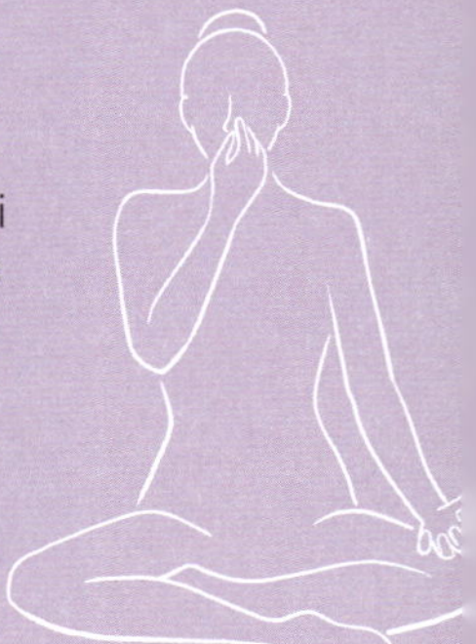

CONSEIL ET BIEN-ÊTRE

21 juillet

En mode aquatique !

Tu as un coup de blues parce que tu n'as pas pu partir en vacances cet été ? Ou tu as un coup de mou parce que tu reviens de vacances et que le train-train quotidien te mine le moral ? Ces quelques idées d'activités te permettront de profiter de l'eau et de te connecter à cet élément ressourçant sans avoir à voyager loin de chez toi !

• Pourquoi ne passer une matinée ou une après-midi à la piscine ? Tu peux réserver un cours d'aqua bike, d'aquagym ou simplement te détendre dans l'eau et te rafraîchir pendant les journées chaudes.

• Et si tu réservais une journée au parc aquatique ou au spa ? Un petit tour en toboggan ou dans le jacuzzi ? Détente assurée !

• Programme une activité nautique : si tu habites près d'un lac, d'une rivière ou d'un océan, il y a de fortes chances que tu puisses pratiquer des activités nautiques telles que le kayak, le paddleboard, le ski nautique, la planche à voile ou même la plongée en apnée. Renseigne-toi sur les locations d'équipement ou les écoles de sports nautiques dans ta région.

• Organise un jeu d'eau en famille : dans ton jardin ou dans un parc local. Installe des jeux d'eau comme des glissades gonflables, des pistolets à eau, des ballons d'eau ou un tuyau d'arrosage pour une journée amusante et rafraîchissante.

• Opte pour le yoga aquatique : c'est une pratique qui combine les bienfaits de l'eau avec les mouvements du yoga. Cherche un cours de yoga aquatique près de chez toi pour en savourer tous les bienfaits.

22
juillet

ÉCRITURE INTUITIVE

Si tu te réconciliais… avec ton féminin sacré !

En rédigeant des mots d'amour à la femme que tu es !

Lâche les armes et brandis le drapeau de l'amour envers toi-même ! Car il est temps de célébrer la déesse en toi. Cette femme brillante que tu es devenue. Si tu devais retrouver un Post-it sur ton frigo ou un petit mot de soutien et d'affection sur la table de la salle à manger… Qu'aimerais-tu y lire ?

« JE SUIS FIÈRE DE MOI »

« J'AIME CE QUE JE SUIS DEVENUE »

« JE SUIS UNE DÉESSE ! »

23
juillet

Chaque jour est une nouvelle et lumineuse aventure… riche en émotions.

La sélénite

On dit que c'est la meilleure pierre à avoir chez-soi pour éliminer les énergies négatives.

Cette pierre blanche translucide doit son nom à la déesse lunaire Séléné, fille de deux titans ; Hypérion et Théia. Elle purifie l'espace dans lequel elle se trouve, apporte la paix, le calme et la sérénité autour d'elle. Elle favorise également l'introspection et la concentration, elle est donc parfaite à utiliser et avoir auprès de soi lors d'une session de méditation. Elle stabilise les émotions et favorise un sommeil profond. Elle permettrait même de favoriser la télépathie.

Enfin, avis aux sportives : porter du sélénite durant vos exercices réduirait vos futures courbatures et autres douleurs musculaires !

La pierre sélénite est parfaite à avoir sous forme de tourelle, de sphère ou de cœur. Elle se pose dans un endroit propice à la détente, à la méditation ou au repos. Comme c'est une pierre fragile, il est très rare de la trouver sous forme de bijou.

Attention, ne passe jamais cette pierre sous l'eau car c'est une pierre qui s'effrite au contact des liquides ! Très fragile elle doit être manipulée avec précaution. Son lien avec le monde astral ne laisse aucune surprise quant à sa recharge : place-la à la lumière de la pleine lune idéalement sur une fleur de vie. Vous pouvez également la purifier et la recharger à la lumière du soleil ou par la fumigation.

Ses mots-clés

- **Purification.**
- **Sérénité.**
- **Concentration.**

ASTRO DICO

25 juillet

Les mots de la saison du Cancer

La famille et celles et ceux qu'on considère comme « membre de la famille » sont ces personnes avec qui notre âme entre en résonnance. On se comprend en un seul regard, on partage des attitudes et des habitudes similaires et parfois même des grands points communs. Cela peut être une famille de sang mais elle peut être de cœur !

Quelle est ta définition du mot :

Enfance

....

....

....

....

....

....

....

....

Emotion

....

....

....

....

....

....

....

....

Intuition

....

....

....

....

....

....

....

....

Gentillesse

....

....

....

....

....

....

....

....

Famille

....

....

....

....

....

....

....

....

Une envie de sucré ? Voici en-cas sain et parfait à déguster avec une bonne limonade ! Cette barre coco-choco est délicieuse et te transportera illico presto sur une plage paradisiaque.

Ingrédients

- 200 g de noix de coco râpée
- 200 ml de lait de coco
- 100 g de sirop d'érable ou d'agave
- 200 g de chocolat noir

Mélanger la noix de coco râpée, le lait de coco et le sirop d'érable (ou d'agave) jusqu'à obtenir une pâte homogène.
Façonner la pâte obtenue en petites barre façon Bounty et les placer 30 min au congélateur sur une plaque recouverte de papier sulfurisé.
Faire fondre le chocolat noir au bain-marie. Sortir les barres de coco du congélateur et le enrober de chocolat fondu avant de les replacer au congélateur pendant environ 1 heure.
Déguster ou conserver dans une boîte hermétique jusqu'à dégustation.

Homemade bounty (végan)

Rester motivée en 5 conseils !

Tu n'as pas atteint CE grand objectif que tu t'étais fixé en janvier dernier ? Ou alors, tu n'as atteint que 3 objectifs sur 5 et ta motivation est en berne ? Sois douce envers toi-même !

Oui, c'est normal que la motivation fluctue au fil du temps. Voici 5 petits conseils pour que tu gardes la pêche à mi-parcours :

• **(Ré)établis des objectifs clairs** : définis des objectifs spécifiques, mesurables, atteignables, réalistes et temporellement définis. Cela t'aidera à garder le cap et à savoir exactement ce que tu souhaites atteindre. (Et ce n'est pas grave si cela prend plus de temps que prévu.)

• **Crée un plan d'action** : divise ton objectif en étapes réalisables et crée un plan d'action détaillé. Avoir une feuille de route claire t'invitera à visualiser régulièrement ta progression et à rester concentrée sur les actions à entreprendre pour atteindre ton objectif.

• **Trouve une source d'inspiration** : ou plusieurs ! Identifie des modèles ou des personnes qui t'inspirent dans ton domaine professionnel (ou relationnel). Suis leurs parcours, écoute leurs discours et utilise leur succès comme source d'inspiration pour maintenir ta motivation.

• **Récompense-toi** : prévois toujours des petites récompenses pour chaque étape ou chaque objectif intermédiaire atteint. Cela te permettra de rester motivée en t'offrant quelque chose de positif lorsque tu progresses vers ton objectif final. Alors, pourquoi ne pas te récompenser tout de suite d'être à mi-parcours, ou même au tiers voire au début ?

• **Entoure-toi des bonnes personnes** : partage ton objectif avec des personnes de confiance, qu'il s'agisse de collègues, d'amis ou de membres de ta famille. Leurs encouragements peuvent jouer un rôle crucial dans le maintien de ta motivation. Aussi, ne néglige pas les groupes ou les communautés en ligne partageant des intérêts similaires pour échanger avec eux des idées et des conseils.

28
juillet

ÉCRITURE INTUITIVE

Réveiller sa Queen intérieure

La saison du Cancer est terminée, et celle du Lion vient de démarrer. Le premier signe t'invitait à te reconnecter à ton féminin, le second t'ordonne de le faire rayonner comme la star que tu es... Alors, selon toi : quelles sont les caractéristiques d'une femme accomplie ? T'en rapproches-tu ? Quelles sont les choses que tu peux mettre en place pour permettre à ta Queen intérieure de rayonner ?
Une femme accomplie, pour moi c'est... :

ASTRO LITHO

29 juillet

L'angélite

Cette pierre bleue invite à se (re)connecter à son âme et à son for intérieur, à s'aligner avec qui on est vraiment.

Son nom vient d'abord du grec *anhudros* qui signifie « sans eau », car cette pierre en est complètement dépourvue. La formulation moderne de son nom fait allusion à la plénitude qu'elle dégage, faisant également référence à l'ange gardien qui veillerait sur soi. La porter permettrait de mieux comprendre les synchronicités et les messages que l'Univers nous envoie sur notre chemin. Elle intervient sur les chakras de la gorge, du Troisième Œil et le chakra couronne pour élever la conscience et développer la spiritualité du porteur.

C'est une pierre idéale à avoir auprès de toi lorsque tu as besoin de protection, d'écoute et de communication, parfaite pour améliorer ton sommeil et rendre tes nuits plus paisibles.

L'angélite est une pierre très fragile. Si tu la portes en bijoux, veille à ne pas la heurter. Elle est davantage adaptée aux intérieurs de maisons dans lesquelles elle véhicule calme et sérénité.

Tu peux la purifier avec de l'eau (légèrement salée) et la recharger à la lumière du soleil. Pour optimiser sa recharge en énergie sous les rayons, place-la sur des quartz.

Ses mots-clés

- **Alignement**
- **Compassion**
- **Spiritualité**

30
juillet

GRATITUDE

Merci pour...

Chère étoile, le mois de juillet s'éloigne pas à pas... Et sous ses airs de vacances ou de notes estivales, de nombreuses choses se sont déroulées !

Émotions et féminité nous ont accompagnées ce mois-ci. La salutation à la lune est peut-être déjà rentrée dans tes mœurs et le plein de motivation a dû être fait pour entamer cette deuxième partie de l'année !

Mais avant cela, prends le temps de gonfler ton cœur de gratitude et de te remercier.

CHECK-UP

31
juillet

Clap de fin sur le mois de juillet !

Eh oui, déjà ! C'est le moment de dresser le bilan du mois – et le septième mois de l'année. Cette saison estivale est associée aux grandes vacances, aux retrouvailles en famille ou aux moments intimes en dehors du brouhaha de la ville. C'est une période qui invite à se prélasser près de l'eau et à faire le point sur les six premiers mois écoulés.

Quel est ton plus beau souvenir de ce mois de juillet ?

As-tu pris le temps de passer des moments en famille (famille de cœur et/ou de sang) ? Si oui, lesquels ? T'es-tu octroyé un moment au bord de l'eau à recharger tes batteries ?

Quelle a été ton plus grand accomplissement en juillet ?

Quelle a été ta leçon de vie personnelle en ce mois de juillet ? (Explique brièvement la situation et ce que tu en déduis)

Quelles ont été tes occupations favorites en juillet ?

Si tu devais décrire juillet en 3 mots, ce serait lesquels ?

Quel sera ton focus pour le mois d'août ? Pourquoi ?

Un petit mot doux à toi-même avant de débuter le nouveau mois ?

La saison du Lion

C'est la période la plus chaude de l'année – et la plus propice à la sensualité. Une saison volcanique idéale pour exposer ta facette la plus lumineuse et charismatique.

Signe royal, réputé pour gouverner le peuple avec coeur, générosité et prestige, lié à l'élément feu, dit « fixe», le Lion incarne le milieu d'été et la chaude saison estivale.

Déterminé, enthousiaste et à cheval sur les principes, il apprécie tout autant de flâner au soleil. Fier et lumineux, c'est un être qui attire les regards. Son énergie invite chacune à prendre la place qui lui revient de droit. Mais, attention ! Briller ne veut pas dire mettre autrui dans l'ombre… Bien au contraire ! comme les étoiles brillent toutes côte à côte à différentes intensités et moments de l'année, la lumière de tout être est importante – et unique.

TO-DO

01
août

Alors, douce âme, quelle sera ta place sous le feu des projecteurs ? Danse comme si ta vie en dépendait, mais ne te prends pas trop au sérieux !

Mes intentions du mois

1 Je ralentis le rythme : rien ne sert de courir après le temps.

2 Je me fais en bombe pour un rendez-vous galant ou pour une sortie entre copines parce que je suis un diamant brut.

3 Je me prends en photo/selfie ou je planifie un shooting pour me voir sous un autre angle et me trouver belle à ma manière.

4 J'offre de mon temps à une personne de mon entourage qui a besoin de mon soutien.

5 Je prends du temps pour laisser libre cours à ma créativité : peinture, tricot, dessin, photographie...

6 Je m'offre une nouvelle pierre : une pierre de soleil, une pyrite, une opale de feu...

7 Je passe du temps avec moi-même pour me (re)découvrir sous mon plus beau jour.

8 Je réalise une playlist spéciale « girl boss » avec tous les tubes qui me font me sentir puissante.

9 Je prévois un journée « bronzette » seule ou avec des amies.

10 Je (re)découvre mes placements en Lion sur mon thème astral.

02
août

Une lune pour booster sa confiance

La date de ma nouvelle lune :

La huitième nouvelle lune de l'année se déroule généralement fin juillet ou début août, dans le signe du Lion. Cette lunaison t'invite à prendre ton destin en mains, à booster ton ego, à reconstruire ta confiance en toi et à t'accorder le pardon. C'est le moment parfait pour te décharger des ondes négatives, des vieux bagages relationnels que tu traînes, de la colère, de la tristesse et de tout ce que tu as pu enfermer dans ton cœur au cours des dernières semaines.
Accorde le pardon aux autres, à ceux qui t'ont blessée et heurtée. Mais sache que ce n'est que le début d'un processus, car tu ne dois pas oublier de te pardonner à toi-même également. Pardonne à ceux qui t'ont fait du mal, tout en remerciant ceux qui t'ont fait grandir. Dis-le tout haut et apprécie le fait que tu as passé du temps, avec eux, à un moment donné pour évoluer en tant que personne et apprendre de ces événements vécus. Puis, pardonne-toi de t'être négligée, de ne pas avoir assez cru en toi, d'avoir laissé derrière toi (trop) souvent ton amour propre.
Si tu es actuellement amoureuse, alors prends un moment pour faire une belle déclaration à ton binôme et planifier un rendez-vous romantique en tête à tête. Faites un exercice ludique pour vous rappeler à l'un·e et à l'autre ce que vous aimez l'un·e ou l'autre. Et si tu es célibataire, fais-le avec un ou une amie, un frère ou une sœur… ou avec toi-même. Car tu peux totalement t'adresser une lettre d'amour à toi-même !

Rappelle-toi à quel point tu as des belles qualités et que tu as le droit de t'aimer. Brille, révèle tes atouts et fais rayonner ton feu intérieur, à la manière de la lionne qui sommeille au fond de toi. C'est le moment idéal pour libérer tout ton potentiel unique et rayonnant.

Mes rituels de compliments

- Adresse-toi une liste de compliments qui met en avant ton potentiel unique.
- Demande à ton entourage ce qu'ils aiment chez toi.
- Offre-toi un cadeau.
- Programme une séance de massage ou un jour au spa.
- Planifie un shooting photo

Dresse la liste des compliments que tu offres le plus aux autres, ainsi que la liste des compliments que tu reçois le plus souvent. Quels émotions et sentiments t'inspirent-ils ? Aimerais-tu qu'on remarque autre chose chez toi que les choses citées ou es-tu en accord avec ce qu'on dit de toi ?

Les compliments que j'offre le plus souvent aux autres et leur contexte	Les compliments que je reçois le plus souvent et les émotions que cela m'inspire

04
août

TO-DO

Ma plus grande fierté

Ce soir, je t'invite à réfléchir à ton plus grand accomplissement personnel – à ta plus grande fierté. À cette chose que tu as accomplie au cours de ta vie et dont tu es si fière... Il peut s'agir d'une réalisation importante, d'un défi que tu as surmonté, d'un objectif atteint ou d'une période de croissance personnelle significative. Laisse venir à toi les souvenirs et les émotions liés à cet événement. Après tout, c'est la saison du Lion, le moment idéal pour faire le paon.

- Munis-toi d'une feuille et de ton journal et raconte l'histoire de cet accomplissement et le parcours que tu as vécu, en expliquant les étapes que tu as franchies, les défis que tu as surmontés et les leçons que tu as apprises en cours de route. Sois aussi précise que possible pour te rappeler les détails et les moments importants.

- Prends le temps d'exprimer les émotions que cet accomplissement a suscités en toi. Était-ce de la joie, de la fierté, de l'euphorie, du soulagement, de la gratitude ou une combinaison d'un peu de tout ? Décris comment tu te sentais à ce moment-là, mais aussi comment tu te sens maintenant en repensant à cet accomplissement.

- Réfléchis à l'impact de cet accomplissement sur ta vie. Comment cela t'a-t-il changée en tant que personne ? Quelles leçons as-tu tirées de cette expérience ? Qu'est-ce que cela a apporté de positif dans ta vie... voire dans la vie des autres ?

- Écris quelques phrases pour te féliciter. Exprime ta gratitude envers toi-même, ainsi qu'envers les personnes qui t'ont soutenue tout au long de ce parcours.

Relis ce que tu as écrit dès que tu as besoin de (re)prendre confiance en toi et d'être fière de la belle âme que tu es.

PRÉDICTION

05
août

Retour
d'expérience...

Un tirage pour synthétiser quelles leçons tirer de cet été. Ce tirage à trois cartes t'invitera à faire une légère rétrospective des derniers événements pour en déduire les meilleurs enseignements ! Elles te permettront aussi de te projeter dans cet été (qui est loin d'être fini !). Enfin, elles t'apporteront de doux conseils et t'inviteront à poser une intention pour le reste de la saison.

Cette carte t'invite à visualiser les enseignements et les leçons que tu peux tirer de ton été. Qu'as-tu appris au cours de ces dernières semaines sur toi-même, tes relations et ta situation professionnelle ?

Cette carte t'invite à visualiser ta situation « estivale » du moment. Elle peut avoir un effet miroir concernant tes émotions du moment et te permettre de poser des mots sur tes ressentis.

Cette carte t'invite à poser une intention pour le reste de l'été et/ou pour la saison prochaine qui approche, pas à pas... Réfléchis à la manière dont tu peux appliquer cela dans ton quotidien pour être en phase avec tes envies et besoins du moment.

06
août

MÉDITATION

Ta propre **lumière**

**Trouve un endroit où
tu ne seras pas dérangée.
Quand tu restes dans
ta lumière, tout est possible.
Savoure sa richesse.**

En cette saison dédiée à la vitalité et au rayonnement personnel, c'est le moment rêvé pour t'initier à la salutation au Soleil, luminaire qui gouverne le signe du Lion, et pour célébrer symboliquement ton propre soleil intérieur. Voilà les premières postures.

Les premières postures de la salutation au **soleil**

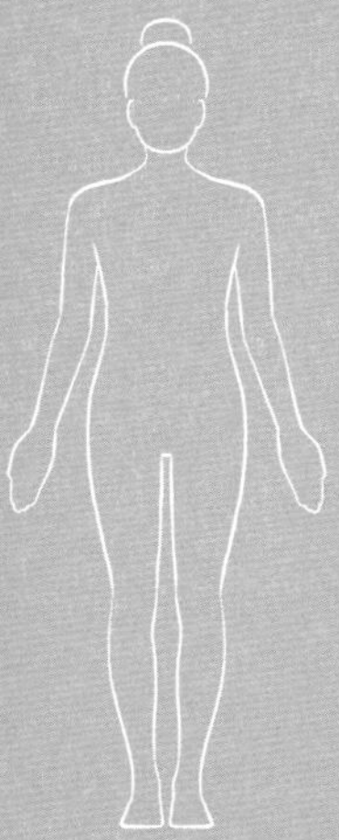

De la montagne au cobra

• Dans la posture de la montagne.

Inspire → tes bras vers le ciel, paume l'une contre l'autre.
Sur une expire → abdomen posé lentement sur tes cuisses, les jambes droites. → Essaie de toucher tes orteils avec tes mains. Si cela est difficile, plie légèrement les genoux. → Tu es en posture de la pince.
Sur une inspire → pied droit en arrière d'un grand pas, genou droit abaissé au sol.
Les bras au-dessus de ta tête, en regardant vers le haut → Tu es en posture du cavalier.
Mains à plat sur le sol. → recule avec tes jambes en position de planche, les mains directement sous les épaules, les doigts écartés pour une bonne stabilité. → Le corps doit former une ligne droite des talons à la tête.

• Depuis la planche.
Expire → genoux sur poitrine et menton au sol → les hanches surélevées.
Inspire → poitrine vers l'avant et torse soulevé → les mains et les pieds en appui.
Les épaules sont détendues et loin des oreilles → Tu es dans la posture du cobra.

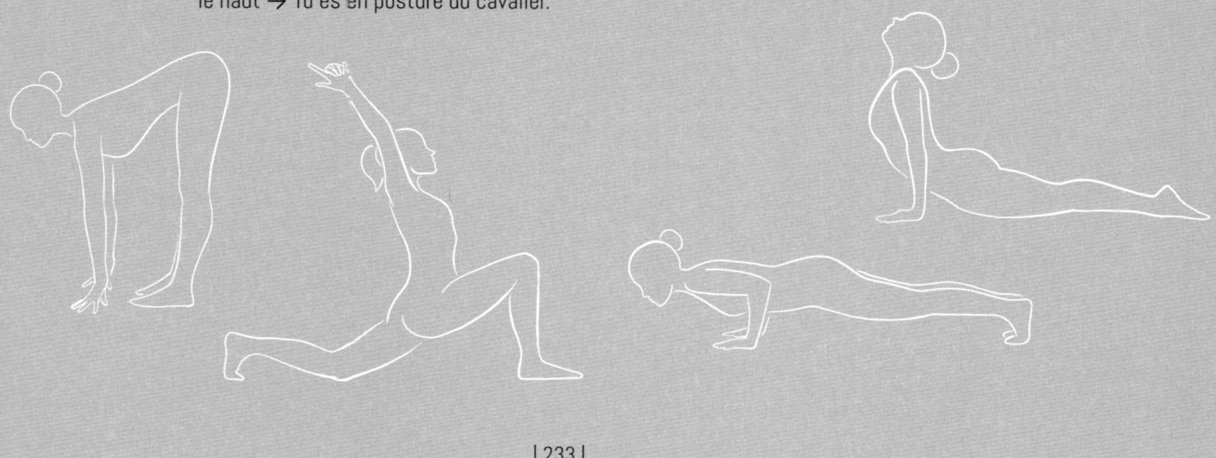

Aujourd'hui nous continuons notre apprentissage de la salutation avec les postures restantes ! Reconnecte-toi à ta part la plus solaire...

Le deuxième cycle de la salutation au soleil

Du cobra à la montagne

En position du cobra, sur une expire, soulève le bassin vers le ciel pour former un V inversé. Les talons peuvent toucher le sol, mais si cela est difficile, tu peux les garder légèrement relevés et plier légèrement les genoux. Tu es en **chien tête en bas**.

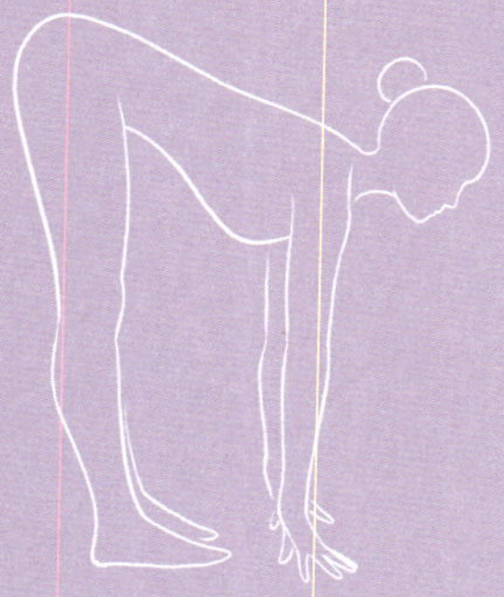

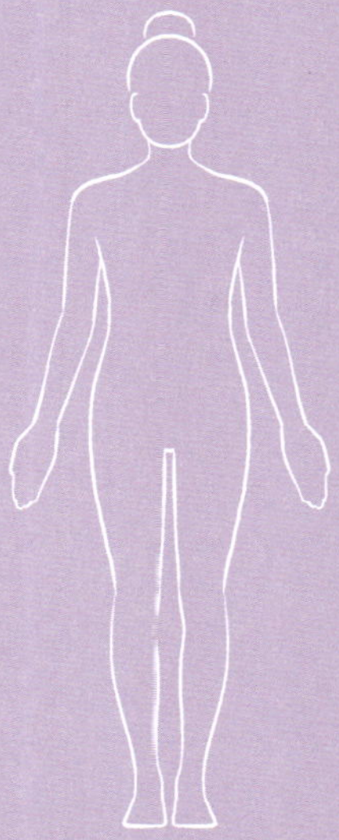

Inspire → lève la jambe droite vers le ciel → avance avec ton pied droit entre tes mains → abaisse ton genou gauche au sol. → Lève les bras au-dessus de ta tête → regard vers le haut.
En expire → pose doucement tes mains sur le sol → reviens en flexion avant (posture de la pince) → les mains au sol → le pied droit près du pied gauche. → fléchis légèrement les genoux si nécessaire.
Inspire → lève les bras au-dessus de ta tête → étire ton corps vers le ciel → incline légèrement ton dos en arrière.
Expire → ramène tes bras le long du corps → reviens en position debout.

Tu as clôturé un cycle complet de la Salutation au Soleil. Tu peux le répéter autant de fois que tu le souhaites. Cette séquence est parfaite à réaliser le matin lorsque tu souhaites énergiser ton corps ou à n'importe quel moment de la journée, pour te connecter plus profondément à l'énergie du feu, à ton masculin... et à l'astre solaire.

Les aliments et le cœur

Douce âme, en ce mois d'août, gouverné par l'énergie du solaire Lion, le focus alimentaire est consacré aux aliments qui font du bien au système cardiovasculaire ! Car ce signe de feu est lié au cœur et au système sanguin. Ces aliments font du bien à ta santé et stimulent le centre de ton corps.

Les poissons gras (comme les saumons, maquereaux, sardines, truites...) sont riches en acides gras (oméga-3), qui ont des effets bénéfiques sur la santé cardiaque. Ils peuvent aider à réduire l'inflammation, à abaisser la pression artérielle tout en améliorant le taux de cholestérol.

Les légumes à feuilles vertes (épinards, chou frisé, roquette et bien d'autres légumes...) sont riches en vitamines, minéraux et antioxydants et favorisent la bonne santé cardiaque. C'est également une bonne source de fibres.

Les baies (et donc les fraises, myrtilles, framboises, mûres...) sont riches en antioxydants, en fibres et en flavonoïdes, et aident à réduire le risque de maladies cardiovasculaires. Elles sont également faibles en calories et en sucre, c'est tout bénéf !

Les légumineuses, je ne te parlerai jamais assez des bienfaits des lentilles, des haricots, ou encore des pois chiches ! Sources de fibres, protéines et nutriments bénéfiques pour plein de choses... et aussi pour la santé cardiaque. Ces aliments t'aident notamment à contrôler la glycémie et à réduire le taux de cholestérol.

Les noix (amandes, noix, noisettes et les noix de cajou) sont riches en acides gras insaturés, en fibres et en antioxydants et peuvent contribuer à réduire le risque de maladies cardiovasculaires. Une poignée de noix par jour et un cœur en bonne santé pour toujours !

Les avocats, gras ? Oui, mais riches en graisses monoinsaturées, en fibres et en antioxydants, ils améliorent ton taux de cholestérol et réduisent toute inflammation. C'est une bonne source de potassium, qui peut contribuer à maintenir une tension artérielle saine.

Les graines de lin sont riches en oméga-3 et en fibres qui peuvent aider à réduire l'inflammation, à abaisser la pression artérielle et à améliorer les taux de cholestérol. À toi d'en ajouter à tes petits en-cas sains ou petits-déj !

Les tomates sont riches en lycopène, un antioxydant associé à une réduction du risque de maladies cardiovasculaires. Elles sont également une bonne source de vitamines, minéraux et fibres. Tu reprendras bien de la caprese (voir p. 156) en cette période estivale ?

10
août

ASTRO LITHO

La pierre de soleil

Une pierre qui favorise les rencontres et la bonne entente amicale.

Aussi appelée héliolite (en rapport avec Hélios, le dieu du soleil), cette sublime pierre reflète les rayons du jour et est réputée pour apporter joie, gaieté et optimisme. Désinhibante, elle chasse les complexes et la timidité. Elle permet aussi de gagner en confiance en soi en stimulant l'action plutôt que la réflexion. Elle est également utile pour combattre le stress, réduire les phobies, les déceptions et les coups de mou. Elle symbolise la puissance par excellence !

La pierre de soleil peut se porter (en bijou ou pierre roulée) et se « programmer » en posant une intention puissante concernant ton masculin sacré – ou un objectif du moment. Tu peux aussi la poser dans une pièce « de vie » comme un salon, une salle à manger, une cuisine... et pourquoi pas un bureau ! Un endroit où tu as besoin de diffuser des énergies positives.

Attention, la pierre de soleil ne se purifie pas à l'eau salée qu'elle ne tolère pas, mais à l'eau pure ! Un bain de 4 à 5 heures permet de bien la nettoyer avant de la recharger, bien entendu, aux rayons du soleil.

Ses mots-clés

- **Joie.**
- **Vitalité.**
- **Action.**

ÉCRITURE INTUITIVE

11 août

La part du bonheur

Imagine le bonheur simple comme une tarte.

Chacune des parts de ce grand gâteau représente une activité, une personne ou un lieu qui te rend heureuse. Divise la tarte en autant de parts qu'il faut et note (ou colle des images) sur cette feuille les choses qui nourrissent ton cœur et ton être !

Combien de temps tu accordes à chacune des parts de cette tarte sur ta semaine ?

Y a-t-il des ajustements à faire ? Y a-t-il des parts supplémentaires que tu aimerais ajouter ?

Ou des choses que tu souhaiterais modifier, voire retirer ?

12
août

ÉNERGIE VIBRATOIRE

En astrologie, le signe solaire est le premier élément connu de ton thème astral, car c'est, en réalité, tout simplement ton signe astrologique.

Le soleil et le signe solaire

Le savais-tu ?

Le Soleil est l'astre qui gouverne l'énergie du Lion. Ce luminaire incarne l'énergie du soi, de la vitalité et du rayonnement personnel. Sur ta carte du ciel, elle représente le placement du soleil lors du jour de sa naissance. Dans la mythologie, le soleil est incarné par le frère de la trinité lunaire, Hélios ou Apollon. Cet être sublime qui illuminait les autres dieux et déesses par sa beauté.

Le signe solaire est très important, car il est considéré comme un tiers de ta personnalité, tout comme le signe lunaire et le signe ascendant. À eux trois, ils forment la Grande Trinité astrale nous livrant d'importantes indications te concernant. Le signe solaire incarne tes habitudes, ton énergie et tes objectifs de vie, c'est un peu la face « visible » de l'iceberg, ce que toute personne qui te rencontre a le loisir de déceler et de percevoir dès la première rencontre.
Sur un tout autre plan, le Soleil représente l'incarnation de ton énergie masculine : le genre d'être que tu es, la manière dont tu prends des actions et des décisions au quotidien et comment tu réagis face à une situation de survie. Sur le thème d'un homme, cela incarne son rôle d'homme et de père.

Le placement du Soleil sur ton thème astral indiquera dans quel quel/s domaine/s tu déploies ton essence profonde, ton toi authentique et ta personnalité. Cela peut aussi indiquer le type de tempérament que tu as et comment les autres te perçoivent.

Sur ton thème astral, dans quel signe se trouve ton Soleil ?

Sur ton thème astral, dans quelle maison se trouve ton Soleil ?

Qu'est-ce que tu en déduis par rapport à ton comportement quotidien, tes objectifs et tes habitudes ?

Je rayonne d'un amour inconditionnel.

14
août

CHECK-UP

Un point c'est toi !

Après ces deux premières semaines d'août...

Comment te sens-tu, vraiment ?

Qu'as-tu réussi à mettre en place, pour gagner en confiance en toi, en seulement deux semaines ?

Est-ce que tu as pris du temps pour te célébrer ? T'accorder des compliments et des mots doux ? Quels sont ces mots d'amour que tu t'adresses au quotidien ?

Quelles sont les personnes qui t'inspirent le plus en ce moment ? (Qu'elles fassent partie de l'entourage ou soit des idoles...) En quoi t'inspirent-elles ?

Quel est ton meilleur souvenir de ce début d'été ?

Quel est le mot qui décrirait au mieux ces deux premières semaines d'août ?

Une envie particulière avant la fin du mois d'août ?

Un petit mot pour te motiver toi-même ?

ASTRO YOGA

15 août

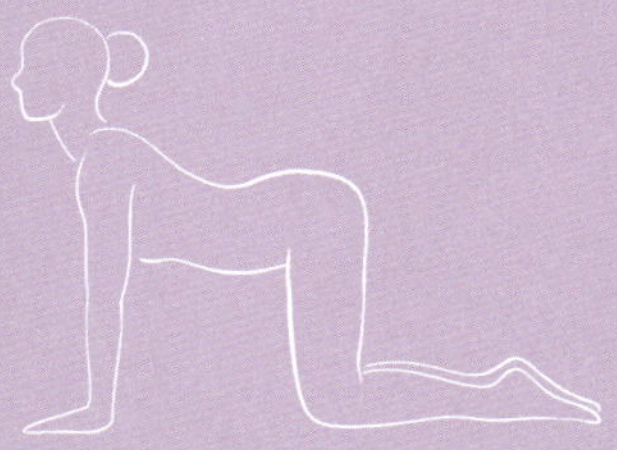

Le Lion est un signe de feu, il incarne le zénith et le rayonnement personnel. Il t'invite à illuminer le chemin de chaque personne que tu croises au quotidien et à (r)éveiller la lionne qui sommeille en toi – qui fait les choses avec sérieux sans se prendre au sérieux. Et si on testait une pratique lionesque ?

Yoga du Feu

Le chat-vache

- À quatre pattes.
- Mains alignées aux épaules et genoux alignés aux hanches.
- Tête droite dans le prolongement de la colonne vertébrale.

En inspirant → crochète tes orteils contre ton tapis → cambre le bas du dos, ouvre le thorax → rapproche tes omoplates l'une de l'autre → lève le menton vers le ciel en étirant la gorge, ventre dirigé vers la terre.
En expirant → plaque le dos des pieds contre le sol → enroule ta colonne vertébrale vers le ciel, le bassin rentré vers l'intérieur, le thorax fermé, les omoplates écartées l'une de l'autre, la tête relâchée → regarde vers ton nombril menton sur ta gorge.

À répéter 3 à 5 fois.

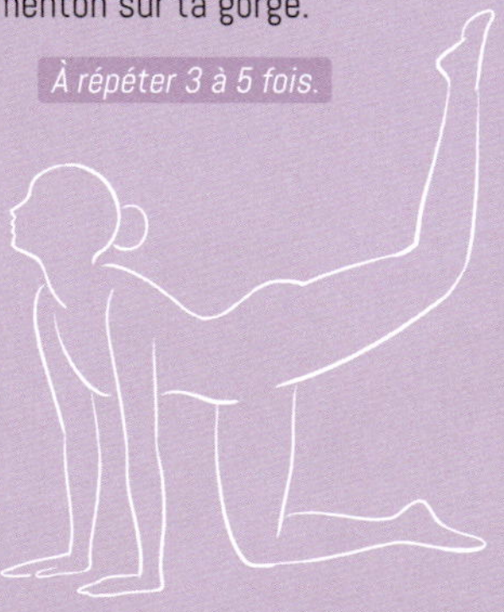

Le tigre

- À quatre pattes

Les abdominaux et le centre du corps engagés → maintiens une base solide. → Inhale profondément. Expire → lève la jambe droite vers le ciel, parallèle au sol, tout en gardant le pied fléchi. Allonge le bras gauche vers l'avant, en gardant les épaules parallèles au sol, bras et jambes alignés horizontalement → maintiens cette position pendant quelques respirations profondes, en gardant ton équilibre et en étirant la colonne vertébrale. Inspire → plie le genou droit et pointe les orteils vers le ciel → abaisse l'avant-bras gauche vers le sol en gardant le dos droit et la nuque alignée avec la colonne vertébrale → regarde droit devant toi.

Bonus

pour aller plus loin dans la posture, tu peux aller chercher ta cheville droite avec ta main gauche et faire une légère torsion en équilibre. Reste dans cette posture pendant 3 à 4 respirations profondes, en ressentant la force et la puissance du tigre.

Reviens à la position de départ : ramène lentement le genou droit vers le sol → à cuatre pattes. Prends une pause → respire profondément.

Répète la posture en inversant les côtés → le genou gauche et l'avant-bras droit soulevés.

Le Lion

- Assise.
- Genoux pliés écartés à la largeur des hanches et fesses posées sur les talons. (Tu peux placer un coussin sous les fesses si tu es plus à l'aise ainsi).

Place tes paumes sur tes genoux, les doigts bien étendus et les bras légèrement tendus. Prends une profonde inspiration par le nez, en remplissant ton abdomen d'air. Expire → ouvre grand la bouche en tirant la langue vers l'extérieur aussi loin que possible. Élargis les yeux et ouvre grand les paupières. En même temps, contracte les muscles du visage, en ridant le front, en relevant les sourcils et en contractant les muscles autour des yeux. → exhale puissamment par la bouche en faisant un son « haaa » tel un rugissement de lion. Laisse la sensation de libération et de relâchement se propager dans tout ton corps. → Répète 3 à 5 fois, en relâchant complètement les tensions. → Reviens à une respiration normale et détends ton visage. Après avoir terminé les répétitions, reviens à une respiration normale et détends ton visage. Cette respiration t'invite à relâcher toute tension (surtout au niveau du visage, de la mâchoire et de la gorge) et à décomplexer en splendeur !

ASTRO LITHO

La pyrite

La pierre anti-procrastination par excellence !

Cette pierre servait autrefois à faire du feu, comme son nom l'indique, mais également à réfléchir la lumière. Elle faisait alors office de « miroir ». Aujourd'hui la pyrite est utilisée pour activer le « feu » à l'intérieur de soi et booster la productivité. En effet, elle favorise le sens de l'organisation et la concentration. Elle aide également à s'affirmer et à prendre sa place comme il se doit.

La pyrite est la pierre parfaite à avoir (en forme polie ou brute) dans un bureau ou un espace de travail. Elle peut également se porter en bijou (bracelet, collier...) au quotidien ou dès que tu as besoin d'un coup de boost.

Étant donné que c'est une pierre liée à l'élément du feu, purifie-la via la fumigation (encens, sauge) ou via la visualisation. Puis recharge-la à la lumière du Soleil. Tu peux aussi simplement la déposer sur une fleur de vie.

Ses mots-clés

- **Organisation**
- **Productivité**
- **Affirmation**

MOON BOARD

17 août

La lune rouge

La huitième pleine lune de l'année annonce la période la plus caniculaire. Sa teinte rouge est due au soleil couchant de l'été. Mais cette lune fait aussi référence à l'abondance. Elle est donc également connue sous le nom de lune d'orge. Car c'est à cette époque que les agriculteurs récoltaient l'orge.

La date de ma nouvelle lune :

Généralement cette lunaison se déroule dans le signe du Verseau, signe qui représente la liberté, la fraternité, la sororité et le partage. Une lunaison dans ce signe aérien et idéaliste inspire un souffle de renouveau, un air de liberté et une bouffée d'indépendance. Toutes les émotions sont amplifiées en cette fin d'été qui se profile à l'horizon… et les insomnies peuvent également être de la partie. Car tes songes tournent en boucle dans ta tête, à la recherche de la moindre inspiration pour créer de nouveaux projets dès la rentrée qui approche doucement, mais sûrement. C'est le moment de laisser tomber les regrets et d'arrêter de regarder en arrière. Ce qui est fait est fait, c'est immuable. Mais ce qui n'est pas encore arrivé ne te réserve que de belles surprises ! L'énergie aérienne et créative de cette lunaison en Verseau t'invite à te tourner vers le futur. De prendre conscience de tout ce que tu peux entreprendre dès maintenant pour te créer ton propre « happy end » dans les prochains mois ! C'est le moment de mettre en place des changements externes en cohésion avec les changements internes, au fond de toi. Prends le temps de dresser la liste de tes gratitudes et d'exprimer ta reconnaissance envers les petites choses de la vie.

Mes rituels :

- Pars en randonnée.
- Crie en pleine nature (ou dans un coussin), extériorise tout ce que tu contiens au fond de toi depuis des semaines, voire des mois.
- Rédige une lettre sur ce que t'inspire la notion de « futur ».
- Fais une rétrospective de ton été via un album photos.

18
août

ÉNERGIE VIBRATOIRE

Cartographie astrale en Lion

Je suis aimante, aimée et généreuse.

Que tu sois née ou non sous son signe, le Lion t'habite toujours de manière plus ou moins forte, au moins une de tes 12 maisons astrales étant dans ce signe ! Sache alors que le Lion est une âme fédératrice qui gouverne sur son peuple avec cœur. Ce signe sait que sans les autres il n'est rien, et que sans sa précieuse lumière, les autres seraient plus souvent dans l'ombre. Il ne cherche pas à devenir meilleur qu'autrui, mais à devenir une meilleure version de lui-même, jour après jour.

Quelles sont tes planètes en Lion ?

....

Quelle est ta maison en Lion ?

....

Comment ressens-tu l'énergie du Lion au quotidien ?

....

....

....

Quelles caractéristiques du Lion te correspondent ?

Générosité	Leadership	Narcissisme	
Charisme	Fierté	Exigence	Drama

Liste les stars qui t'inspirent au quotidien :

....

....

....

....

....

....

ECRITURE INTUITIVE

19 août

Les rôles de ta vie

Douce âme, sais-tu que le Lion incarne l'énergie du spectacle ? C'est le parfait moment pour te mettre sur le devant de la scène et briller pour les différents rôles que tu joues au sein du grand théâtre de la vie. Après tout, c'est toi le personnage principal de ton histoire ! Et des rôles, tu en joues bien plus d'un sur la journée : épouse, compagne, fille, sœur, mère, amie, au travail, etc.

Note tous ces rôles, observe ceux dans lesquels tu aimerais t'investir davantage et ceux dans lesquels tu souhaites t'investir moins ! Pourquoi et quelles sont les actions concrètes à mettre en place pour ne plus te sentir lésée ? Comment te décharger des obligations pour t'accorder davantage d'instants de connexion et de reliance à celle que tu es vraiment ? Comment t'améliorer et t'épanouir dans tes rôles au théâtre de la vie ?

Mes rôles du quotidien	Les rôles auxquels j'aspire

20 août

ASTRO FOOD

Frites de courgettes et chou-fleur balls et sauce grecque

Quoi de mieux que d'allier plaisir et bons nutriments ? Une envie de frites, mais il fait trop chaud… Alors pourquoi ne pas opter pour des frites fraîches et croustillantes avec une sauce magique ! Tu testes ?

Ingrédients

- 2 courgettes taillées en batônnets
- 1 chou-fleur en petits bouquets
- ½ tasse de chapelure
- ¼ tasse de parmesan râpé
- 1 c. à c. d'assaisonnement italien (ou mélange d'herbes de Provence)
- ½ c. à c. d'ail en poudre
- Sel et poivre
- 2 œufs battus
- ½ tasse de yaourt grec nature
- Le jus d'½ citron
- 1 c. à s. de ciboulette fraîche hachée
- 1 c. à s. de persil frais haché
- Sel et poivre

Mélanger la chapelure, le parmesan râpé, l'assaisonnement italien, l'ail en poudre, le sel et le poivre. Tremper chaque bâtonnet de courgettes et bouquet de chou-fleur dans les œufs battus, puis enrober du mélange de chapelure.
Placer les légumes sur une plaque de cuisson recouverte de papier sulfurisé et enfourner 15 à 20 min. env. dans un four préchauffé à 220°C.
Préparer la sauce en mélangeant le yaourt grec, le jus de citron, la ciboulette, le persil, le sel et le poivre dans un bol.
Servir les légumes chauds avec la sauce.

21
août

Booster sa confiance !

C'est bien beau de scander *I woke up like this* en cette saison du Lion, de s'offrir un bouquet de fleurs parce que *I can buy myself flowers* ou encore de dire fièrement que tu es une Girl on Fire, mais il faut avouer qu'il y a des jours « sans » où l'estime de soi est au plus bas. Eh oui : la confiance en soi est un long processus ! Alors voici quelques petites choses à (re)faire lorsque tu as besoin de briller de confiance en toi.

1. Identifie et valorise tes forces.

Prends le temps de réfléchir à tes compétences, tes talents et tes qualités. Exemplifie-les en rédigeant une liste de tes réussites passées et des moments où tu as brillé. Cela peut être dans ta vie personnelle, tes études, ta carrière ou même tes loisirs. En te concentrant sur tes forces, tu renforces ton estime de toi et tu prends davantage conscience de tes capacités.

2. Fixe-toi des objectifs réalisables.

On en a déjà parlé à plusieurs reprises, mais je te le répète : établir des objectifs clairs et réalisables est un excellent moyen de renforcer ta confiance en toi. Décompose tes objectifs en étapes plus petites et fixe-toi des délais réalistes pour les atteindre. Lorsque tu réalises ces petites victoires, tu te prouves à toi-même que tu es capable de réussir. Tu es capable de tout – mais en respectant ton timing intérieur.

3. Sors de ta zone de confort.

La confiance en soi se développe grandement lorsque tu fais face à tes peurs et que tu les surmontes. Essaie de nouvelles choses, prends des risques (calculés)... même si cela te semble intimidant au départ. Chaque fois que tu sors de ta zone de confort et que tu réussis, tu te prouves à toi-même que tu es capable de relever des défis. Et pas des moindres ! Cela élargit tes limites et te permet d'entrevoir de nouvelles perspectives.

SOIS PATIENTE AVEC TOI-MÊME ET CÉLÈBRE CHAQUE PROGRÈS, MÊME LES PLUS PETITS ! AU FIL DU TEMPS, TU OBSERVERAS TA CONFIANCE EN TOI GRANDIR ET S'ÉPANOUIR COMME UNE FLEUR AU SOLEIL.

22
août

ASTRO LITHO

L'héliodore

Une pierre qui favorise la spontanéité et le dynamisme en chassant toute mauvaise onde.

Son nom fait bien évidemment référence au Soleil « Hélios » (tout comme l'héliolite, la pierre de soleil, p. 248), elle le tient de sa jolie couleur jaune doré qui rappellent les belles journées ensoleillées. Elle diffuse la joie, l'optimisme et elle permet de prendre davantage d'initiatives et de sortir de sa zone de confort, grâce au shot de confiance en soi qu'elle apporte. Elle aide aussi à affiner sa capacité d'adaptation et à communiquer librement en toute authenticité.

L'héliodore est une pierre parfaite à avoir sous forme de bijou. Notamment en pendentif pour la rapprocher du chakra du plexus solaire qu'elle stimule au quotidien, mais aussi en bracelet ou en bague pour contempler cette pierre dès que tu as besoin d'un petit coup de boost.

L'héliodore se purifie à l'eau de source et se recharge soit quelques heures sous les rayons du soleil soit toute une nuit sous ceux de la lune. Tu peux aussi simplement la déposer sur une fleur de vie, un amas de quartz ou la purifier via la fumigation.

Ses mots-clés

- **Confiance.**
- **Rayonnement.**
- **Joie.**

Je brille
de mille feux,
comme
un mini soleil.
Je (re)connais
ma propre
lumière
et (re)nais
à travers elle.

24
août

ÉCRITURE INTUITIVE

Vibrer de lumière...

En cette fin d'été, prends le temps de t'honorer et de contempler ta propre lumière... Parce que oui, tu es une sublime étoile parmi d'autres !

À quel moment (ou en faisant quelle activité), tu te sens le plus toi-même ?

....

....

....

Quelle est la chose que tu aimerais que les gens sachent de toi ou se souviennent de toi après t'avoir rencontrée ?

....

....

....

Y a-t-il quelqu'un dont tu souhaites secrètement l'approbation ? Qu'est-ce que cette approbation changerait au sein de ta vie ?

....

....

....

Qu'est-ce que tu recherches comme type de sentiments et d'émotions au quotidien ?

....

....

....

Pour quelles causes te bats-tu au quotidien ?

....

....

....

À quel moment ou via quel geste ou quelle petite attention te sens-tu aimée par autrui ?

....

....

....

Quelle est l'activité qui te donne confiance en toi ?

....

....

....

Quelle est la tenue dans laquelle tu te sens rayonner ?

....

....

....

Prends un petit moment pour te faire un câlin et te serrer toi-même dans tes bras. Tu es une lumière.

Laissons entrer le soleil !

La rentrée approche à grands pas… Mais ce n'est pas pour ça que l'été est terminé ! Profite donc des rayons du soleil et des températures clémentes jusqu'au bout. Voilà quelques idées d'activités à planifier dans ton agenda pour célébrer le coucher du soleil ou partager de beaux moments avec tes proches.

1 **Le pique-nique au parc.** Organise un pique-nique en plein air avec tes amis ou ta famille. Choisis un parc agréable, apporte une ou plusieurs couvertures, de délicieuses collations (ou choisis l'option « auberge espagnole » pour encore plus de fun), du thé glacé, du mousseux et profite du beau temps tout en savourant un repas en plein air.

2 **La randonnée.** Profite des températures clémentes pour partir en randonnée. Trouve une belle balade à proximité, que ce soit en montagne, en forêt ou le long de l'eau. C'est une excellente façon de te reconnecter avec la nature avant l'arrivée de l'automne.

3 **La fête de quartier.** Renseigne-toi sur les événements locaux et les fêtes de quartier organisés à la fin de l'été. Cela peut inclure des traditions locales, des concerts en plein air, des brocantes, des feux d'artifice, etc. C'est une occasion de rencontrer des personnes de ta communauté – et qui partagent les mêmes centres d'intérêt que toi.

4 **La journée à la plage.** Que tu l'aies déjà fait ou pas au cours de cet été, une fois de plus n'est jamais de trop ! Profite des derniers jours de soleil, nage, fais du bronzage, joue au beach-volley ou simplement détends-toi en lisant un livre.

5 **Le camping.** Planifie une escapade en camping pour profiter de la beauté de la nature. Que ce soit en camping sauvage ou dans un camping aménagé, cela te permettra de passer du temps à l'extérieur, de te balader, de réaliser un feu de camp et de profiter d'un lieu ressourçant en bonne compagnie.

Tiramisu fraise-framboise (végan)

Voici un superbe dessert qui illustre parfaitement la Pleine Lune Rouge – de désir – du mois le plus chaud de l'année. Une vraie cerise sur le gâteau d'un des plus beaux mois de l'année. Tu en reprendras bien une part, non ?

Ingrédients

- 200 g de biscuits à la cuillère vegan
- 250 g de framboises fraîches
- 250 g de fraises fraîches
- 400 g de tofu soyeux
- 200 ml de lait végétal (amande, coco ou vanille)
- 4 c. à s. de sirop d'érable
- 1 c. à c. d'extrait de vanille
- 1 c. à s. de jus de citron
- Cacao en poudre

Laver les fruits et en réserver la moitié.
Mixer les fruits restants en ajoutant le tofu soyeux, le lait végétal, le sirop d'érable, l'extrait de vanille et le jus de citron jusqu'à obtenir une consistance lisse et crémeuse.
Dans un plat rectangulaire, disposer une première couche de biscuits à la cuillère. Imbiber légèrement de lait végétal et répartir une partie du mélange. Disposer une couche de framboises et de fraises sur le mélange crémeux. Répéter de manière à créer une deuxième couche. Terminer par une dernière couche de mélange crémeux. Couvrir le plat de tiramisu d'un film alimentaire et placer au réfrigérateur 4 h mini. (idéalement toute la nuit). Avant de servir, décorer le tiramisu avec des framboises et des fraises réservées, et saupoudrer de cacao en poudre.

ÉCRITURE INTUITIVE

27 août

Un été pour tout changer

L'été est toujours une saison riche en rebondissements et en grandes résolutions concernant la vie relationnelle et professionnelle. Parfois, entre juin et septembre, les plus grandes transitions s'enclenchent et les plus grands succès s'accomplissent !

Tu le sais, au fond de toi, tu n'es plus la même personne que celle que tu étais avant le solstice d'été. Alors, prends un moment pour célébrer toutes les choses positives qui se sont déroulées en l'espace de deux mois. Liste ici tes succès, tes bonheurs et tes plus beaux souvenirs d'été :

28
août

ASTRO
DICO

Les mots de la saison du **Lion**

L'amour de soi est l'amour qu'on ressent lorsqu'on est bien avec soi, qu'on se soutient et qu'on devient sa meilleure alliée au quotidien. On est capable de reconnaître autant ses forces que ses faiblesses et de les accepter totalement, sans jugement, juste avec amour.

Quelle est ta définition du mot :

Plaisir

Ego

Loisir

Amour de Soi

Lumière

L'opale de feu

Une pierre qui permet de garde la forme en toute circonstance.

Symbole de purification, cette pierre rappelle, par sa couleur, les flammes des volcans les plus ardents. Elle développe la créativité et booste la confiance en soi. Réputée également pour favoriser l'optimisme, elle est liée au chakra racine. Elle stimule l'instinct de survie et protège contre le danger, tout en (ré)activant les désirs les plus subtils. Enfin, elle encourage à aller vers les autres, à nouer des liens, et à profiter de l'instant présent.

Tu peux garder cette pierre auprès de toi, dans un sac, dans une poche ou la poser dans une pièce dans laquelle tu as besoin de ressentir ses énergies (bureau, salle de séjour…). Tu peux aussi la porter en bracelet.

Étant donné que c'est une pierre liée à l'élément du feu, purifie-la via la fumigation (encens, sauge) ou via la visualisation. Puis recharge-la à la lumière du soleil. Tu peux aussi simplement la déposer sur une fleur de vie.

Ses mots-clés

- **Créativité.**
- **Optimisme.**
- **Désir.**

30
août

GRATITUDE

Merci pour…

Chère étoile, le mois d'août se termine pas à pas… Si nous avons profité de l'été qui brille encore, nous nous rapprochons à grands pas de la rentrée.

Qu'à cela ne tienne, nous avons rechargé nos batteries, boosté notre confiance, vibré de fêtes et de partage !

C'est le moment de gonfler ton cœur de gratitude et de te remercier.

CHECK-UP

31
août

Clap de fin
sur le mois d'août

Cette saison estivale évoque la fin des vacances d'été mais elle a été aussi évocatrice de repos, d'accalmie et de soleil. C'est une période d'abondance, de richesse, qui fait écho aux grandes récoltes dans le secteur de l'agriculture. Il y a davantage d'espace pour l'expression des passions et pour la célébration de la vie. La voilà déjà terminée ! C'est le moment de dresser le bilan du mois – le huitième de l'année.

Quel est ton plus beau souvenir de ce mois d'août ?

As-tu pris le temps de te chouchouter ? De te placer en priorité et de rayonner ? De prendre la place qui te revient de droit au niveau professionnel et relationnel ?

Quelle a été ton plus grand accomplissement en août ?

Quelle a été ta leçon de vie personnelle en ce mois d'août ? (Explique brièvement la situation et ce que tu en déduis)

Quelles ont été tes occupations favorites en août ?

Si tu devais décrire août en 3 mots, lesquels seraient-ils ?

Quel sera ton focus pour le mois de septembre ? Pourquoi ?

Un petit mot doux à toi-même avant de débuter le nouveau mois ?

La saison de la Vierge

L'énergie de cette fin d'été t'invite à réveiller ta déesse intérieure et à affirmer ton plein potentiel tout en profitant des derniers rayons du soleil.

Signe intellectuel, lié à l'élément terre, dit « mutable », la Vierge incarne le changement de saison et le besoin d'adaptation face aux rigueurs de l'hiver.

Le retour à la vie « normale » et aux obligations professionnelles est bien présent. Il est temps de s'organiser, de planifier pour que tout se déroule pour le mieux. Dévouée et attentive aux moindres détails, la Vierge te conduira à identifier tes priorités, sans pour autant te priver d'un verre et d'une bonne lecture en terrasse...

TO-DO

01
septembre

Alors, douce âme, que comptes-tu mettre en place dans ta routine quotidienne en cette nouvelle rentrée ?

Mes intentions du mois

1 Je peaufine les détails de mon retour au bureau ou à l'école pour épater mes collègues/camarades.

2 Je refais ma garde-robe aux couleurs de l'automne qui arrive et je chine en brocante pour faire de merveilleuses trouvailles.

3 Je deviens ma propre boss car je décide d'assumer mon leadership.

4 Je fais un album photo souvenirs de l'été qui vient de s'écouler.

5 Je démarre une nouvelle activité sportive/un loisir pour tester de nouvelles choses et sortir de ma zone de confort.

6 Je m'offre une nouvelle pierre : un jaspe, une sodalite, un quartz...

7 Je passe du temps avec mes meilleurs amis lors d'un week-end à la campagne ou à une soirée pré-estivale.

8 Je passe du temps en cuisine pour ma santé – et mes papilles !

9 J'offre mon aide à une personne de mon entourage qui a bien besoin de deux mains supplémentaires.

10 Je (re)découvre mes placements en Vierge sur mon thème astral.

02
septembre

MOON BOARD

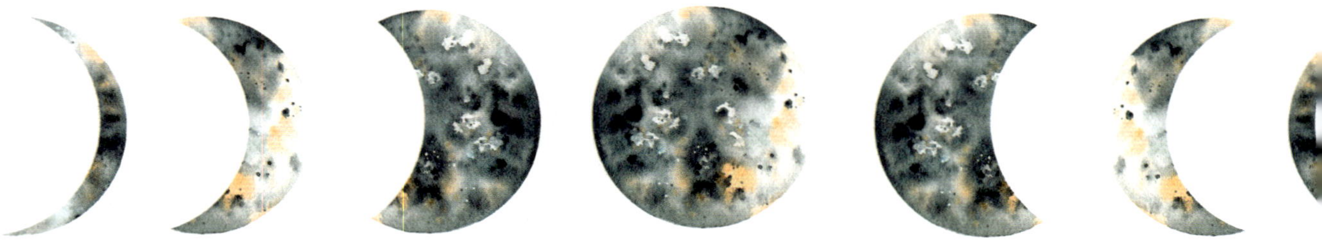

Nouvelle lune en Vierge

Pour adapter sa routine quotidienne !

La date de ma nouvelle lune :

La neuvième nouvelle lune de l'année se déroule généralement fin août ou début septembre, dans le signe de la Vierge. Cette lunaison douce représente le dévouement, les responsabilités et la routine quotidienne. Elle t'invite à l'observation, au calme et au (presque) silence. En effet, plutôt introspective, cette lune te demande de jeter un regard en arrière… vers tout ce que tu as accompli ces neuf premiers mois de l'année. Après tout, l'année touche doucement à sa fin et il serait bon de récolter les fruits du dur labeur que tu as mené jusqu'à présent. Eh oui, la saison de la Vierge représente cela : la période des dernières récoltes.
Si tu as des projets toujours en cours, commence à planifier leurs fins. Si tu as des projets à faire germer dans les prochains mois, alors plantes-en les graines et arrose-les quotidiennement. Un pas après l'autre, jusqu'au printemps prochain.

Dans le signe terrien et rationnel qu'est la Vierge, cette lunaison t'invite aussi à laisser tomber les illusions et les chimères pour te concentrer sur ce que tu peux réellement concrétiser dans ta vie. Quelles sont les étapes pour passer du rêve au concret ?

Mets donc en place une routine pour les 21 prochains jours. Tu te remercieras plus tard !

C'est aussi le moment de te focaliser sur ta santé (mentale et/ou physique) et de la prendre au sérieux. Car les beaux jours touchent doucement à leurs fins et les retours du froid et de l'obscurité pourraient te mettre à mal si tu n'es pas bien préparée ! Alors, arme-toi correctement pour faire face au changement de saison prochain.

RITUEL

03
septembre

Mes routines de rentrée

Dresse un tableau des mauvaises habitudes dont tu souhaites te débarrasser, puis note des solutions pour ne plus retomber dans tes travers. En face, note une solution pour te défaire de ces parts d'ombre et vois quel autre réflexe tu peux adopter pour vivre plus sainement.

- Y a-t-il un rendez-vous médical. un soin ou un massage prévus dans les 4 prochaines semaines ? Comment prends-tu soin de toi en ce moment ?
- Comment et où investis-tu ton énergie ? Pourquoi ?
- Comment te sens-tu ce soir ? Quelle est l'émotion qui te domine ?
- As-tu un souhait à adresser à l Univers ?

- Rédige un planning « bien-être » pour l'automne qui approche.
- Cuisine et savoure les légumes de saison !
- Prends rendez-vous chez un thérapeute pour faire un soin énergétique.
- Défais-toi de tes viles angoisses de la rentrée.

Cette saison douce suggère la priorisation et la structure. C'est le moment de :

- Commencer une année scolaire ou une formation dans un domaine spécifique.
- Faire un bilan de santé.
- Rencontrer de nouvelles personnes dans des fêtes de quartier ou non loin de chez toi !
- Démarrer une nouvelle activité sportive ou tester un nouveau loisir.
- Prendre des vacances prolongées pour faire le plein de vitamines D !

Mes mauvaises habitudes	La solution pour m'en défaire

Lâche prise
face aux angoisses

Dessine un grand cercle dans lequel tu en redessineras un plus petit représentant ton objectif du moment. À l'intérieur du grand cercle, dessine un autre plus petit rond dans lequel tu noteras tout ce qui pourrait arriver de pire. À l'extérieur du grand cercle, dessine un autre rond pour y écrire des choses qui pourraient arriver *(avec rationalité, s'il te plaît !)* si ton plan échoue. Cela te permettra de rapetisser tes angoisses et de te rendre compte que ce ne sont pas de vilains monstres, mais simplement de vilains microbes qui entravent ta route – et ton bon sens !

Pour t'aider : Souviens-toi des nombreuses fois où tu as imaginé le pire pour finalement constater que c'est le meilleur qui est arrivé, te libérant de tes angoisses. Note tout précieusement sur une feuille, inspire et expire 3 fois profondément en chérissant ce sentiment de bien-être qui t'envahit.

PRÉDICTION

05
septembre

Les objectifs de la rentrée

5 cartes pour un premier bilan de fin d'année.

Ce tirage fait écho à celui de janvier (saison du Capricorne) et de sa nouvelle année. Ici, on se focalise sur ce qui reste à mettre en place, à accomplir et à comprendre avant que l'année en cours ne soit totalement écoulée : tes apprentissages du début de l'année, ta situation présente, ce que tu es invitée à créer dans les futures semaines... Et des conseils supplémentaires. Ce tirage peut s'effectuer dès que tu as besoin de faire le point avec toi-même et de créer un mini bilan personnel.

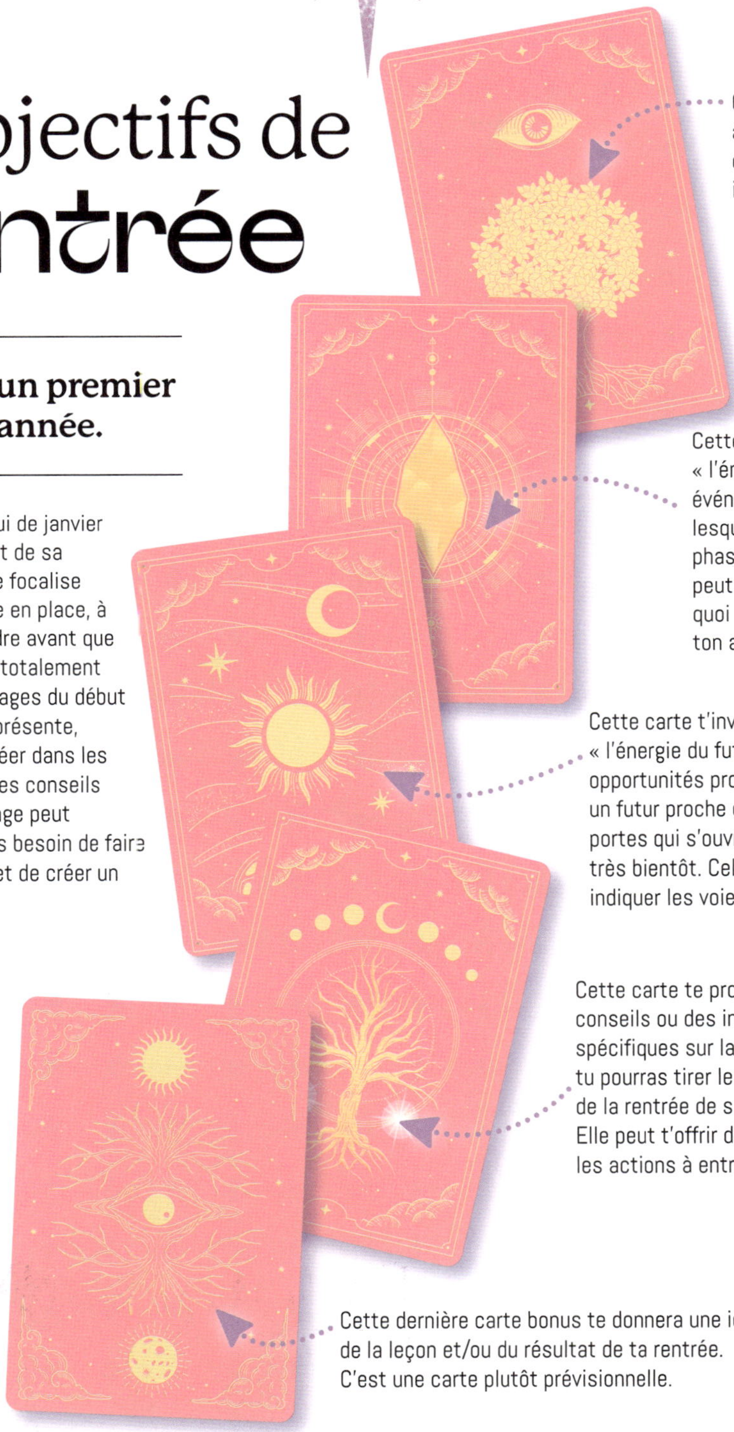

Cette carte t'invite à visualiser « l'énergie du passé », un fait passé influençant ta rentrée.

Cette carte t'invite à visualiser « l'énergie du présent », les événements positifs sur lesquels t'appuyer pour être en phase avec tes projets. Cela peut aussi représenter ce sur quoi tu dois porter davantage ton attention.

Cette carte t'invite à visualiser « l'énergie du futur », les opportunités probables dans un futur proche et/ou les portes qui s'ouvriront à toi très bientôt. Cela peut aussi indiquer les voies à explorer.

Cette carte te prodiguera des conseils ou des indications spécifiques sur la manière dont tu pourras tirer le meilleur parti de la rentrée de septembre. Elle peut t'offrir des pistes sur les actions à entreprendre.

Cette dernière carte bonus te donnera une idée de la leçon et/ou du résultat de ta rentrée. C'est une carte plutôt prévisionnelle.

MÉDITATION

Visualise une journée parfaite.

Chère étoile, à quoi ressemble une journée parfaite selon toi ? Pour le découvrir, je te propose de t'installer confortablement, de te laisser guider par la méditation et de savourer...

ASTRO YOGA

07 septembre

En cette saison dédiée à la rentrée, c'est le moment idéal pour se reconnecter à sa déesse intérieure et se rappeler qui « dirige » au quotidien, qui est la « boss ». C'est ainsi qu'on honore l'énergie de la Vierge.

Yoga de la boss

La déesse

• Depuis la posture de la montagne
• Les mains sur les hanches, le genou gauche sur la poitrine en inspirant.
• Les pieds légèrement vers l'extérieur, les orteils pointant vers les coins du tapis de yoga.

Sur une inspire, étire ta colonne vertébrale vers le haut et ouvre la poitrine en gardant les épaules détendues. Sur une expire, plie les genoux et abaisse-toi dans une position de squat. Veille à ce que les genoux restent alignés avec les orteils, sans dépasser les pointes des pieds. Écarte les genoux vers l'extérieur, créant ainsi de l'espace pour ton tronc entre tes jambes.
Les bras peuvent être étendus de part et d'autre du buste, parallèles au sol, les paumes tournées vers le bas, ou tu peux placer les mains en position de prière devant ton cœur.
Engage les muscles des jambes et du tronc pour maintenir la posture.
Reste dans cette posture pendant 3 à 5 respirations complètes, en maintenant l'alignement du corps et en visualisant ta force et ta stabilité dans les jambes et les hanches.
Pour sortir de la posture, pousse à travers les pieds et redresse lentement les jambes en inspirant.
Ramène le genou gauche à la poitrine pour venir en montagne à l'avant du tapis.

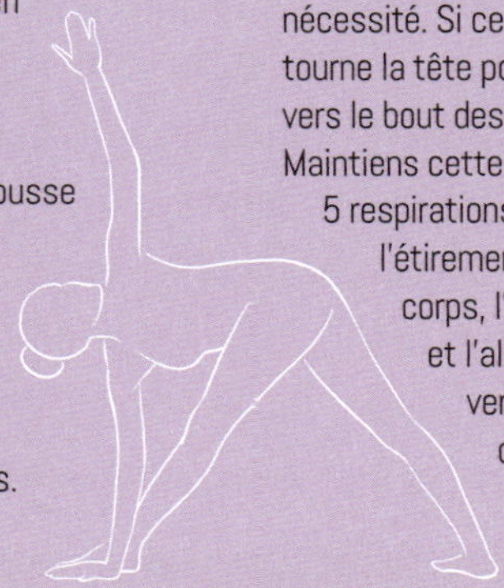

Le triangle

• En fente haute, le genou gauche plié à l'avant du tapis.

Pivote ton pied gauche pour former un angle d'environ 90 °, tandis que ton pied gauche reste orienté vers l'avant. Sur une inspire, lève les bras parallèlement au sol, les paumes vers le bas. Les bras devraient être alignés avec les épaules. Sur une expire, fléchis ton corps sur le côté droit en étirant le bras droit vers le bas, en posant ta main sur la cuisse, le mollet ou la cheville droite. Le bras gauche est dirigé vers le haut, aligné avec l'épaule.
Garde les jambes bien tendues et engagées. La jambe droite reste droite ou légèrement pliée si tu en ressens la nécessité. Si cela est confortable pour toi, tourne la tête pour regarder vers le haut, vers le bout des doigts de la main gauche. Maintiens cette posture pendant 3 à 5 respirations complètes, en ressentant l'étirement sur les côtés du corps, l'ouverture des hanches et l'alignement de la colonne vertébrale. Cette posture te connecte symboliquement à la terre et au ciel (pieds ancrés dans le sol et la main levée connecte au ciel)

La pyramide

Depuis la posture du triangle, dessine un demi-cercle avec ton bras gauche pour l'amener près de ton bras droit. Les deux mains sont de chaque côté de la jambe droite (sur le sol ou posées sur des blocs si nécessaire). Ramène la hanche droite vers l'avant du tapis, le talon droit peut se décoller légèrement si besoin. Tourne-toi vers l'avant du tapis. Inspire, regarde vers l'horizon en redressant la colonne vertébrale pour qu'elle soit parallèle au sol. Ensuite, expire pour rapprocher ton nez vers le genou droit le plus possible. (C'est une image, tu peux être à mi-parcours, même moins).
Pour sortir de la posture, utilise une expiration pour revenir à la position de départ, en redressant la colonne, vertèbre après vertèbre, et en levant les bras, paumes l'une contre l'autre. Répète la posture du triangle de l'autre côté, en pivotant le pied droit à 90° et en fléchissant le corps vers la gauche. Puis la pyramide du même côté.

Les aliments et les intestins

Douce âme, en ce mois de septembre, gouverné par l'énergie de la Vierge, le focus alimentaire est dédié aux aliments qui font du bien à ton transit ! Car ce signe de terre est lié aux intestins, et donc à ton microbiote. Alors ce mois-ci, fini les ballonnements, stop au ventre gonflé ou encore douloureux ! On fait une détox intérieure pour s'alléger et rester en forme à l'approche de l'automne.

Les pruneaux et leur jus bien connu contre la constipation sont riches en fibres et en sorbitol, ce qui favorise le mouvement des selles.

Les graines de lin. Eh oui, encore elles ! Parmi leurs nombreux bienfaits : elles sont une excellente source de fibres solubles et insolubles, qui favorisent un transit régulier et contribuent à la santé digestive.

Les raisins. Riches en prébiotiques et en fibres, les raisins sont un laxatif naturel qui peut soulager les légères constipations et ballonnements.

Les fruits rouges. Et c'est top car c'est la saison des mûres et c'est toujours la saison des fraises et des myrtilles riches en fibres et en antioxydants, favorisant ainsi un transit régulier.

Les légumineuses. Un petit curry de lentilles jaunes pour améliorer le transit et faire le plein de bonnes protéines ? Les haricots, les lentilles et les pois chiches sont riches en fibres et en protéines qui maintiennent un bon transit intestinal.

Les graines de chia. À ajouter au petit déj et aux en-cas sains, elles sont riches en fibres solubles et en oméga-3. Elles maintiennent l'hydratation des selles et favorisent un transit régulier.

Les probiotiques. Tu peux les prendre en complément alimentaire, mais sache que les aliments contenant des probiotiques, tels que le yaourt, le kéfir et la choucroute, favorisent l'équilibre de la flore intestinale et améliorent la digestion.

Les légumes crucifères. Brocolis, chou-fleur et les autres légumes crucifères sont riches en fibres et en nutriments essentiels pour un bon fonctionnement intestinal.

ÉCRITURE INTUITIVE

09 septembre

Ta santé et toi !

Prends-tu vraiment soin de ta santé (physique et mentale) ?

Voici un petit check-up pour être sure que tout est OK... Sinon, il sera bon pour toi d'ajuster ta routine !

Quand as-tu réalisé un bilan de santé complet pour la dernière fois ?

Prends-tu le temps de bien petit-déjeuner le matin et/ou de cuisiner le soir ?

Comment te sens-tu, en ce moment ?

Qu'est-ce qui te stresse dans ton quotidien ?

Quand as-tu été malade la dernière fois ? (Rhume, grippe, autre...)

Prends-tu des compléments alimentaires en ce moment ?

Combien d'heures dors-tu par nuit ?

Pratiques-tu une activité physique régulière ?

Qu'est-ce qui te fait rire au quotidien ?

As-tu pris le temps de ranger ton chez-toi ?

Qu'aurais-tu besoin de faire pour te sentir bien ou mieux dans ta peau ?

10 septembre

ASTRO LITHO

La sodalite

Une pierre qui symbolise la spiritualité et la connexion à la médiumnité.

Cette pierre de sodium de couleur bleu profond apporte la compréhension tout en clarifiant le mental. Liée aux chakras de la gorge et du troisième œil et de la couronne, elle les rééquilibre en apaisant les craintes et en favorisant le courage. Sur un tout autre plan, elle encourage également la fidélité et la loyauté au sein des relations.

La sodalite une pierre qui invite au calme, au repos et qui laisse place à la spiritualité. Elle peut être déposée sur une table de nuit pour un sommeil apaisant ou dans la salle de bain pour favoriser la relaxation. Elle aide à se remémorer ses rêves et à se (re)connecter à son intuition. Les pierres les plus rainurées seront des plus efficaces pour éveiller l'esprit, les plus sombres seront les meilleures protectrices des énergies négatives.

Mary de Teck, l'épouse du roi Georges V aimait si passionnément cette pierre qu'elle la fit connaitre en en faisant rapporter de grandes quantités à Londres et en en décorant tout son foyer ! La pierre de sodalite a connu un tel succès que les réserves s'épuisant, des chimistes se sont mis à créer des sodalites synthétiques, permettant son accès au plus grand nombre. La sodalite apprécie peu la lumière du soleil. Elle se nettoie à l'eau claire distillée et se recharge à la lumière de la lune ou par fumigation. Idéalement, on peut la déposer sur une fleur de vie.

Ses mots-clés

- **Courage.**
- **Fidélité**
- **Spiritualité**

Chiron & Cérès

Focus sur deux astéroïdes qui incarnent de (très) près l'énergie de la Vierge !

Si la planète gouvernant l'énergie de la Vierge est bien Mercure (voir p. 174), incarnant l'énergie de la communication, de l'intellectualité et de la rationalité, c'est bien sur Chiron et Cérès que nous allons nous attarder. Chiron est l'astéroïde des médecines douces et de la guérison. Son nom fait référence au centaure Chiron, dans la mythologie, qui, gravement blessé, se réfugia dans une caverne espérant trouver un remède. Étant parvenu à développer des antidotes permettant de ne guérir personne d'autres que lui-même, il fut reconnu pour ses qualités de grand sage. Sur un thème astral, Chiron représente (en fonction du signe et la maison dans lesquels il se trouve) à la fois une blessure qu'un être porte au fond de lui, mais aussi la manière dont il peut la surmonter et guérir – voire la façon dont il peut aider les autres à guérir également.

Quant à Cérès, cet astéroïde représente, dans la mythologie romaine, la déesse de la moisson et des récoltes. Sa représentation en astrologie occidentale est ambivalente. En effet, Cérès représente à la fois ce qui nourrit un individu et la manière dont il est capable de nourrir les autres. Néanmoins, elle représente également ce qu'une personne a du mal à lâcher et ce dont elle n'arrive pas à se détacher. C'est, en quelque sorte, un astre qui va traiter d'abondance et de radinerie dans un secteur en particulier sur le thème natal (en fonction du signe et la maison dans lequel il se trouve). C'est une dualité qu'il convient d'accepter et de tolérer au fond de soi.

Allons voir du côté de ton thème astral.

Dans quel(s) signe(s) se trouvent Chiron et Cérès ?

Dans quelle(s) maison(s) se trouvent Chiron et Cérès ?

Qu'en déduis-tu par rapport à ton don et à ce qui te nourrit au quotidien ?

Quelle est ton affinité avec ces astéroïdes ? Te sens-tu proche d'eux ?

12
septembre

ÉCRITURE INTUITIVE

Au boulot !

Girl boss... ou pas ?

- ○ Tu es organisée et structurée dans ta vie professionnelle et tes objectifs de vie.
- ○ Tu as une vision de tes projets sur le très long terme.
- ○ Tu as ta propre routine quotidienne (matinale et/ou de soirée).
- ○ Tu as un job qui te passionne.
- ○ Tu investis ton argent dans ton business et/ou dans des actions qui peuvent te rapporter plus d'argent.
- ○ Tu as laissé tomber le perfectionnisme et les réflexions entêtantes.
- ○ Tu acceptes d'être parfois vulnérable et d'apprendre des leçons de vie.
- ○ Tu ne te compares pas aux autres, la seule personne à laquelle tu te compares c'est à celle que tu étais hier.
- ○ Tu as appris à avoir des discussions compliquées quand c'est nécessaire.
- ○ Tu ne perds pas ton temps à critiquer les autres ni leurs choix.
- ○ Tu n'as pas peur de briser les règles pour faire à ta manière.
- ○ Tu ne minimises pas ton succès.

Tu as coché entre 3 et 5 cases ? Tu es une rest girl, la nana qui flâne dans la nature, qui chérit l'instant présent et qui ne se préoccupe pas de demain ! Tu te laisses porter par le flow de la vie.

Tu as coché entre 6 et 8 cases ? Tu es une girl boss en devenir. Tu commences à avoir une vision claire de ta « big picture » et de ce que tu envisages pour ton futur. Tu mets, pas à pas, les choses en place pour atteindre tes objectifs les plus audacieux.

Tu as coché plus de 8 cases ? Tu es une girl boss affirmée, tu fais partie du crew de Beyoncé et ses acolytes à la pointe de #BossAttitude. Que puis-je t'apprendre de plus ? Tu connais déjà tous les secrets de la loi de l'attraction et de la manifestation... Tu es une Reine.

Je me focalise sur le fait de devenir cette femme incroyable qui aime la vie et le lifestyle qu'elle se construit, jour après jour.

14
septembre

CHECK-UP

Un point c'est toi !

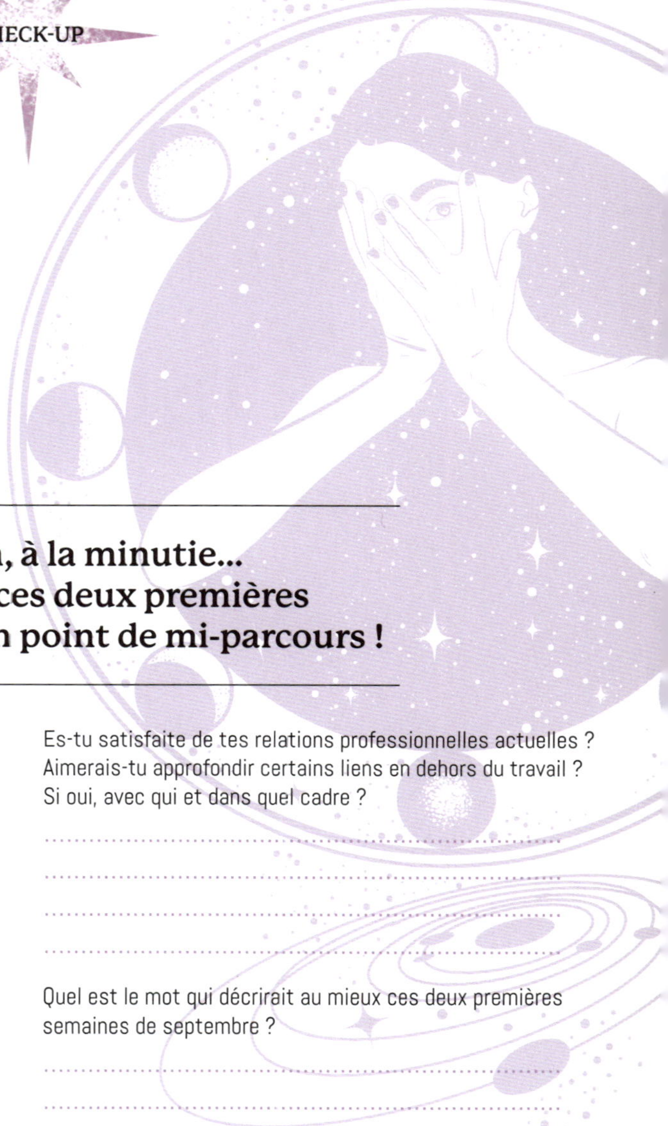

Septembre invite à la planification, à la minutie… mais aussi au dévouement. Après ces deux premières semaines de septembre, faisons un point de mi-parcours !

Comment te sens-tu, vraiment ?

Qu'as-tu réussi à mettre en place, au sein de ta routine quotidienne, en seulement deux semaines ?

Qu'en est-il du temps que tu octroies à ton bien-être, à ta santé et tes besoins dans ta vie actuellement ?

Y a-t-il l'une ou l'autre chose que tu aimerais modifier dans ta manière de travailler ? Dans les tâches que tu fais au quotidien ? Si oui, quoi ? Pourquoi ?

Es-tu satisfaite de tes relations professionnelles actuelles ? Aimerais-tu approfondir certains liens en dehors du travail ? Si oui, avec qui et dans quel cadre ?

Quel est le mot qui décrirait au mieux ces deux premières semaines de septembre ?

Une envie particulière avant la fin du mois du septembre ?

Un petit mot pour te motiver toi-même ?

15 septembre

Le Vierge incarne le dévouement et parfois même l'énergie du sacrifice. Liée au chakra de la gorge et du cœur, ce signe donne de son amour et de sa compassion à qui le veut. *Via* cette pratique, je t'invite à ouvrir ton cœur en grand et sans réserve.

Yoga du courage

Le chien tête en haut

• À plat ventre, les mains à hauteur des épaules, doigts écartés

Pousse → sur tes paumes des mains bras tendus → sur le dos de tes pieds genoux décollés légèrement du sol. Ta cage thoracique est ouverte, mais tes épaules bien détendues et relâchées, tout comme tes fessiers. → gaine tes abdos pour protéger tes lombaires → pousse légèrement le bassin vers l'avant → ton regard vers le ciel et ton cou dans le prolongement de la colonne.

Inspire et expire 3 à 5 fois dans la posture.

Quitte la posture en délicatesse.

Le chameau

• À genoux (écartés à la largeur des hanches).
• Les orteils pointés vers l'arrière ou crochetés.

Tes mains sur les hanches, les doigts vers le bas et les pouces à l'arrière → maintiens les coudes parallèles l'un à l'autre.
Inspire → allonge la colonne vertébrale en redressant le torse vers le haut → les épaules détendues et les omoplates rapprochées.

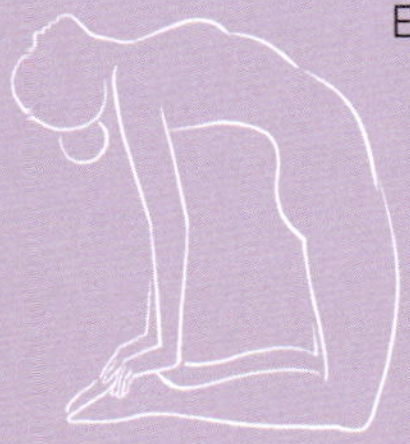

Expire → pousse doucement les hanches en inclinant le bassin vers l'avant → les hanches ouvertes légèrement → incline le haut du corps vers l'arrière en pliant doucement la colonne vertébrale → tes mains glissent le long de tes jambes, en les amenant vers les talons. Si tu peux les atteindre, pose tes paumes de mains sur tes talons, sinon sur des blocs à l'extérieur de tes pieds.
Ouvre la poitrine le sternum soulevé vers le plafond → la tête et le cou détendus → la nuque allongée.
Tu peux redresser la tête et garder le regard fixe vers l'avant.
Reste dans cette posture pendant 3 à 5 respirations → l'ouverture du cœur maintenue et la colonne vertébrale étirée.
Sors de la posture → inspire → redresse doucement la colonne vertébrale → Reviens sur tes genoux.
Cette posture ouvre ton cœur en grand et déploie ta gorge. Dans le chameau, ouvre-toi et laisse sortir toute émotion !

Le lapin *(contre-posture)*

• À genoux, les fesses reposant sur les talons.
• Les genoux peuvent être écartés à la largeur des hanches ou légèrement plus proches.

Tes mains sur les talons, les paumes tournées vers le haut. Le sommet du crâne posé sur le tapis.
Inspire → pousse sur ton crâne → redresse la colonne vertébrale et allonge le torse vers le haut.
Expire → plie le haut du corps vers l'avant, en roulant la colonne vertébrale et en amenant le front vers le sol.
Bonus : laisse les bras glisser le long des jambes et amène-les vers l'avant, jusqu'à ce que le front repose sur le sol ou le plus près possible, tête et cou complètement détendus.
Maintiens la posture pendant quelques respirations profondes, la colonne vertébrale étirée et la respiration détendue.
Sors de la posture → appuie sur les mains → redresse lentement le torse en inspirant. → Reviens à la position de l'enfant qui contrebalance la cambrure du chameau (et reste dans la posture de l'enfant si celle du chameau t'es désagréable).

16
septembre

ASTRO
LITHO

L'unakite

Une pierre qui permet de se retrouver face à soi-même.

Cette pierre verte et jaune, issue des montagnes d'Unaka, en Caroline du Nord aux États-Unis, porte aussi le nom de pierre épidote. Elle permet à son porteur de faire le point avec ses émotions et son intériorité. Liée au chakra du cœur, elle aide à éliminer les blocages émotionnels du passé et à relativiser face aux diverses situations. Elle permet aussi de prendre du recul et d'observer la vie d'un autre point de vue. Sur le plan physique, elle apaise les problèmes intestinaux et osseux, idéale pour lutter contre les ulcères ou l'hypertension, ou encore les migraines !

C'est également une pierre intéressante pour lutter contre le chagrin, notamment en cas de rupture, déception amoureuse ou encore de deuil. Pierre de soutien idéale pour accompagner dans l'épreuve, elle permet également de faciliter la remise en question et de tempérer les humeurs ou caractères excessifs.

L'unakite se porte en bijou ou sous forme de pierre roulée. Tu peux la programmer en déposant une intention concernant tes émotions, une envie de (dé)blocage émotionnel ou tout simplement pour apaiser ton stress. En pendentif, elle permettra plus facilement de te libérer des blessures passées.

Cette pierre permet de lutter contre les énergies négatives et par conséquent, elle les capte et les retient plus facilement. Il est donc indispensable de la nettoyer assez fréquemment en passant la pierre à l'eau déminéralisée et en la plaçant sur une fleur de vie, en la rechargeant quelques heures au soleil ou par fumigation avec de la sauge.

Ses mots-clés

- **Apaisement.**
- **Purification.**
- **Calme**

La lune des récoltes

C'est la lune qui annonce la fin de l'été ! La neuvième pleine lune de l'année évoque les dernières récoltes, avant que les jours raccourcissent et que le froid revienne… Elle est également connue sous le nom de clair de lune, car sa lumière permet aux agriculteurs de veiller tard le soir pour travailler.

La date de ma nouvelle lune :

Généralement cette lunaison se déroule dans le signe des Poissons, signe qui représente la spiritualité, le rêve et les chimères. C'est une lunaison qui réveille ta sensibilité, ta part cachée et peut-être même des émotions insoupçonnées après un été mouvementé et, parfois, un peu épuisant. C'est une invitation à prendre une journée « off » avant que l'automne ne frappe à ta porte !

C'est le retour au train-train quotidien, aux tâches obligatoires, mais aussi au travail. D'un autre côté, c'est également le début d'une période d'introspection qui s'offre à toi. Après bientôt neuf mois écoulés, tu prendras bien le temps d'observer tes relations et de remettre l'une ou l'autre chose en question avant d'avancer sereinement, les yeux fermés, vers la fin de l'année ? C'est le moment d'écrire sur papier – et à l'encre noire dans ton âme – les leçons de vie de cet été. Au lieu d'agir, les astres te demandent de te poser les bonnes questions et d'accepter de récolter les fruits de tout ce que tu as semé – en positif et en négatif – au cours des derniers mois.

Aussi, adresse tes derniers vœux de l'année à l'Univers. Réclame ce qui t'est dû ! Rappelle-toi que tu as toujours la chance de faire mieux ou de corriger le tir si tu n'es pas satisfaite de tes derniers accomplissements. Il te reste 4 mois pour accomplir des miracles. Accorde-toi le droit de rêver, encore une fois.

Mes rituels

- Fais le point sur les objectifs personnels que tu as atteints.
- Dessine ou écris dans un bullet journal.
- Accorde-toi un moment de pause près de l'eau ou dans la nature !
- Médite et/ou allume des bougies ou de l'encens.

18
septembre

ÉNERGIE VIBRATOIRE

Cartographie astrale en Vierge

Je suis forte, résiliente et talentueuse.

La Vierge est à la pointe des détails, toujours aux petits soins des autres, pour être sûre que tout le monde a ce dont il a besoin. Mais elle est aussi une personne puissante et persévérante qui inspire le respect grâce à son charisme naturel.

Quelles sont tes planètes en Vierge ?

....

Quelle est ta maison en Vierge ?

....

Comment ressens-tu l'énergie de la Vierge au quotidien ?

....

....

....

Quelles caractéristiques de la Vierge te correspondent ?

Perfectionnisme	Organisation	Dévouement	
Timidité	Angoisse	Intelligence	Maniaquerie

Liste tes plantes et/ou arbres favoris :

....

....

....

....

....

....

ASTRO YOGA

19 septembre

Prends un moment pour bien (re)stabiliser tes fondations et solidifier tes assises. Car la saison de la Balance qui approche te demandera de faire preuve de souplesse et d'équilibre… Alors, tu es prête ?

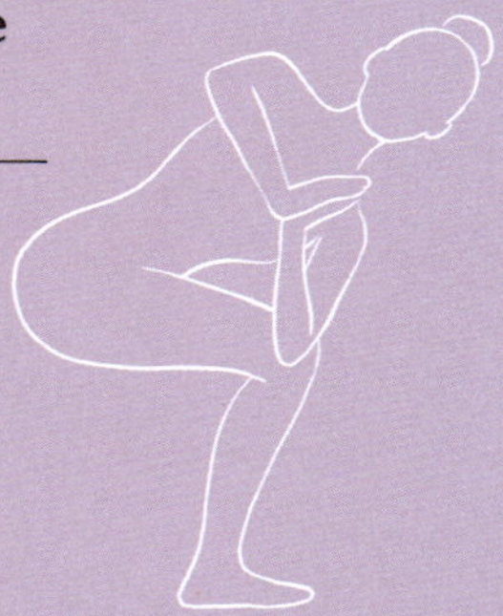

Yoga de la stabilité

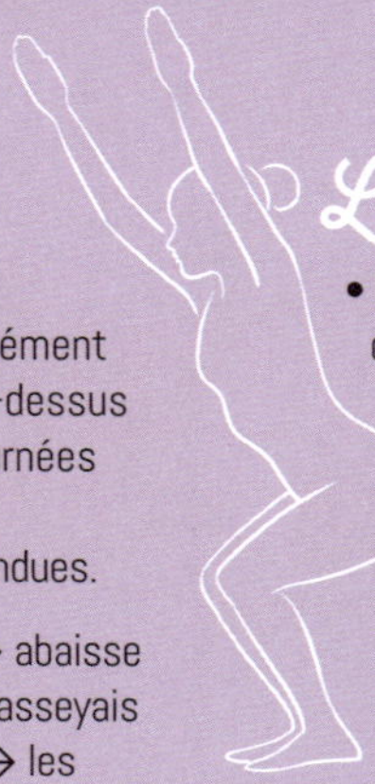

La fente en torsion

- Dans la posture de la montagne.
- Les mains sur les hanches
- Le genou gauche ramené sur la poitrine en inspirant.

Expire → tends ta jambe gauche → ton pied vers l'arrière du tapis → le talon surélevé. (La distance entre tes deux jambes est à adapter selon ton équilibre et ta souplesse du moment.)
Plie ta jambe avant en angle de 90°, genou au-dessus de la cheville. → Les hanches bien tournées vers l'avant du tapis.
Inspire → lève les mains → regarde vers le ciel. Relâche tes épaules et ouvre ton cœur en grand.
Expire → descends le bras gauche vers l'avant et le bras droit vers l'arrière → ton regard suit ton pouce droit pour faire une torsion du buste.

Reste 3 à 5 respirations dans la posture.

Sors de la posture : inspire → descends les bras le long du corps → déplie le genou avant.
Expire → le pied arrière à l'avant du tapis.
Répète l'exercice de l'autre côté.

La chaise

- Depuis la posture de la montagne. Inspire profondément tout en levant les bras au-dessus de la tête, les paumes tournées vers l'intérieur.
- Bras droits, épaules détendues.

Expire → plie les genoux → abaisse les hanches comme si tu t'asseyais sur une chaise imaginaire → les talons en contact avec le sol.
Maintiens les genoux dans l'alignement des pieds, sans dépasser les orteils → le dos droit et la colonne vertébrale étirée vers le haut → les épaules détendues et le regard dirigé vers l'avant.

Reste dans cette position pendant 3 à 5 respirations profondes.

Tu peux augmenter progressivement la durée de la posture au fur et à mesure que tu te sens plus à l'aise et aussi la difficulté en descendant plus bas (chaise profonde). Pour sortir de la posture, pousse avec les talons pour remonter lentement en position debout, en relâchant les bras vers le bas.

La chaise en torsion

- Dans la posture de la chaise, concentre-toi sur ton alignement.
  - Genoux bien alignés avec tes pieds.
  - Dos droit et poids réparti uniformément sur tes pieds.

Ta main droite (ou ton coude, selon ta souplesse du jour) à l'extérieur de ta cuisse gauche, près du genou. Tourne ton torse vers la gauche → les épaules alignées.
Ta main gauche sur ta main droite → les mains jointes devant le cœur (si ton coude est placé sur ton genou). → Place ta main gauche sur le bas de ton dos ou sur ta hanche gauche → maintiens l'équilibre et l'alignement.
Garde la torsion pendant quelques respirations profondes, en t'efforçant de tourner un peu plus à chaque expiration.
Sors de la posture → déroule doucement la torsion → la main droite relâchée → reviens à la posture de la chaise de base.
Faire une pause ou passe à la torsion de l'autre côté, ta main gauche à l'extérieur de ta cuisse droite et ton torse tourné vers la droite.

20
septembre

Boost à la patate douce

C'est la rentrée ! Quelle meilleure saison pour se faire de délicieux toasts – et sains, en plus ? Voici une alternative aux toasts classiques qui ravira ton belly et facilitera ta digestion. En bonus : cela te donnera le coup de boost dont tu as besoin au réveil pour attaquer la journée !

Ingrédients pour 4 toasts

- 2 patates douces coupées en tranches (1 cm d'épaisseur)
- 4 tranches de pain (complet ou aux céréales)
- 2 c. à s. de beurre de cacahuètes
- 1 banane, coupée en rondelles
- 1 avocat mûr réduit en purée
- 1 tomate, coupée en tranches
- 100 g de fromage de chèvre émietté
- 2 c. à s. de miel
- ½ concombre, coupé en rondelles
- 4 c. à s. de fromage crémeux (type Philadelphia)

Disposer les tranches de pains et de de patates douces sur une plaque de cuisson recouverte de papier sulfurisé, sans les faire se chevaucher. Enfourner 15 à 20 min. env. dans un four préchauffé à 200°C ou les dorer quelques minutes au grille-pain ou à l'air fryer). Faire fondre le beurre de cacahuètes. Retirer les patates douces du four et les laisser refroidir légèrement. Il est aussi possible d'utiliser les patates douces comme base de toast et les décorer des garnitures suivantes : beurre de cacahuètes et rondelles de banane ; purée d'avocat et tranches de tomates ; chèvre émietté et miel ; fromage crémeux et rondelles de concombre.

CONSEIL ET BIEN-ÊTRE

21 septembre

La check-list de rentrée

On booste sa rentrée en préparant ses chek-list, selon ces trois piliers : travail, maison et loisirs.

Travail

- Répondre aux mails importants
- Fixer mes deadlines post-vacances
- Organiser les réunions du dernier quadrimestre
- Nettoyer ma base de données de contact
- Donner un coup de neuf à mon espace de travail
- ....
- ....

Maison

- (Re)décorer mon chez-moi pour l'automne
- Faire du tri et du rangement
- Ressortir mes vêtements de mi-saison
- M'occuper de mon jardin
- Regrouper une liste de recettes à faire en cette nouvelle saison
- ....
- ....

Loisirs

- (Re)prendre un abonnement à la salle de sport ou à un cours de sport
- Démarrer une nouvelle lecture
- Tester un nouveau restaurant près de chez moi
- Booker un ticket pour un concert ou un match (basket, foot, tennis...)
- Aller à une exposition ou au musée
- ....
- ....

Temps pour moi

- Faire un tour chez le ou la coiffeur·se
- Prendre rendez-vous chez le médecin pour mon bilan annuel
- Prendre rendez-vous pour une manucure ou un soin visage
- Adapter ma routine matinale et/ou de soirée
- Laver ma voiture
- ....
- ....

ASTRO
LITHO

Le bois fossilisé

Un « bois transformé en pierre » après avoir traversé les âges.

Cette pierre doit sa création à l'immersion, la carbonisation et la minéralisation puis la fossilisation du bois. Une aventure longue de plusieurs dizaines voire plusieurs milliers d'années selon la catégorie du bois.

Cette pierre favorise l'attention et la concentration. Elle aide à gagner en patience et à faire preuve de sang-froid face à des situations délicates qui requièrent un lâcher-prise. Elle apporte un boost d'énergie et invite à se (re)connecter à son for intérieur, à la conscience première à son soi authentique. Enfin, elle aide à chasser les pensées négatives concernant le passé ou le futur et aide à s'ancrer dans l'instant présent.

Cette une pierre nous donne accès à notre conscience et à notre intuition, ouvrant une porte secrète sur notre psyché. Sans surprise, elle est liée au chakra racine et nous permet de nous ancrer dans le moment présent favorisant les bonheurs simples et profonds offerts par la vie. Excellente pierre pour les séniors, elle favorise le système osseux, permet de lutter contre la fatigue et permet de développer son intellect. Le bois fossilisé est aussi fortement conseillé aux personnes stressées, nerveuses, agitées et en constant mouvement pour leur permettre de se canaliser. Il peut être porté en bijou ou conservé en pierre roulée.

Le bois fossilisé s'entretient à l'eau pure ou déminéralisée, en laissant tremper la pierre plusieurs heures. Il faudra ensuite la recharger à la lumière du soleil ou de la lune, sur une fleur de vie.

Ses mots-clés

- **Ancrage.**
- **Transmission.**
- **Lâcher-prise.**

Je donne la priorité à ma paix et à mon bien-être.

ASTRO
DICO

Les mots de la saison de la Vierge

La routine peut être matinale, quotidienne ou de soirée.

C'est un petit rituel qu'on met en place dans notre vie pour nous booster, nous sentir bien et nous soutenir dans l'avancée de nos ambitieux projets. Elle peut évoluer au fil du temps et des saisons. C'est la routine qui s'adapte à son mode de vie et non l'inverse, il est important de la définir pour son propre bien-être.

Quelle est ta définition du mot :

Santé

Routine

Perfectionnisme

Dévouement

Autonomie

ASTRO FOOD

Idéal pour revitaliser ton corps et te donner un coup de boost énergétique à l'approche de l'automne, voici un smoothie vert riche en vitamines, antioxydants et plein de bonnes choses pour ton belly ! Tu peux ajouter de la menthe ou du gingembre selon tes préférences pour un petit bonus spicy.

Ingrédients

- 1 tasse d'épinards frais
- ½ concombre, pelé et coupé en morceaux
- 1 kiwi, pelé et coupé en morceaux
- 1 pomme verte, pelée et coupée en morceaux
- Le jus d'un citron
- ½ tasse de céleri coupé en morceaux
- ½ tasse de persil frais
- 1 tasse de lait de coco
- 1 cuillère à soupe de graines de chia (facultatif)
- Quelques glaçons (facultatif)
- Menthe ou gingembre (facultatif)

Dans un blender, mettre les épinards frais, le concombre, le kiwi, la pomme verte, le jus de citron, le céleri et le persil frais et le lait de coco. Ajouter les graines de chia. Mixer jusqu'à obtenir une consistance lisse et homogène. Pour un smoothie bien glacé, ajouter quelques glaçons et mixer à nouveau jusqu'à incorporation.
La bonne idée : mettre ce smoothie dans une gourde et le déguster tout au long de la journée.

Virgin detox

26
septembre

ÉNERGIE VIBRATOIRE

Le corps humain selon le thème astral

Tout est énergie ! Voilà pourquoi nous allons nous intéresser particulièrement à l'analogie entre les signes du zodiaque, le thème astral, et le corps humain. De quoi mieux comprendre quelle énergie se manifeste (ou est en péril) lorsque tu as un souci de santé. Petit point d'astrologie médicale !

Le Bélier est lié à la tête, au sang et aux muscles. Parfois, un mal de tête peut indiquer plus qu'une fatigue… un brouhaha mental et un besoin de passer à l'action… comme le ferait ce signe !

Le Taureau est l'allié du cou, de la mâchoire et de la peau. Parce qu'une douleur aux cervicales ou un torticolis peut évoquer un besoin de refixer certaines fondations avec stabilité.

Une petite douleur aux côtes ? Une nervosité accrue ? Il est temps de communiquer le fond de ta pensée et de jouer de ton éloquence comme **les Gémeaux, liés aux poumons, aux côtes, au système nerveux, aux bras et aux mains.**

Des douleurs de règles indiquent souvent une mécompréhension ou des difficultés à accepter sa féminité, représentée par le lunaire **Cancer, lié au ventre, à l'utérus, aux seins, à l'estomac et à l'œsophage.**

Le Lion est le signe du cœur et du pancréas. Avoir « mal au cœur », subir une rupture ou un deuil affecte souvent notre égo, énergie typique du solaire de ce signe.

La Vierge quant à elle incarne les intestins, le système digestif et la rate. Deuxième cerveau du corps humain, les intestins pâtissent souvent de nos émotions. Ce n'est pas pour rien qu'on dit « avoir la rage au ventre » ou « le ventre noué ».

Signe d'amour, la **Balance représente la chute de reins et l'union des êtres lors d'une danse…** Mais aussi la blessure de la trahison ou la perte de repères. **Les reins, les vertèbres lombaires, la vessie et la peau incombent alors à ce signe.**

Problème de libido ? Douleurs de ventre ? Fort à parier qu'il faut (re)travailler l'énergie du **Scorpion, lié aux organes génitaux, gros intestin et anus**, et te réconcilier avec ta sensualité.

Mal aux hanches ? Tu as peur de prendre un risque et de te lancer dans une folle aventure. Promis, tout ira bien, en suivant l'énergie du **Sagittaire, lié aux hanches, aux cuisses et au foie.**

Le Capricorne représente le squelette, les os et la colonne vertébrale. Signe de la stabilité, dès qu'un problème osseux se manifeste, cela fait référence à un problème lié à l'argent et aux responsabilités financières – ou relationnelles.

L'énergie du Verseau vibre dans les mollets, les chevilles et le système cardiovasculaire. Une douleur à la cheville t'empêche de courir après ta liberté et d'éprouver le sentiment d'indépendance ? Qu'est-ce qui t'empêche de te sentir libre comme l'air comme l'aérien Verseau ?

Enfin les Poissons représentent les pieds et le système lymphatique. Tu as les pieds qui gonflent ? Ou plutôt la tête qui est trop dans les étoiles ? Redescends sur terre et écoute les vagues de ta maison intérieure.

5 vitamines pour booster son automne !

L'automne est là et avec lui la fin du cycle solaire et le retour prochain des grands froids. Pour garder la forme et rester en bonne santé (en évitant un maximum les rhumes saisonniers), voici une liste de vitamines indispensables !

Un coup de fatigue ? Des crampes musculaires ? Des paupières qui vibrent et les yeux secs ?

Le magnésium est essentiel pour récupérer la forme. Il favorise la détente en contribuant au bon fonctionnement du système nerveux et favorise la récupération musculaire après un effort physique. Il participe également à la régulation de la glycémie.

La vitamine D est très importante pour la santé des os, la fonction immunitaire, mais également la régulation de l'humeur. Pendant l'automne, lorsque l'exposition au soleil diminue, une supplémentation en vitamine D peut compenser cette carence potentielle – subie par plus de 80 % de la population.

La vitamine C renforce le système immunitaire et favorise la santé globale. Elle se trouve majoritairement dans les agrumes et certains légumes (légumes verts), elle aide à prévenir les infections fréquentes en automne, telles que les rhumes et les grippes.

La spiruline est une excellente source de protéines végétales de qualité, elle contient une variété de vitamines (comme la vitamine B12 et la vitamine K), des minéraux (comme le fer et le magnésium) et des antioxydants. C'est un complément précieux pour les végétariens/véganes, mais aussi les personnes qui ont des carences nutritionnelles. Elle stimule l'énergie et combat la fatigue.

La vitamine B12 est souvent oubliée, pourtant elle est très importante pour la production d'énergie, la santé du système nerveux, mais également la formation des globules rouges. Cette vitamine se trouve majoritairement dans la viande et les légumineuses.

Attention : il convient de demander conseil à ton médecin traitant et/ou de réaliser une prise de sang avant de commencer une supplémentation.

ASTRO
LITHO

Le jaspe paysage

Une pierre aux vibrations douces et apaisantes.

Cette pierre envoûtante rappelle les dunes et les étendues de sable du désert. Elle porte également les noms de jaspe image, jaspe scénique ou encore jaspe du Désert du Kalahari, rappelant les paysages anciens du Sud aux colorations brunes et terreuses. Liée à l'élément de la terre, elle facilite l'ancrage, la connexion à l'instant présent, mais elle sert également de protection.

Elle encourage la pratique de la méditation et au repos spirituel. Cette pierre est parfaite à avoir auprès de soi au travail pour garder son sang-froid et apaiser lors d'une situation de crise ou de stress. Liée au chakra du troisième œil, elle apporte équilibre, paix intérieure et optimise nos intuitions. Elle est aussi fortement liée au domaine gynécologique, symbole de l'accouchement et du cycle féminin lunaire.

Si tu as un projet de construction de maison ou d'emménagement/déménagement, c'est la pierre qu'il te faut ! Elle décèle les sources d'énergie dans les nouveaux bâtiments. Elle est conseillée aux personnes désirant créer leur entreprise, apportant confiance en soi, favorisant la créativité et régulant les émotions. Posée sur un bureau ou dans un espace de travail elle apportera soutien dans tout projet professionnel.

Comme toutes les pierres, le jaspe se décharge et a besoin d'être purifié et entretenu. Cette pierre peut être nettoyée avec de l'eau claire ou légèrement salée tout comme avec de la terre ou de l'encens. Elle se recharge idéalement à la lumière du soleil et pour en accélérer le processus, il est possible de la déposer sur un amas de quartz ou une géode d'améthyste.

Ses mots-clés

- **Apaisement**
- **Ancrage**
- **Protection**

29
septembre

Merci pour…

Chère étoile, le mois de septembre se clôture pas à pas… Ce mois aura été idéal pour noter tes priorités du moment, faire des choses utiles pour ton bien-être et celui des autres.

Maintenant qu'il se termine, où et comment souhaites-tu investir ton énergie à l'approche du retour de l'hiver ? Que te reste-t-il à boucler en cette fin d'été ? N'oublie pas, comme chaque fin de mois, de gonfler ton cœur de gratitude !
Prends 5 ou 10 minutes pour écrire, ici, les choses pour lesquelles tu souhaites te remercier et celles pour lesquelles tu es fière d'être qui tu es. Quoique tu aies accompli ce mois-ci, il est important de te dire **merci !**

30
septembre

CHECK-UP

Clap de fin
sur le mois de septembre

Souviens-toi que tout est un jeu d'organisation et de routine à adapter et à adopter. Le dévouement et l'entraide sont plus que nécessaires.

Le neuvième mois de l'année se termine !
Cette saison pré-automnale associée à la reprise du travail et des cours invite à endosser son rôle de petite fourmi pour montrer une productivité infaillible. C'est une période qui mêle intellect et obligations personnelles/professionnelles. Et toi, où en es-tu ?

As-tu pris le temps de (re)définir ta routine quotidienne ? De te préparer à l'arrivée prochaine de l'automne ? Si oui, comment ?

....

....

....

Quelle a été ton plus grand accomplissement en septembre ?

....

....

....

Quelle a été ta leçon de vie personnelle en ce mois de septembre ? (Explique brièvement la situation et ce que tu en déduis)

....

....

....

....

Quelles ont été tes occupations favorites en septembre ?

....

....

....

Quel est ton plus beau souvenir de ce mois de septembre ?

....

....

....

Si tu devais décrire septembre en 3 mots, lesquels seraient-ce ?

....

....

Quel sera ton focus pour le mois d'octobre ? Pourquoi ?

....

....

....

Un petit mot doux à moi-même avant de débuter le nouveau mois ?

....

....

....

La saison de la Balance

Cette saison incarne l'équilibre subtil et fragile entre le jour et la nuit... et l'entrée dans une période de cocooning indispensable, tout aussi propice aux échanges avec de belles âmes.

Signe romantique, lié à l'élément air, dit « cardinal », la Balance incarne l'équinoxe d'automne – et donc un des points cardinaux de la roue du zodiaque. Les températures rafraîchissent, mais les cœurs se réchauffent sous l'effet des chaudes couleurs qui envahissent la nature.

La Balance est une amoureuse de la vie et des êtres humains, elle aspire à créer du lien avec toute âme qui aura envie de diffuser sa lumière. Soucieuse de justice et d'équilibre, la Balance est le signe qui rassemble tout le monde et qui sait comment trouver le consensus.

OCTOBRE

22 septembre-22 octobre

TO-DO

Douce âme,
quelle activité cocooning
prévois-tu cet automne ?

Mes intentions du mois

1 **Je m'investis davantage dans les relations** qui m'épanouissent et me font me sentir à ma juste place.

2 **Je fais du shopping** pour être au top de mon sex appeal.

3 **Je deviens ma propre meilleure amie** car je décide de m'aimer pleinement.

4 **J'accepte de participer à des événements et des soirées** où je ne connais pas forcément tout le monde, je m'ouvre aux rencontres !

5 **Je prévois une ou deux soirées cocooning** pour savourer les énergies de l'automne avec un bon chocolat chaud.

6 **Je m'offre une nouvelle pierre :** une opale rose, une rubellite, un œil-de-shiva...

7 **Je planifie ma soirée d'Halloween ou une autre festivité en l'honneur de la pleine lune** pour (r)éveiller ma magie intérieure.

8 **Je prépare une playlist spéciale automne** pour le plaisir de mes oreilles.

9 **Je pardonne** à une personne qui m'a fait du mal pour passer à un autre chapitre relationnel.

10 **Je (re)découvre mes placements en Balance sur mon thème astral).**

MOON BOARD

02 Octobre

Une lune de partage

Pour trouver l'équilibre relationnel !

La date de ma nouvelle lune :

La dixième nouvelle lune de l'année se déroule généralement fin septembre ou début octobre, dans le signe de la Balance. Cette lunaison t'invite à partager et à faire des efforts pour te (re)connecter aux autres, à essayer de garantir la paix, mais aussi tout simplement à (re)définir ta relation avec toi-même. Même si ce signe parle avant tout d'amour, il parle aussi d'amour de soi et de ta place dans ce monde et face aux autres.
L'autre est ton reflet. Ton miroir.

Si tu es actuellement dans un conflit houleux avec quelqu'un·e, c'est le moment idéal pour te demander ce que cette personne a fait pour te blesser, te frustrer ou encore te mettre en colère. Et c'est aussi l'instant ou jamais de te demander si cette part de l'autre qui te gêne tant n'est pas une partie de toi que tu essaies d'effacer voire de rejeter ?
Rappelle-toi que tu as ton point de vue tout comme l'autre a le sien : aucun de vous deux n'a tout à fait raison ou tout à fait tort. La réalité vous échappe et se teinte de diverses émotions qui vous traversent en ce moment même. La réalité est en dehors de votre situation et il convient de prendre le recul nécessaire pour l'observer. C'est une invitation à défaire les schémas et les chaînes relationnelles.
Enfin, c'est peut-être le moment d'entrer plus dans l'intimité de quelqu'un à qui tu tiens fort et de renforcer votre lien en partageant plus d'un secret… Les déclarations d'amour sont également les bienvenues, car l'expression des émotions sera sur le devant de la scène avec une telle lunaison !

AUCUN CRUSH NE RESTERA SECRET, IL EST GRAND TEMPS DE PARTAGER CE QUE TU AS SUR LE CŒUR.

03 Octobre

RITUEL

Mes routines sociales

Dresse une liste des projets inachevés et analyse ce que tu peux faire pour les clôturer avant la fin de l'année. Le timing est trop court ? Reporte à plus tard. Priorise deux ou trois projets maximum et accepte que certaines choses prennent plus de temps que prévu.

- Dresse une liste de compliments que tu souhaites adresser à tes proches.
- Pose des mots sur ta définition de l'amour.
- Adresse une lettre de pardon à quelqu'un que tu aimes ou à toi-même.
- Organise une sortie entre ami·e·s.
- Note ce que tu aimes le plus chez toi.

Mes projets inachevés	Les projets que je reporte à l'année prochaine

ÉCRITURE INTUITIVE

04
Octobre

Journaling
de fin de journée

Cinq choses que tu as faites pour toi et pour lesquelles tu es remplie de gratitude.

Trois choses qui t'ont soutenue et aidée à atteindre tes objectifs du jour.

Une chose que tu as faite pour quelqu'un d'autre et qui t'a rendue heureuse.

Trois choses que tu souhaites faire demain.

Trois émotions qui t'ont parcourue aujourd'hui.

Comment te sens-tu en cette fin de journée ?

Un petit mot supplémentaire à déposer ?

05
Octobre

PRÉDICTION

Mon amour, mes relations

Un tirage à 3 cartes pour faire un bilan relationnel et amoureux.

Ce tirage fait écho à celui de février (la saison du Verseau) et de son approche de la Saint-Valentin. Ici, focalise-toi sur ce que tu as appris sur le plan relationnel depuis le début de l'année en cours. Quelles leçons en tirer ? Pose une intention concernant les derniers efforts à fournir dans ce domaine avant de te retrouver face à ton bilan annuel.

Cette carte t'invite à visualiser l'état actuel des choses dans le domaine relationnel. Cette carte peut t'apporter des informations sur ta situation amoureuse actuelle, tes émotions ou les défis auxquels tu fais face.

Cette carte représente ce que tu devrais laisser aller ou abandonner pour ouvrir la voie à l'amour et aux relations épanouissantes. Elle peut te guider sur les attitudes, les croyances ou les comportements qui ne te servent plus et qui entravent ta capacité à vivre des relations harmonieuses.

Cette carte représente les qualités ou les comportements à cultiver pour t'attirer l'amour et créer des relations positives et saines. Cette carte peut mettre l'accent sur des aspects de toi-même qu'il convient de développer ou de mettre en avant pour établir des connexions profondes et significatives.

Visualise ton **équilibre intérieur !**

Parce que la Balance est un signe d'équilibre, chère étoile, je t'invite à trouver ton propre équilibre intérieur, en t'installant confortablement...

07
Octobre

ASTRO YOGA

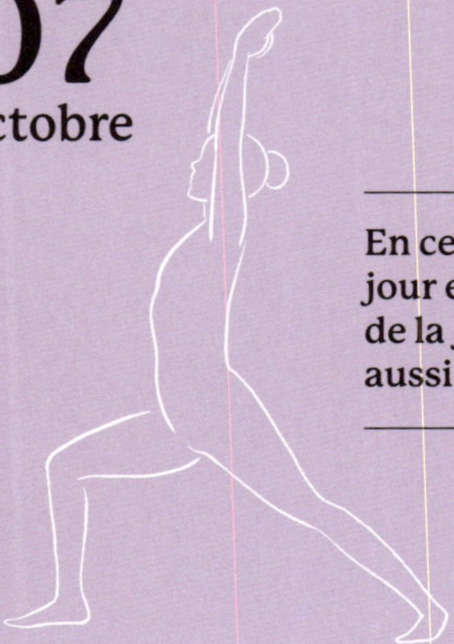

En cette saison dédiée à l'équinoxe d'automne et à l'équilibre entre le jour et la nuit, je t'invite à te connecter plus profondément à l'énergie de la justicière Balance en brandissant ton épée de guerrière. Mais aussi en trouvant le juste équilibre entre offensive et compromis.

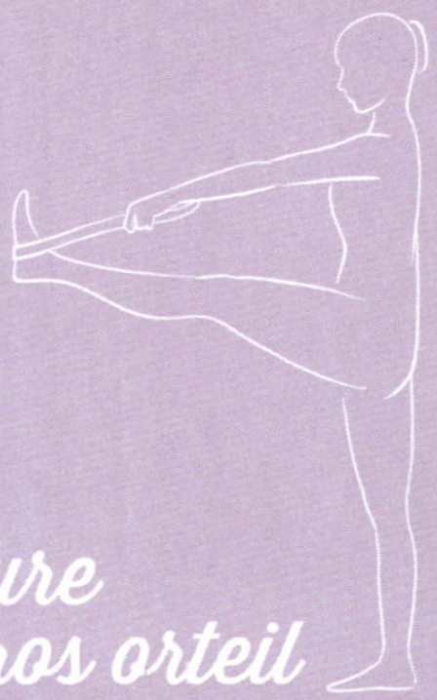

Yoga de la justice

Du guerrier 1 au guerrier 3

• Depuis la posture de la montagne, les mains sur tes hanches et le genou gauche à la poitrine en inspirant.
• En expirant, tends ta jambe gauche et dépose ton pied vers l'arrière du tapis. Tourne tes orteils légèrement vers la grande ligne du tapis, pour que ton pied soit posé à environ 45° à plat au sol.
• Plie ta jambe avant → un angle de 90°, genou au-dessus de la cheville. Les hanches bien tournées vers l'avant du tapis, et, en inspirant, lève les mains et le regard vers le ciel. Relâche tes épaules et ouvre ton cœur en grand. Engage les abdominaux, décolle le talon gauche du sol, → le gros orteil gauche dans le sol, puis décolle le pied pour basculer le poids du corps sur la jambe droite. Tends ta jambe droite (le genou plié si besoin) → soutien, ainsi que la jambe gauche → parallèle au sol. (n'hésite pas à prendre appui avec un bloc pour garder l'équilibre).
• Ajuste tes hanches bien alignées et parallèles au sol. Engage bien les abdos et les muscles des cuisses, même à l'arrière de la jambe gauche → surélevée.
• Pour sortir de la posture, inspire puis expire pour revenir en guerrier 1 puis en montagne. Puis répète de l'autre côté le même enchaînement.

Posture du gros orteil

Ta jambe levée devant toi et ton genou dirigé vers l'avant → maintiens ton équilibre, ton tronc droit les muscles de l'abdomen engagés. Si tu te sens stable, lève et tends lentement ta jambe vers l'avant.

Bonus
Tu peux essayer d'étendre ta jambe sur le côté, en gardant ton pied levé parallèle au sol.

Respire profondément → maintiens cette posture quelques secondes → concentre-toi sur ton équilibre et ressens l'étirement dans ta jambe. Sors de la posture → abaisse lentement ta jambe → reviens en posture de la montagne. Répète de l autre côté.

L'aigle

Debout, à l'avant de ton tapis, les pieds écartés sur la largeur du bassin. Inspire → pose plus de poids de corps sur ta jambe droite → lève le genou gauche vers la poitrine.

Expire → roule ton genou droit avec ta jambe gauche, cuisse gauche sur cuisse droite. → Passe le pied gauche derrière le mollet droit (si c'est possible) → fléchis légèrement le genou droit → baisse les fesses (comme pour t'asseoir sur un siège imaginaire). Inspire → passe le bras droit dans le pli du coude gauche → tente de placer tes paumes l'une contre l'autre. Tes bras sont croisés devant toi pour « verrouiller » ta cage thoracique, les épaules détendues et alignées et la tête droite.

Garde la posture pendant 3 à 5 respirations.

En expirant, déroule délicatement tes jambes et tes bras. Secoue-les délicatement en te redressant. Puis apprête-toi à reproduire la posture de l'autre côté.

Les aliments des **reins** et de la **vessie**

Douce âme, en ce mois d'octobre, gouverné par l'énergie de la Balance, le focus alimentaire est dédié aux aliments qui font du bien à tes reins et à ta vessie ! Car ce signe d'air est lié à ces organes et à la peau, et donc à ta beauté. Ce mois, tu prendras surtout soin de ta beauté intérieure pour envoyer valser tous les désagréments féminins et les potentielles inflammations urinaires.

Les canneberges et leur jus (pur et non sucré) sont connus pour leur capacité à prévenir les infections urinaires en empêchant les bactéries de se fixer aux parois de la vessie.

Le persil est un puissant diurétique naturel qui peut aider à éliminer les toxines et les bactéries de la vessie. Il contribue ainsi à soulager les infections urinaires.

L'ail possède des propriétés antimicrobiennes et anti-inflammatoires qui peuvent aider à combattre les infections urinaires et à en soulager les symptômes.

Les baies et les fruits rouges comme les fraises, les myrtilles et les framboises sont riches en antioxydants qui protègent les cellules de la vessie et renforcent le système immunitaire.

Le pamplemousse est un puissant anti-inflammatoire, efficace contre les infections et notamment celles qui se logent en région pelvienne. De plus, il est gorgé d'eau et aide à l'élimination des toxines.

Le yaourt et les probiotiques peuvent aider à équilibrer la flore bactérienne dans les voies urinaires en réduisant le risque d'infections urinaires.

Bien que ce ne soit pas un aliment, boire environ **1,5 à 2 l d'eau** par jour est essentiel pour maintenir une bonne hydratation. Elle favorise l'élimination des bactéries par les voies urinaires.

Le quartz rose

Une des pierres les plus reconnues et appréciées pour aimer et prendre confiance.

Liée au chakra du cœur, elle est remplie d'amour et de douceur, elle favorise la confiance en soi, mais aussi l'amour qu'on donne aux autres. Elle permet une communication sans conflit et favorise l'entente, ainsi que la sérénité – notamment dans le couple. Selon la mythologie grecque, la pierre de quartz rose serait apparue suite au geste d'Aphrodite, qui, découvrant son amant Adonis attaqué par un sanglier et gisant dans un buisson, se serait précipité pour le sauver. Blessés tous deux par les ronces, leur sang mêlé se cristallisa pour donner naissance à la jolie pierre rose que l'on connait.

Le quartz rose peut être porté par les enfants, les rassurant et leur apportant de la douceur.

Cette pierre peut être portée en bijou (collier, bague, boucles d'oreilles et autres dérivés), mais également être conservée près de soi sous forme de pierre roulée. Sous forme de pierre brute, elle sera parfaite pour décorer une pièce de vie ou une chambre dans laquelle elle diffusera ses bonnes ondes.

La pierre de quartz se nettoie à l'eau pure puis se recharge aux rayons de la lune ou du soleil. La placer sur une fleur de vie est idéal tout comme sur une planche de sélénite pendant quelques heures. La fumigation est aussi tout à fait efficace.

Ses mots-clés

- **Courage.**
- **Fidélité.**
- **Spiritualité.**

Mes challenges d'automne

Le changement de saisonnalité se fait sentir dans ton moral et tes routines quotidiennes ! Ne subis pas vis-le comme une véritable opportunité ! Quel petit challenge vas-tu relever ce mois-ci ?

- Agrandir ma collection de bougies.
- Tester 5 recettes différentes avec des potirons.
- Préparer une tarte aux pommes (ou des pancakes aux pommes-bananes, voir page 309).
- Me balader en pleine forêt ou dans un parc.
- Faire un marathon de séries ou de films d'horreur.
- Assister à un feu de camp.
- Trouver LA meilleure recette de chocolat chaud.
- Visiter une maison hantée.
- Porter mon ensemble de survêtement favori.
- Préparer ou acheter mon premier pumpkin spice latte de l'année.
- Faire un chili sin carne maison (voir page 314).
- Me rendre à un marché ce cucurbitacées et légumes d'automne-hiver.
- Aller cueillir des pommes.
- Concocter mon déguisement d'Halloween.
- Préparer ma soupe favorite.

11
Octobre

ÉNERGIE
VIBRATOIRE

Junon & Vesta

Deux astéroïdes qui incarnent de (très) près l'énergie de la Balance.

L'énergie de la Balance est gouvernée par Vénus, planète qui incarne l'énergie de l'amour, des valeurs et de l'argent. Elle est également gouvernée par deux autres astres et non des moindres : Junon et Vesta.

Dans la mythologie romaine, Junon est la déesse qui incarne la beauté, le mariage, l'amour et celle qui protège les femmes (notamment les femmes enceintes et les nouveau-nés), ainsi que les liens familiaux et contractuels. Elle ne représente donc pas seulement l'amour entre deux conjoints, mais elle exprime aussi tout ce qui a trait à la loyauté et à l'engagement durable sur le long terme. Cet astéroïde te donne des indications sur les caractéristiques que devrait posséder ton ou ta partenaire de vie. Sa position en signe et en maison décrit l'amoureux·se qui te correspondrait le mieux, mais elle représente également les valeurs nécessaires au bon fonctionnement d'une relation ou d'un engagement au sein de ta vie.

Quant à Vesta, dans la mythologie romaine, elle représente la Vierge qui fait vœu de chasteté dans le but de s'ouvrir à une sphère plus grande et bien plus spirituelle que ce qu'elle vit sur Terre. Elle se dévoue entièrement à une cause qui lui tient à cœur et qu'elle estime valable et importante pour le bien-être collectif. Cet astéroïde induit également une notion de justice et d'équilibre marquant la destruction du désir individuel au profit du bien commun et suivant un idéal et un espoir de marcher dignement vers nos objectifs de vie.

Allons faire un tour du côté de ton thème astral.

Dans quel(s) signe(s) se trouvent Junon et Vesta ?

....

....

....

Dans quelle(s) maison(s) ?

....

....

....

Qu'en-tu déduis par rapport à ton partenaire idéal ? Et ton sens de la justice ?

....

....

....

....

Quelle est ton affinité avec ces astéroïdes ? Te sens-tu proche d'eux ?

....

....

....

ÉCRITURE INTUITIVE

12
Octobre

Mon mini-herbier

Ciseaux, papier de soie et ruban adhésif te permettront, lors de tes balades, de donner vie à ton herbier !

Choisis des spécimens intéressants et en bon état. Une fois les feuilles ou les plantes collectées, dispose-les sur une surface plane et sèche. Prends une feuille de papier absorbant ou de papier de soie et plie-la en deux pour créer une pochette. Place une feuille ou une fleur à l'intérieur de la pochette et presse-la délicatement pour qu'elle adhère au papier. Répète le processus avec les autres feuilles collectées. Une fois terminé, place-les entre les pages d'un carnet ou d'un classeur. Utilise du ruban adhésif ou des pochettes plastiques pour fixer les feuilles à leurs emplacements respectifs. Écris le nom de chaque plante à côté de la feuille pressée (fais des recherches si tu ne le connais pas !). Cela te permettra de mieux identifier les spécimens à l'avenir. Laisse sécher l'herbier pendant quelques jours et admire le résultat.

J'attire à moi des relations saines et épanouis-santes.

CHECK-UP

14
Octobre

Un point c'est toi !

Où en es-tu après ces deux premières semaines d'octobre, entre bilan relationnel et préparatifs d'Halloween ou Samhain ?

Comment tu te sens, vraiment ?

Qu'as-tu réussi à mettre en place, au sein de tes relations, en seulement deux semaines ?

Qu'en est-il des mots que tu t'adresses à toi-même ?
Et des mots que tu adresses aux gens que tu aimes ?

Y a-t-il l'une ou l'autre chose que tu aimerais modifier dans ta manière de relationner ? Dans ta manière de communiquer tes sentiments et tes envies ? Si oui quoi ? Pourquoi ?

As-tu prévu quelque chose pour fêter Halloween ou Samhain ? (Pssst : file page 318 pour parler davantage de cette fête symbolique). As-tu pris le temps de décorer ta maison pour l'automne ?

Quel est le mot qui décrirait le mieux ces deux premières semaines d'octobre ?

Une envie particulière avant la fin du mois ?

Un petit mot pour te motiver toi-même ?

15
Octobre

ASTRO YOGA

Le Balance incarne l'association et la souplesse relationnelle. Liée à l'élément de l'air, ce signe sait comment s'adapter face aux aléas de la vie – et des relations. À travers cette pratique, je t'invite à prendre de la hauteur face à tes soucis quotidien et à t'envoler.

Yoga aérien

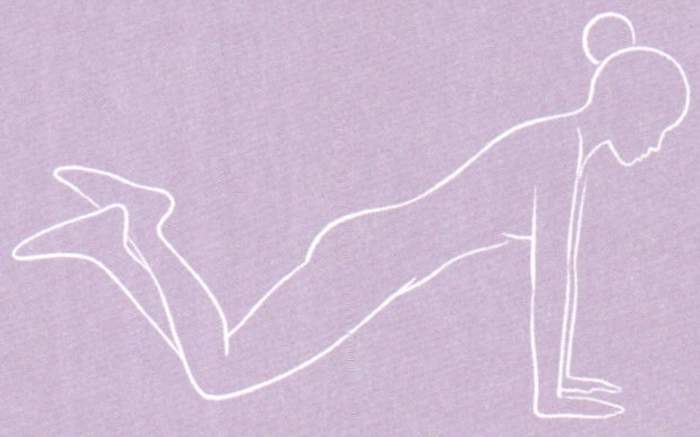

La table flottante (en équilibre)

- À quatre pattes, poignets alignés aux épaules et genoux alignés aux hanches (ou l'un contre l'autre si tu as plus de confort ainsi).

Engage les abdominaux.
Inspire → expire → orteils crochetés, lève les genoux à quelques centimètres du sol. → Reste entre 30 et 50 s → les yeux fixés sur le tapis devant toi. Relâche et redécolle les genoux du sol 3 ou 4 fois de suite, pour échauffer tes muscles abdominaux.

La pompe pilates (sur les genoux)

Toujours à quatre pattes, avance tes mains à un pas-deux devant toi, légèrement plus larges que la largeur des épaules et pointe les doigts vers l'avant.
Engage tes muscles abdominaux → stabilise ton tronc et maintenir une ligne droite de la tête aux genoux.

Bonus

Place-toi en planche sur les mains et exécute une pompe complète si tu le sens !

Bras fléchis as au niveau des coudes → abaisse ton torse vers le sol, en gardant les coudes près de ton corps.
Descends → tes bras forment un angle d'environ 90 degrés → pousse à nouveau avec tes bras → reviens à la position de départ.
Veille à maintenir une bonne posture tout au long du mouvement (cou et le dos alignés).

Répète le mouvement 8 à 12 fois, en fonction de ton niveau de force et de tes capacités du jour.

Le corbeau (en envol)

En posture de la guirlande (page 138). Place tes mains au sol devant toi → les doigts vers l'avant et écartés → crée une base solide avec les mains. → Pousse tes genoux vers l'extérieur de tes bras, en les plaçant sur les genoux ou les triceps. → Fléchis légèrement tes coudes. Abdominaux engagés → transfère progressivement ton poids sur tes mains. → Soulève lentement tes pieds du sol (un et puis l'autre, tu peux tester ton équilibre et garder un pied au sol, les orteils près des fesses). Balance ton poids vers l'avant → équilibre ton corps sur tes bras.
Avec les genoux → stabilise la position en les maintenant près des bras → regard fixe vers l'avant sur un point devant toi → pour maintiens l'équilibre. (Place un coussin devant toi pour éviter de te faire mal si tu tombes.) → Maintiens et respire profondément → concentre-toi et garde l'équilibre.
Sors de la posture → abaisse lentement tes pieds au sol → retourne dans la position de squat accroupi ou de l'enfant pour te reposer.

Cette posture vient nécessite de la patience et de la persévérance. Elle est parfait pour maîtriser un bon équilibre – sans se prendre trop au sérieux.

ASTRO
LITHO

16
Octobre

L'opale rose

Une pierre qui favorise le renouveau et active la transformation personnelle.

Efficace pour atténuer les grandes blessures émotionnelles, l'opale rose est une pierre de guérison, aussi appelée « pierre de l'espoir ». Elle serait née, selon la mythologie grecque, des larmes de Zeus lui-même après sa victoire sur les Titans. Liée au chakra du cœur, elle apaise la colère ou tout sentiment négatif et rééquilibre les émotions. Avec sa jolie couleur rose, elle encourage l'amour de soi et l'amour de l'autre en balayant les critiques et les mauvais jugements. C'est un soutien parfait pour les personnalités introverties car elle atténue la timidité et la réserve, accroît la sociabilité et permettant de nouer des relations.

L'opale rose se porte en bijou ou sous forme de pierre roulée. Tu peux la programmer en déposant une intention concernant tes émotions, une envie de guérison émotionnelle ou pour t'ouvrir à de nouvelles rencontres (amicales ou amoureuses).

Il est bon aussi de savoir qu'elle est bénéfique aux personnes souffrant de troubles du sommeil : à déposer sous son oreiller ou sur sa table de nuit !

Attention, le sel n'est pas approprié et risquerait de détériorer la pierre. Si tu comptes purifier ton opale avec de l'eau, utilise de l'eau douce ou distillée. Autre option : la poser toute une nuit sur une fleur de vie, ou la purifier par fumigation pendant quelques minutes grâce à de la sauge ou du palo santo.

Ses mots-clés

- **Renouveau.**
- **Calme.**
- **Amour.**

17
Octobre

MOON BOARD

La lune du chasseur

La dixième pleine lune de l'année marque le début de la saison de la chasse et était considérée ; à l'époque, comme le début de l'hiver et la fin des récoltes. C'était donc le moment où on faisait les provisions de viande pour la saison froide. C'est la lune de l'automne marquant alors le moment de partir en pleine nature pour profiter des jolies couleurs automnales.

La date de ma nouvelle lune :

Généralement cette lunaison se déroule dans le signe du Bélier, signe qui représente l'action, la volonté et l'individualité. C'est une lunaison qui t'invite à trouver le juste équilibre entre ce qui est bon pour toi et ce qui est bon pour autrui. Synonyme de clôture, elle t'invite à fermer définitivement un chapitre relationnel qui ne te correspond plus. Cela peut parler de ta relation à toi-même ou d'une relation amoureuse dont tu fais le deuil en en tirant les bonnes leçons. Cette lune panse tes blessures relationnelles profondes et t'aide à t'améliorer, te préparant à accueillir et à donner encore plus d'amour. Enfin... uniquement si tu acceptes son invitation !

C'est aussi le bon moment pour faire le point sur tes relations actuelles : en quoi elles te nourrissent et en quoi elles te challengent sur certains points. Quels compromis pourrais-tu faire pour que les choses se déroulent de la meilleure des manières ?

Quelles décisions pourrais-tu prendre pour stopper une situation douloureuse pour toi ou autrui ?

Défais-toi des pensées obsolètes et limitantes concernant l'Amour (avec un grand A) et crées-en ta propre définition !

Si tu es en couple, c'est le moment de raviver la flamme de la passion.

Si tu es célibataire, c'est le moment de te demander ce que tu recherches en amour et pourquoi.

Mes rituels

- Rédiger une liste de gratitudes.
- Écrire tout ce que tu ressens concernant une relation du passé et brûler la feuille.
- Pratiquer la respiration du feu ou courir en pleine nature.
- Te faire couper les cheveux.

Cartographie astrale en Balance

Je suis belle, aimée et aimante.

La Balance est l'incarnation même de l'amour qu'on porte fièrement et qu'on partage à qui le voudra. C'est aussi une représentation de la beauté : l'art, la beauté physique, mais aussi la beauté à l'intérieur du soi et qui vient du cœur.

Parce que son énergie vibre dans un ou plusieurs domaine(s) de ta vie quotidienne, découvre quels sont-ils en réalisant ton thème astral !

Quelles sont tes planètes en Balance ?

Quelle est ta maison en Balance ?

Comment ressens-tu l'énergie de la Balance en toi – au quotidien ?

Quelles caractéristiques de la Balance te correspondent ?

Sociabilité	Naïveté	Éloquence	Indécision
Négociation	Romantisme	Impartialité	

Liste tes musées favoris :

19
Octobre

ASTRO
YOGA

En cette fin de saison de la Balance, je t'invite à prendre un moment pour (re)travailler ton équilibre ou, plutôt, pour le challenger. Car la saison du Scorpion te demandera d'aller puiser dans tes ressources les plus profondes... Prête pour ce challenge ?

Yoga de l'équilibre

Le cœur aimant et les torsions

- À quatre pattes.
- Poignets alignés en-dessous des épaules.
- Genoux alignés, en-dessous des hanches.

Avance tes paumes de mains vers l'avant du tapis, le menton/ou le front et la poitrine contre le sol.

Inspire → expire 3 à 5 fois dans la posture.

Ajoute des torsions → passe ton bras gauche sous le bras droit (toujours posé à l'avant du tapis) → tourne la tête du côté droit, joue contre le sol.

Répète de l'autre côté en passant le bras droit sous le bras gauche (allongé sur le sol) → tourne le regard vers la gauche.

Le dauphin

- En planche sur les avant-bras pour faciliter l'arrivée dans la posture.
- Pieds rapprochés de la poitrine, coccyx vers le ciel.
- Regard dirigé entre les deux pieds.

Tu peux plier légèrement les genoux si tu ressens des tensions à ce niveau. Les talons peuvent être également décollés du sol pour un meilleur placement du dos et de la colonne vertébrale.

Le poirier avant-bras

- Face à un mur, dans la posture de la planche sur les avant-bras.
- Les coudes écartés à la largeur des épaules, concentre-toi sur ton alignement.

Les doigts entrelacés → forme un triangle avec les avant-bras. Assure-toi que tes coudes sont bien positionnés sous tes épaules.
Place le sommet de ta tête, entre tes mains, à quelques centimètres du sol. Tes avant-bras forment ainsi un support stable pour ta tête. → Soulève tes genoux du sol → marche lentement vers l'avant jusqu'à ce que tes hanches soient alignées aux épaules. Tes pieds peuvent rester au sol ou se soulever légèrement.

Une fois l'équilibre trouvé → engage tes abdominaux → lève ta jambe droite, puis ta jambe gauche vers le plafond.
Tu peux arrêter ici ou tester la posture complète.
Engage bien tes abdominaux → lève une jambe, puis l'autre vers le plafond.
Plie les genoux si nécessaire, surtout si tu débutes dans cette posture.
Le regard fixé entre tes mains ou sur le sol → maintiens l'équilibre et la stabilité.
Reste autant que possible en maintenant une conscience de ton alignement et de ta stabilité.
Sors de la posture → plie les genoux → abaisse tes jambes lentement vers le sol en revenant à genoux.
Tu peux te mettre en posture de l'enfant (p. 14) pour te reposer.

Cette posture avancée améliore l'équilibre intérieur, la concentration et la confiance en soi. Comme pour toute pratique de yoga, écoute toujours ton corps et ne force pas la posture au-delà de tes limites.

Pancakes protéinés

Voilà un petit-déj' sucré, gourmand, mais sain et plein de bons nutriments à garnir comme tu le souhaites ! En cette saison, ils seront accompagnés de pommes (caramélisées ou non) et de yaourt frais avec une pointe de cannelle !

Ingrédients (pour 4-6 pancakes)

- 2 bananes mûres
- 4 œufs
- 30 g de poudre de protéines végétales (vanille, chocolat, ou autre) ou de farine d'amande ou d'avoine
- 1/2 cuillère à café de cannelle
- 1 pointe de levure chimique
- Huile de coco ou d'olive (pour la cuisson)
- Garnitures au choix : pommes, sirop d'érable, yaourt, etc.

Écraser les bananes jusqu'à obtenir une purée lisse. Ajouter les œufs et mélanger bien jusqu'à obtenir une pâte homogène. Ajouter la poudre de protéines (ou la farine), la levure et la cannelle puis mélanger à nouveau.
Chauffer une poêle à feu moyen et graisser d'une petite quantité d'huile d'olive (ou de coco). Verser la pâte à pancakes en petits ronds plats. Cuire des deux côtés.
Une fois tous les pancakes cuits, les dresser et décorer de garnitures.

21
Octobre

ÉCRITURE INTUITIVE

Miroir, mon beau miroir

À quelques heures de la fin de la saison de la « beauté », incarnée par le signe de la Balance, je t'invite à te poster quelques minutes devant ton miroir pour en apprécier le reflet !

Décris ton visage.

Que vois-tu dans tes yeux ?

Que t'inspire ton sourire ?

Comment sont tes cheveux ?

Portes-tu des bijoux ?

As-tu des cicatrices ? Te rappelles-tu les événements liés à cela ?

As-tu des tatouages ? Que signifient-ils ?

Qu'en est-il de ta silhouette ? Comment la perçois-tu ?

Cite les 3 choses que tu aimes le plus lorsque tu te regardes dans le miroir :

ASTRO
LITHO

22 Octobre

L'œil de Shiva

Une pierre aussi appelée « œil de Sainte-Lucie » ou « œil de Vénus » considérée comme un porte-bonheur.

Cela va sans dire, cette pierre de la famille des mollusques est souvent récoltée par des pêcheurs professionnels qui la remettent à l'eau après en avoir extrait l'opercule. Lié au dieu Shiva dans la mythologie hindoue (dont l'œil est souvent représenté fermé tant il est réputé puissant), il symbolise la protection.

Cette pierre apporte confiance en soi, mais aussi assez de sérénité, nécessaire pour affronter les hauts et les bas de la vie. Liée au chakra du troisième œil, elle éloigne les mauvaises ondes, ainsi que la malchance, et permet d'appréhender l'avenir sans crainte. La légende dit que lorsqu'elle est placée dans un portefeuille, elle apporte la prospérité financière. Elle a également la particularité de convenir à tous les signes du zodiaque et d'agir sur les sept chakras.

Pense, toi aussi, à glisser un oeil de Shiva dans ton portefeuille ou dans une tirelire en posant une intention concernant un projet que tu souhaites réaliser, mais qui requiert une certaine somme d'argent. Tu peux aussi l'attacher à un bracelet ou à un collier.

Tu peux la purifier avec de l'eau de préférence froide et savonneuse. Idéalement dans une coquille Saint-Jacques ! Pour un meilleur entretien, elle peut être humectée de quelques gouttes d'huile végétale. Quant à sa recharge, elle se fait quelques heures à la lumière du soleil ou de la lune. Tu peux aussi simplement la déposer sur une fleur de vie.

Ses mots-clés

- **Protection.**
- **Postérité.**
- **Confiance.**

Je romance ma vie comme bon me semble.

ASTRO DICO

24 Octobre

Les mots de la saison de la Balance

L'équilibre est la chose que tout être recherche au quotidien. C'est un état de bien-être, d'harmonie et d'alignement avec soi, mais aussi le monde qui nous entoure. C'est un niveau de conscience profond qui implique les notions de sagesse, de sérénité et de maturité.

Quelle est ta définition du mot :

Amour

Séduction

Beauté

Relation

Equilibre

25
Octobre

Chili sin carne

Besoin d'une recette pour réchauffer ton cœur sans avoir envie de soupe ? Quelque chose de plus spicy ? Voici la recette qu'il te faut ! Tu peux l'accompagner de riz ou de pain si tu n'as pas de tortillas ni de nachos à disposition !

Ingrédients

- 2 c. à s. d'huile d'olive
- 1 oignon haché
- 2 gousses d'ail, émincées
- 1 poivron rouge, coupé en dés
- 1 poivron jaune, coupé en dés
- 1 carotte, coupée en dés
- 1 boîte de haricots noirs, égouttés et rincés
- 1 boîte de haricots rouges, égouttés et rincés
- 1 boîte de tomates concassées (400 g)
- 2 c. à s. de pâte de tomates
- 1 c. à s. de chili en poudre
- 1 c. à c. de cumin moulu
- 1 c. à c. de paprika
- Sel, poivre et coriandre fraîche, hachée (facultatif)
- Jus de citron vert (facultatif)

Faire dorer l'oignon et l'ail dans l'huile d'olive. Ajouter les poivrons et la carotte et faire sauter quelques minutes. Ajouter les haricots rouges, noirs, les tomates concassées et la pâte de tomates. Bien mélanger le tout. Assaisonner le mélange avec le chili en poudre, le cumin moulu, le paprika, le sel et le poivre. Ajuster les assaisonnements, couvrir et laisser mijoter à feu environ 15-20 min. Ajouter la coriandre fraîche hachée et un filet de jus de citron vert.

ÉCRITURE INTUITIVE

26 Octobre

Le rendez-vous galant idéal

La saison de la Balance laisse place à celle du Scorpion, deux signes profondément liés à la relation de couple.

La Balance parle de séduction et d'union, tandis que le Scorpion parle de sensualité et d'intimité émotionnelle. Pour explorer ces énergies, dresse ici l'histoire de ton rendez-vous galant idéal. Peut-être l'as-tu déjà vécu. Peut-être pas. Ou peut-être le planifies-tu avec l'élu·e de ton cœur ? Prends le temps d'embrasser ta part la plus romantique !

27
Octobre

CONSEIL
ET BIEN-ÊTRE

Les langages de l'amour

Le moment est idéal pour lire l'œuvre de Gary Chapman : ce livre relate les 5 manières de se parler d'amour et de le vivre ! Les clés idéales pour que deux partenaires parlent le même langage et se comprennent enfin !

L'un des principaux problèmes des couples n'est pas le manque d'amour ni de projets en commun. Les problèmes viennent souvent du fait qu'ils n'expriment pas leur amour de la même façon. L'auteur a alors recensé 5 langages (spécifiques) qui viendraient remplir notre « réservoir émotionnel ». Plus ce réservoir est plein, mieux nous nous sentons et plus il est vide et plus nous sommes malheureux.

Le premier langage, « les paroles valorisantes », regroupe les compliments, les encouragements, les marques d'affection exprimées à haute voix. Ce sont les « Je t'aime », « Tu es beau·belle », « Je me sens bien avec toi »... énoncés gratuitement. **Le deuxième langage**, « les moments de qualité », traduit le temps privilégié partagé à deux. Ce moment où on coupe tout écran, où on met de côté tout élément perturbateur pour se consacrer seulement à son binôme, lui parler, l'écouter, le ou la regarder ou le ou la prendre dans ses bras en étant pleinement présent·e. **Le troisième langage** est traduit par les cadeaux, dont la valeur n'a aucune importance : ce qui compte vraiment, c'est de montrer à l'autre qu'on a pensé à lui ou à elle, avec un présent digne de ses attentes et montrant qu'on l'écoute et s'intéresse à elle. **Le quatrième langage** : les services rendus. Rendre un service faisant plaisir à l'autre est tout un art, demandant de la réflexion, de l'organisation et de l'énergie. Enfin, le **cinquième et dernier langage** : le toucher, à savoir le contact physique pour exprimer son affection, son soutien, son amour. Cela peut être un câlin, un bisou ou un massage

Quel est le langage de l'amour que tu as le plus connu/reçu de la part de ta famille, en étant enfant ?

Quel est le langage de l'amour que tu développes le plus, aujourd'hui ?

Quel est celui que tu aimes le plus recevoir, au sein de ton couple ?

ASTRO
LITHO

28
Octobre

La tourmaline rose

Une pierre symbolisant amour et enfant intérieur.

Aussi connue sous le nom de rubellite qui signifie « rougeâtre », cette pierre atténue les blessures émotionnelles profondes, notamment celle liées à l'enfance – et à la figure maternelle – et permet de se reconnecter à son enfant intérieur. Liée au chakra du cœur, elle apporte un sentiment de sécurité et stimule la compassion, vis-à-vis de soi, mais également des autres. Elle permet notamment de dissiper la colère intérieure et de la remplacer par la tendresse, ainsi que la douceur. Cette pierre est idéale pour apaiser les conflits maternels.

Une légende égyptienne raconte que des tourmalines seraient apparues des arcs-en-ciel, jaillissant ainsi du centre de la Terre et justifiant leurs nombreuses teintes subtiles.

L'énergie dégagée par cette pierre étant très maternelle, tu peux déposer la rubellite dans une chambre ou dans une pièce dans laquelle tu es régulièrement et où tu souhaites diffuser ses énergies de guérison. Tu peux aussi la porter en bracelet ou en pierre roulée. Apaisante, elle est totalement adaptée aux enfants souffrant de troubles du sommeil ou d'hyperactivité.

Cette pierre peut s'effriter au contact de l'eau, donc je te conseille de la purifier via la fumigation (sauge, encens, palo santo) ou de la poser sur une fleur de vie. Ensuite, tu peux la recharger à la lumière du soleil ou de la lune.

Ses mots-clés

- **Douceur.**
- **Amour.**
- **Soin.**

29
Octobre

ÉCRITURE INTUITIVE

Le Nouvel An des sorcières

Trick or treat, c'est Halloween !

Halloween et Samhain, le Nouvel An des sorcières, arrivent à grands pas ! C'est la fin du cycle solaire et le début du véritable hiver qui s'enclenche... Qu'as-tu prévu pour cette soirée si symbolique ? Qui marque la connexion entre le visible et l'invisible et qui invite au rituel magique ?

Le savais-tu ? Samhain signifie novembre en gaélique. Très scorpionesque comme info, non ?

Quels films (d'horreur) as-tu prévu de regarder ?

....

....

....

As-tu déjà choisi ton costume ?

....

....

Avec qui vas-tu célébrer ce passage symbolique à l'heure d'hiver ?

....

....

....

As-tu prévu une recette ou un repas en particulier ?

....

....

....

Comment t'imagines-tu le déroulement de la soirée ?

....

....

....

Dessine ton costume de rêve ou dessine tout ce que t'inspire l'énergie de Samhain :

Merci pour...

Chère étoile, le mois d'octobre se termine pas à pas... Et il s'en est passé des choses ! C'est le moment de gonfler ton cœur de gratitude et de te remercier. Oui, de te remercier TOI !

Pour tout ce que tu as accompli en ce mois d'octobre.

Ça peut être une folie d'accomplissement, mais ça peut aussi être simplement le fait d'être restée toi-même et d'avoir suivi ta voie intérieure.

Prends 5 ou 10 minutes pour écrire, ici, les choses pour lesquelles tu souhaites te remercier et celles pour lesquelles tu es fière d'être qui tu es.

Clap de fin
sur octobre

Le dixième mois de l'année est révolu ! Aujourd'hui, cette saison automnale est associée à une période de cocooning durant laquelle on observe le paysage muer et changer de couleur avec une bonne boisson chaude. C'est aussi un moment où les choses ralentissent (jusqu'à Halloween) avant de s'accélérer à nouveau à l'approche des festivités de fin d'année. Profite de ces énergies de transition – et d'équilibre.

Quel est ton plus beau souvenir de ce mois d'octobre ?

....

As-tu pris le temps de célébrer le début de l'automne ?
De fêter Halloween ? Si oui, comment ?

....

Quel a été ton plus grand accomplissement ?

....

Quelle a été ta leçon de vie personnelle en ce mois d'octobre ?
(Explique brièvement la situation et ce que tu en déduis)

....

Quelles ont été tes occupations favorites ?

....

Si tu devais décrire octobre en trois mots, lesquels seraient-ce ?

....

Quel sera ton focus pour le mois de novembre ? Pourquoi ?

....

Un petit mot doux à toi-même avant de débuter
le nouveau mois ?

....

La saison du Scorpion

Cette saison incarne l'énergie de l'invisible, la connexion avec ce qui dépasse le monde rationnel. Période brumeuse et froide, elle encourage à l'introspection pour réveiller sa magie intérieure.

Signe ténébreux, lié à l'élément eau, dit « fixe », le Scorpion incarne le milieu de l'automne et le déclin de la nature avant sa renaissance, appelant à semer les graines qui émergeront au printemps prochain. Le Scorpion invite à faire le deuil des obstacles et échecs de l'année relations, projets, espoirs. Et peut-être même à guérir, cicatriser suite à une blessure. Il nous demande aussi d'oser nous confronter à nos parts d'ombre, à nos pulsions et à nos côtés sombres pour en faire jaillir la lumière qui vient de notre cœur et de notre âme.

TO-DO

Mes intentions du mois

Alors, chère étoile, comment souhaites-tu profiter de cette saison suspendue dans le temps ?

1 **J'investis davantage d'énergie en moi-même** pour atteindre l'un ou l'autre de mes derniers objectifs de l'année.

2 **je prends rendez-vous avec mon astrologue ou mon énergéticienne** pour faire un point sur mes émotions.

3 **J'adresse des mots d'amour à mon corps** car sans lui, je ne me connecterai pas aux autres…

4 **Je m'offre un nouveau sextoy** ou je prends le temps d'observer mon rapport à la sexualité.

5 **Je médite** et je fais des exercices de respiration.

6 **Je m'offre une nouvelle pierre** : une obsidienne, une tourmaline, un onyx…

7 **Je me laisse porter par le flow de la vie** et je lâche mon envie de contrôle.

8 **Je me (re)plonge dans une de mes passions.**

9 **Je transforme la vision** que j'ai d'un événement malheureux survenu au cours de cette année.

10 **Je (re)découvre mes placements en Scorpion sur mon thème astral.**

MOON BOARD

02
Novembre

Nouvelle lune en Scorpion

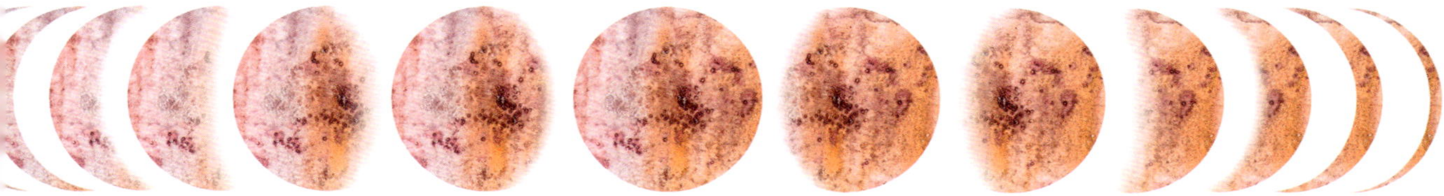

Pour montrer son côté sombre !

La date de ma nouvelle lune :

La onzième nouvelle lune de l'année se déroule généralement fin octobre ou début novembre, dans le signe du Scorpion. Cette lunaison parle des parts sombre de l'être humain : autodestruction, mœurs, tabous et tout ce qui est susceptible de te révulser ou de te mettre en colère. Il est temps de faire un grand nettoyage intérieur et de purifier à la fois tes pensées, mais aussi ton chez-toi ! Cette énergie ténébreuse t'invite à faire face à tes parts d'ombre pour les traverser et aller vers la lumière. C'est remuant oui, mais plus que nécessaire ! Car si tu ne plonges pas tes mains dans le linge sale pour le nettoyer, l'étendre et le repasser, il ne se lavera pas de lui-même. Il en va de même pour tes blessures et tes traumas du passé. **Si tu n'acceptes pas de les voir et d'y poser des mots, boucler la boucle une bonne fois, ces fantômes hanteront, d'une manière ou d'une autre et t'empêcheront d'avancer.**

Le ciel t'invite à lâcher-prise une bonne fois pour toutes avec tes mauvais schémas intérieurs, et tout particulièrement avec tes obsessions, tes peurs, tes mauvais songes et tes attitudes disgracieuses (méchanceté, critique, etc.). Tu dois traverser tes propres ombres pour en faire jaillir la lumière.

Enfin, cette nouvelle lune t'envoie un coup de boost pour te permettre de maintenir le cap, même si c'est difficile... D'autant plus avec les nuits plus longues et le froid qui se loge, pas à pas, dans ton quotidien. Dis-toi que c'est le bon moment pour mettre les bouchées doubles avant un repos bien mérité ! Structure ton esprit et visualise-toi atteignant ce fameux objectif pour lequel tu te démènes tant ! Quelles sont les émotions et les sensations que cette réussite te procurera ?

03
Novembre

RITUEL

Mes rituels de purification

Dresse une liste de tes défauts et de tes faiblesses quotidiennes (en étant sincère et honnête envers toi-même) et une liste de comportements ou de qualités contrebalançant avec ta part d'ombre. Car comme le Scorpion te le dirait : il n'y pas de lumière sans ombre... Alors embrasse toutes les parts de toi, elles font qui tu es et te permettent de cheminer, même lorsque ce n'est pas évident !

- Note, structure et planifie un objectif que tu dois atteindre d'ici fin novembre ou fin décembre.
- Dresse une liste de tous tes schémas répétitifs ou mauvaises habitudes à éliminer (prends le temps de détecter d'où elles viennent et comment les transformer).
- Purifie ton intérieur avec de la sauge.
- Fais du tri dans ton chez-toi, vends ou offre ce qui ne te sert plus.
- Crée un autel dédié à une thématique ou à une déesse ou réarrange-le si tu en as déjà un.

Mes défauts et mes faiblesses	Mes qualités et mes forces

LIBÈRE LA LUMIÈRE DE TON ÂME
POUR FAIRE FACE AUX DÉMONS DU QUOTIDIEN.

ÉCRITURE
INTUITIVE

04
Novembre

Se libérer des rancunes

Cet exercice en trois parties t'aidera à évacuer tous les ressentiments toxiques que tu entretiens encore aujourd'hui envers une personne ou une situation vécue et qui entravent ta bonne vision des choses.

Tu auras besoin d'instaurer ton propre rythme, car tu ne seras peut-être pas capable de faire face à tous tes ressentiments en une seule séance. À la fin de cet exercice, tu auras franchi une étape importante et trouvé une toute nouvelle énergie, ainsi qu'un nouvel optimisme.

Pour commencer, tu peux choisir de travailler sur un (res) sentiment précis, ou sur toutes les choses et toutes les personnes qui t'ont inspirées des sentiments négatifs. Assure-toi simplement d'utiliser une nouvelle page pour chacune de tes rancunes. Plus tu noirciras le papier, plus l'origine de ton ressentiment sera précise et détaillée, mieux cela fonctionnera.

Quelle est l'origine de cette rancœur ? Dans quelle situation, avec quelles personnes cela s'est produit et quels ont été les mots ou les actes qui t'ont blessée ? Explique cela avec le plus de précisions possibles.

Quel était ton rôle dans cette situation ? En quoi as-tu été fautive ? C'est la partie la plus difficile. De plus, si la rancune ou la blessure a été ouverte lors de ton enfance, ne te blâme pas. Tu n'étais qu'une enfant. Alors observe simplement ton comportement actuel face à cette situation et les potentiels masques et carapaces que tu arbores au quotidien à cause de cela.

Évacue ! Comment aurais-tu souhaité que cela se passe ? Quelle(s) leçon(s) de vie gardes-tu de cet événement ou situation ? À toi d'évacuer le deuil, la perte, le chagrin ou la colère…

Clôture en te disant : c'est ok et c'est très bien comme ça. Car on ne peut changer le passé, c'est une phase d'acceptation. Mais tu peux toujours changer le regard que tu as sur cette situation, la manière dont tu te racontes ta propre histoire et ton comportement d'aujourd'hui face à cela.

Sexualité et conviction

Un tirage à 5 cartes pour jauger de ta confiance envers toi et te prodiguer quelques conseils en matière de sexualité.

Ces cartes t'inviteront à réaliser le focus sur un domaine dans lequel il convient de prendre confiance en toi, mais il mettrait également en avant ce qu'il convient de lâcher, une bonne fois pour toutes, pour t'épanouir et être en paix avec ton cœur et ton corps. Ce tirage peut être accompagné d'un tirage relationnel/amoureux comme celui de février ou d'octobre.
Ou d'une seule carte bonus concernant ta relation amoureuse.

Cette carte t'invite à visualiser les domaines de ta vie dans lesquels tu manques de confiance en toi-même, à identifier ceux dans lesquels ou tu doutes, pour pouvoir y remédier.

Cette deuxième carte met en lumière ta relation à ta sexualité. Elle peut te donner des indications sur les blocages, les croyances limitantes ou les expériences passées pouvant influencer ton épanouissement sexuel.

Cette troisième carte représente les blessures émotionnelles ou les expériences pouvant avoir un impact sur ta confiance en toi et ta sexualité. Elle t'apporte des conseils, des solutions, pour faire face à ces blessures, les guérir et te libérer de leur emprise.

Cette quatrième carte te guide vers l'épanouissement sexuel et t'encourage à explorer tes désirs, tes besoins et tes limites. Elle te rappelle l'importance de communiquer ouvertement avec ton partenaire et de te donner la permission de vivre une sexualité épanouissante.

Cette carte bonus représente le domaine amoureux.

MÉDITATION

06
Novembre

Visualise le lâcher-prise

En cette saison grise et automnale, le silence revient. En l'approche de cette fin d'année, je t'invite à lâcher prise…

En cette saison dédiée au retour à soi et à l'exploration de sa sensualité, je t'invite à te connecter plus profondément à ton énergie yin (féminine) et à dissiper les potentielles douleurs de règles que tu peux vivre lors de tes cycles. Ces postures apaiseront ton bidou en un temps record !

Yoga de féminité

La déesse du sommeil

- Allongée sur le dos.
- Genoux pliés vers l'extérieur du tapis, plantes de pieds l'une contre l'autre. Si possible, amène tes talons plus près de ton bassin, il doit y avoir environ la distance d'une ou deux mains entre ton sacrum et tes pieds.

Pour plus de confort : pose un coussin sous ta tête ou sous le bassin.
Tu es dans la posture du papillon (voir p. 58), en version couchée. Démarre une respiration abdominale profonde et reste autant que tu veux dans cette posture de repos.

Le demi-pont (avec brique sous le sacrum)

- Couchée sur le sol.
- Genoux fléchis, pieds sur le sol dans la largeur des hanches.

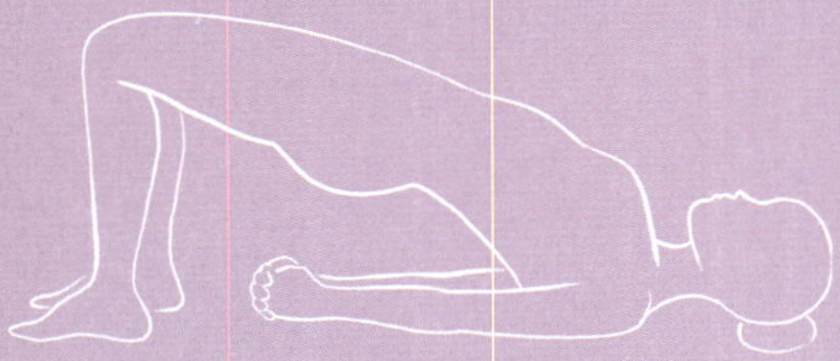

Inspire → presse doucement tes pieds dans le sol pour soulever ton bassin.
Place un bloc de yoga sous ton sacrum (la partie inférieure de ta colonne vertébrale) en étant couchée sur le dos.
Tes bras le long du corps, paumes vers le bas, ou étendues vers l'arrière → allonge tes jambes vers l'avant du tapis.
Reste cans cette position quelques minutes → respire profondément → étire-toi en te relaxant.
Place tes mains sur ton ventre.
Inspire lentement → lève le bassin → enlève délicatement le bloc de yoga logé sous le sacrum.
Couche toi totalement et laisse infuser les bienfaits de la posture.

Le câlin à soi

- Allongée sur le dos
- Genoux fléchis sur poitrine.
- Bras autour des genoux.

Inspire profondément → expire en ramenant le nez vers les genoux. → Serre-les contre ta poitrine autant que tu le peux, sans ressentir de douleur.

Balance-toi sur le côté ou d'avant en arrière pour masser ton bas du dos, les épaules détendues et ta tête relâchée. Respire profondément en essayant de te détendre davantage à chaque expiration.
Ajoute une légère torsion → laisse tes genoux tomber doucement vers un côté, les épaules et le dos au sol.

Répète de l'autre côté.

Sors de la posture → relâche tes genoux → baisse les pieds sur le sol → étire tes jambes complètement. Tu peux ensuite faire la posture de l'enfant (p. 14) en plaçant un coussin ou une bouillote sous le ventre.

ASTRO FOOD

Les aliments de la libido

Douce âme, en ce mois de novembre, gouverné par l'énergie du Scorpion, le focus alimentaire est dédié aux aliments qui boostent ta libido et soutiennent tes organes génitaux ! Car ce signe d'eau est lié à la thématique de la sexualité et aux tensions, pulsions et passions exprimées – et parfois refoulées. Alors, avec quels aliments concocteras-tu un délicieux plat aphrodisiaque ?

Les huîtres : à déguster lors d un dîner aux chandelles, car elles sont riches en zinc, qui est un minéral essentiel pour la production d'hormones sexuelles et la santé reproductive.

L'avocat, une fois de plus, t'apportera tout ce dont tu as besoin, et cette fois pour stimuler la production d'hormones sexuelles ! Il est riche en acides gras sains, en vitamine E et en vitamine B6.

Les fruits de mer tels que les crevettes et les moules, sont riches en acides gras oméga-3, en zinc et en vitamines B, qui améliorent la circulation sanguine et... surtout qui stimulent la libido.

Les fruits rouges sont riches en antioxydants et en vitamines C, ce qui aide à maintenir la santé gynécologique et stimule la libido. Un échange de fraise de lèvres à lèvres ? Ou une touche de gel de massage à framboise ?

Le gingembre, bien évidemment connu pour ses propriétés stimulantes et aphrodisiaques, améliore la circulation sanguine et augmente la libido.

Les graines de citrouille, ajoutées dans les salades ou dans certains desserts, sont riches en zinc, en magnésium et en acides gras sains, qui favorisent l'équilibre hormonal et soutiennent la santé gynécologique.

Le chocolat noir est réputé pour ses propriétés aphrodisiaques et il stimule la libération d'endorphines, ce qui favorise la détente et le plaisir : à étaler sur son partenaire sans réserve pour une soirée « pas que cocooning ».

Le ginseng est une plante adaptogène qui aide à réduire le stress : elle stimule l'énergie et améliore la libido. Idéale en complément alimentaire lorsque le besoin s'en ressent.

09
Novembre

ASTRO
LITHO

La tourmaline noire

Pierre de protection, elle absorbe tout onde ou énergie négative environnante, tout particulièrement dans le foyer.

Cette pierre, aussi appelée schorlite, protège de toute personne néfaste qui souhaiterait poser un pied dans ta maison. C'est une pierre d'ancrage qui aide à garder les pieds sur terre et qui favorise la concentration, une pierre privilégiée des chamanes. Accompagnée d'une labradorite, elle protège aussi les praticiens des énergies négatives de leurs patients. Elle absorbe aussi les énergies électrostatiques et protège des appareils électriques. Elle est très utile pour rééquilibrer les énergies du foyer.

La tourmaline existe sous diverses formes : bijoux, forme brute, pierre polie, formes spéciales... Mais elle peut également être conservée auprès de soi sous forme de bracelet ou petit fragment. Au contact de la peau, elle augmente les énergies vibratoires. Des maux de tête suite à une utilisation des écrans prolongée ? Elle fera des miracles sur votre front ! Idéale pour la circulation et les personnes anémiées, elle est liée au chakra racine et symbolise la force de vie. Sous forme de pierre brute, elle sera parfaite pour canaliser les énergies d'un hall d'entrée ou d'une pièce de vie, dans votre cuisine ou près de votre bureau !

Plusieurs manières de l'entretenir : eau pure, eau salée ou sel pur. Quant à sa recharge elle se fait sous les rayons de la lune ou du soleil, idéalement sur amas de quartz.

Ses mots-clés

- **Courage.**
- **Fidélité.**
- **Spiritualité**

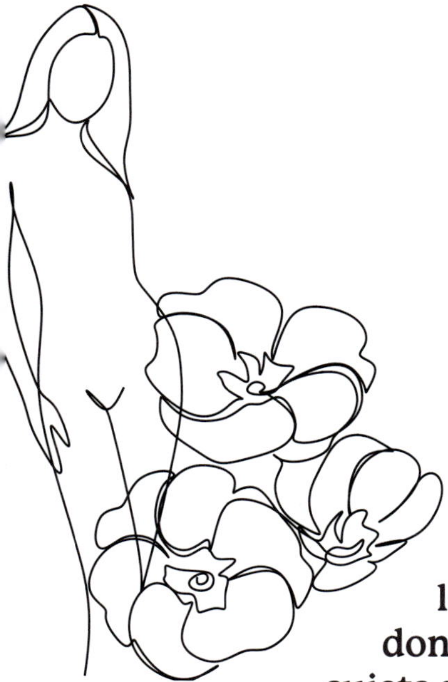

Journaling sexualité

Le Scorpion est le signe qui incarne la sexualité, le rapport au corps et l'intimité charnelle. C'est donc le parfait moment pour (re)faire le point sur ces sujets qui peuvent être assez sensibles – et pourtant si importants et nécessaires pour ton bien-être quotidien.

Quelle est ta définition du sexe et de la sexualité ?

Qu'est-ce que ces notions t'inspirent au quotidien ?

D'où viennent ces croyances autour de la sexualité ?

Est-ce que ces croyances te correspondent ?
Ou est-ce que tu ressens le besoin de t'en défaire ?

Quel est ton rapport au corps aujourd'hui ?

Est-ce que tu apprécies le toucher ou l'observer ?

Qu'est-ce que tu penses du plaisir ? Comment est-ce que tu t'en procures ?

Est-ce que tu vois quelque chose qui te retiens d'exprimer clairement ta sexualité et tes besoins charnels ? Si oui, comment peux-tu essayer de t'en défaire ?

Je cite un de mes fantasmes :

11
Novembre

ÉNERGIE VIBRATOIRE

Pluton

Un astre qui gouverne l'énergie du Scorpion.

Cette planète incarne la transformation, la métamorphose, le deuil et les tabous. Si elle est tant mal aimée du zodiaque, c'est surtout pour sa mythologie, se rapportant à Hadès, le dieu des enfers, roi des morts dont la mission était d'empêcher ceux-ci de revenir sur terre et de laisser une quelconque ombre se manifester dans le monde des vivants.
En astrologie, cette planète représente la génération dans laquelle s'inscrit une personne. Car Pluton est l'astre le plus lent du zodiaque et il reste parfois plus d'une décennie dans le même signe ! Planète qui agit en « fond sonore » ses transits sont considérables, mais impacte davantage les générations, plutôt qu'un individu en particulier. Sur le plan personnel, Pluton représente tout de même les peurs, les pulsions et parfois même les secrets, voire la sexualité d'une personne, incarnant néanmoins surtout sa résilience et son pouvoir de transformation face à l'adversité ou au deuil.

Le placement de Pluton sur ton thème astral indiquera dans quel quel/s domaine/s tu auras davantage besoin de te transformer, de te métamorphoser et d'apprendre de tes erreurs pour te transcender. Mais aussi quel est ton magnétisme/charisme et comment tu le déploies. Alors, dans quel signe se trouve Pluton sur ton thème astral ?

....

....

Dans quelle maison ?

....

....

Qu'en déduis-tu par rapport à la génération dans laquelle tu t'inscris ?

....

....

....

Quelle est ton affinité avec cette planète ? Te sens-tu proche d'elle ?

....

....

....

....

Note que le second maître du Scorpion est notre chère planète Mars, aussi gouvernante du Bélier !

ÉCRITURE INTUITIVE

12 Novembre

Renouer avec mon **corps**

Comment veux-tu te sentir dans ton corps ce mois-ci ?

Comment pourrais-tu être plus à l'écoute de ton corps ?

Comment pourrais-tu être davantage attentive à ton cycle menstruel ?

Quels types de mouvements souhaites-tu pratiquer régulièrement ? (par la danse, le yoga, pilates ou autres...)

Est-ce que ton corps exprime des tensions en ce moment ? Si oui, à quel niveau ?

Est-ce qu'il y a des zones de ton corps dans lesquelles tu te sens particulièrement à l'aise, en ce moment ?

Quelle est ta tenue favorite du moment ? Dans laquelle tu te sens belle et sensuelle ?

Un petit mot d'amour à adresser à ton corps :

13 Novembre

Mon âme est lumineuse et mon corps est puissant. Je vibre de joie, de sensualité et de prospérité.

CHECK-UP

14
Novembre

Un point c'est toi !

Confronte-toi à tes parts sensibles, parfois douloureuses. À ces miroirs dans lesquels tu n'oses te regarder… Alors que ce que tu trouves laid peut refléter, en réalité, une de tes plus puissantes ressources dans laquelle il convient d'investir ton énergie différemment : pour une nouvelle éclosion. Prends confiance et fais le point après ces deux premières semaines !

Comment te sens-tu, vraiment ?

Avec quoi as-tu réussi à lâcher-prise en ces deux premières semaines ?

As-tu entamé un travail de l'ombre pour oser te confronter à tes parts sombres ?

Qu'en est-il de ton rapport au corps ? As-tu pris le temps de l'honorer via un petit geste du quotidien ?

As-tu consacré du temps à tes petits rituels – à tes trucs de sorcière ? Comme tirer les cartes, allumer des bougies, poser mes intentions, brûler de la sauge… ou autre ?

As-tu été authentique envers toi-même ? Ressens-tu une certaine culpabilité ou rancune envers toi-même ?

Qu'as-tu tendance à négliger au quotidien et sur quoi tu pourrais travailler davantage ?

Quel est le mot qui décrirait au mieux ces deux premières semaines de novembre ?

Une envie particulière avant la fin du mois de novembre ?

Un petit mot pour te motiver toi-même ?

15
Novembre

ASTRO YOGA

Le Scorpion incarne l'intensité émotionnelle et la sensualité. Lié à l'élément de l'eau, ce signe (r)éveille les passions qui sommeillent en soi. À travers cette pratique, je t'invite à bouger ton corps de manière sensuelle et à te laisser envahir par tes vagues intérieures.

Yoga sensuel

Le relevé du bassin papillon

- Allongée sur le dos.
- Genoux pliés et pieds à plat sur le sol, sur la largeur des hanches.
- Bras le long du corps, paumes vers le bas.

Colle les plantes de tes pieds ensemble → laisse tes genoux s'ouvrir sur les côtés, formant une position semblable à celle de la posture du papillon (voir page 58). → Contracte tes fessiers et pousse tes pieds dans le sol tout en soulevant doucement tes hanches vers le plafond. → Stabilise en t'aidant de tes bras. → Forme une ligne droite des épaules aux genoux → genoux ouverts sur les côtés. → Maintiens la contraction des fessiers et la stabilité des hanches quelques secondes → baisse lentement tes hanches vers le sol en contrôlant le mouvement → reviens à la position de départ.

Répète le mouvement 5 à 10 fois selon ton énergie du jour, écoute ton corps.

La vague en chien tête en bas

- Dans la posture du chien tête en bas, en V inversé avec ton corps.

Pédale avec un pied et puis l'autre ou prends le temps de faire quelques mouvements instinctifs. → Reviens en posture fixe → pousse sur les paumes de tes mains → plie les genoux légèrement, les talons levés du sol. → Fais une légère flexion dans les hanches. Commence à pousser tes hanches vers l'arrière (les bras et le dos droits). Imagine que ton corps forme une vague, les hanches montant vers le plafond, redescendant vers le sol. Laisse le mouvement de la vague se propager à travers toute la colonne vertébrale. La tête et la poitrine suivent le mouvement, formant une courbe vers le sol. Répète cette vague plusieurs fois, en synchronisant la respiration avec le mouvement.
Inspire → monte les hanches → expire → abaisse les hanches.
Après quelques répétitions, reviens à la position de chien tête en bas classique en étendant les jambes et redressant le dos. Savoure les sensations qui parcourent ton corps. Puis installe-toi à quatre pattes ou en planche haute.

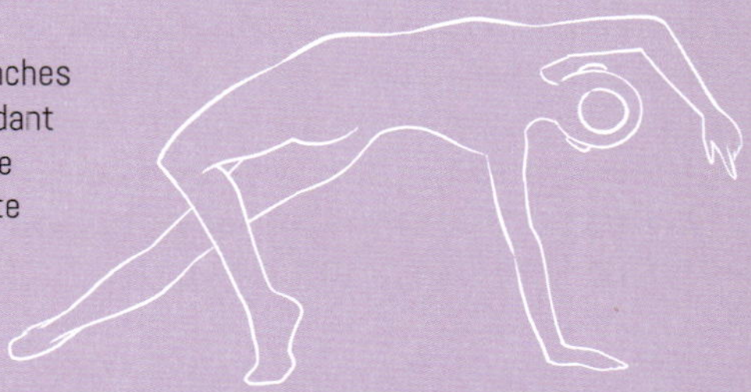

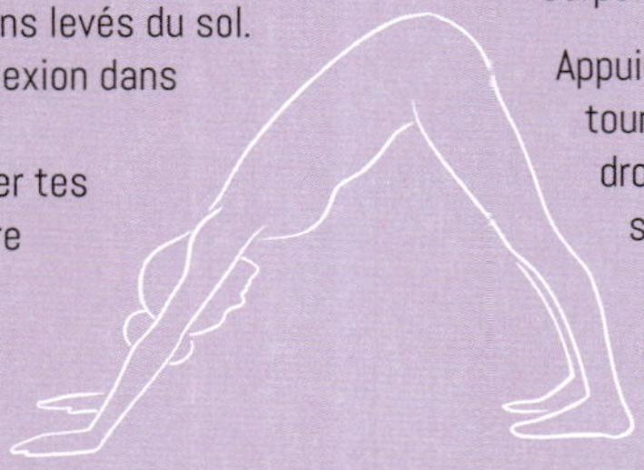

La créature sauvage

- Dans la posture de la planche haute.
- Mains sous les épaules, orteils en appui sur le sol.
- Corps est aligné et droit.

Appuie sur la main droite → tourne ton corps sur le côté droit → tourne le pied gauche sur le côté extérieur du pied droit.
En gardant l'équilibre sur ta main droite et ton pied droit → lève ta jambe gauche → plie-la au niveau du genou, la cuisse gauche parallèle au sol et le pied gauche pointé vers celui-ci. Ouvre ta poitrine → le bras gauche levé vers le plafond. Tourne ta tête → regarde vers le haut, en direction de ta main gauche. Ressens l'étirement dans la poitrine et le côté gauche du corps. Maintiens la posture → respire profondément en ressentant l'ouverture de la poitrine et l'étirement du corps. Abaisse lentement la jambe gauche, le bras gauche → reviens en position de planche.
Répète la même séquence de l'autre côté. Cette posture travaille force et souplesse en même temps. Sur le plan mental, elle t'invite à contacter ta grâce et ta sensualité innée pour exercer un mouvement fluide, comme une vague, et élégant.

ASTRO LITHO

16 Novembre

L'onyx

Une pierre qui lutte contre les idées noires et la dépression, mais, qui, trop souvent portée, peut provoquer l'effet inverse !

Liée au chakra racine, la pierre d'onyx favorise l'ancrage et la concentration. Elle active le sens des responsabilités. Réputée pour apporter l'équilibre – mental et physique – et permettre de faire le tri pour lâcher ce qui n'est plus nécessaire. En grec, onyx signifie ongle. On raconte que Cupidon aurait voulu tailler, à l'aide d'une de ses flèches, les ongles de Vénus, sa mère, alors qu'elle était endormie. Ces derniers ne pouvant disparaître, ils se transformèrent alors en onyx... Voilà ce que raconte la légende. En Chine, la perception de cette pierre est tout autre car elle incarne un véritable porte-malheur ! On la fuyait de crainte de s'attirer le mauvais œil !

En lithothérapie, cette pierre est intéressante pour rééquilibrer les énergies karmiques, rompre avec les énergies des vies antérieures ou les anciens traumatismes, se purifier.

L'onyx se porte autant en bijou (souvent en bracelet) que sous forme de pierre roulée. Tu peux la programmer en déposant une intention concernant une envie de te focaliser et d'être concentrée sur un projet à clôturer. Mais aussi pour méditer et relâcher le mental. Portée, elle exerce un véritable travail sur des sujets de fond comme le travail et l'argent, apportant sécurité et stabilité. Elle apporte aux personnes déprimées l'envie de vivre. Attention toutefois à ne pas porter cette pierre si vos chakras sont déjà équilibrés au risque de créer un déséquilibre !

L'onyx peut se purifier à l'eau claire courante, et passer une nuit entière dans un bain d'eau naturel ou déminéralisée pour être bien nettoyée. On peut la recharger à la lumière du soleil ou de la pleine lune ou la déposer sur une fleur de vie.

Ses mots-clés

- **Ancrage.**
- **Concentration.**
- **Équilibre.**

17
Novembre

MOON BOARD

La lune du gel

La onzième pleine lune de l'année marque un grand tournant saisonnier. Les jours sont courts, les nuits sont de plus en plus longues et le froid devient mordant... Souvent, la givre tient au sol et le mercure frôle la négative. Cette lunaison est également appelée pleine lune du Castor car à cette époque les animaux entament les préparations pour leur hibernation prochaine. Historiquement, les castors étaient chassés pour leur fourrure.

La date de ma nouvelle lune :

Généralement cette lunaison se déroule dans le signe du Taureau, signe qui représente l'ancrage, la construction et la stabilité. C'est une lunaison qui incarne l'abondance, la douceur, mais aussi la sensualité. C'est le moment idéal pour adresser tous tes rêves (même les plus fous) à l'Univers ! Crie-les à haute voix, note-les sur papier, confie-les à tes proches et médite en visualisant chacun de tes objectifs se réaliser... Ose voir les choses en grand, sois gourmand·e comme le signe du Taureau l'est !

Quelque chose souhaite se manifester dans ta vie, là, tout de suite. Laisseras-tu l'abondance se frayer un chemin jusqu'à toi ?

Le Taureau parle de construction, d'amour de soi et du corps, de sensualité et d'abondance. Cette énergie est fondamentalement nourricière. Elle t'aide à manifester tes désirs les plus concrets, tout comme les plus intimes. Cette pleine lune t'aide à te libérer de tes ombres, qui ont séjourné à tes côtés tout au long de ce mois de novembre, elle t'aide à briser les schémas inconscients qui s'immiscent entre toi et la vie que tu mérites.

Enfin, cette lune te demandera de revenir dans ton corps, de ralentir et d'observer la valeur réelle que tu accordes à chacun de tes désirs. Pourquoi souhaites-tu aller dans cette direction plutôt qu'une autre ? Est-ce que cela résonne réellement avec le futur que tu souhaites construire ?

Mes rituels

- Fais du journaling
- Planifie tes dépenses futures, ainsi que tes investissements financiers.
- Prépare un bon repas avec des légumes de saisons.
- Prévois un temps de repos, un congé au calme.

ÉNERGIE VIBRATOIRE

18 Novembre

Cartographie astrale en Scorpion

Je suis forte, puissante et mes émotions sont valables.

Le Scorpion t'habite d'une manière ou d'une autre, dans au moins une de tes 12 maisons astrales ! Sens-tu vibrer son énergie dans ta vie quotidienne ? Ce signe arbore souvent son masque de personnalité forte, charismatique, indomptable et un peu sauvage. Mais, au fond, dans son cœur, diverses émotions se font la guerre et il sait pertinemment qu'il a le droit de ressentir chacune d'entre elles. Que toutes ses émotions ont de la valeur.

Quelles sont tes planètes en Scorpion ?

....

....

Quelle est ta maison en Scorpion ?

....

....

Comment ressens-tu l'énergie du Scorpion en toi – au quotidien ?

....

....

....

Quelles caractéristiques du Scorpion te correspondent ?

Détermination	Impulsivité	Introversion	
Analyse	Passion	Méfiance	Intuition

Liste tes péchés mignons :

....

....

En cette fin de saison du Scorpion, je t'invite à prendre un moment pour (re)célébrer ton féminin sacré et pour prendre conscience de ton périnée. Car ce signe est profondément connecté au chakra sacré et t'invite à déployer ta féminité !

Yoga du sacré

Le papillon

• Assise sur le tapis, dos long et nuque droite.

Genoux liés, plantes de pieds jointes l'une contre l'autre → amène tes talons plus près de ton bassin, de la distance d'une ou deux mains entre ton sacrum et tes pieds. Si c'est douloureux, mets un coussin sous les fesses → surélève ton dos ou des blocs sous tes genoux pour soutenir tes hanches. Garde tes pieds ou tes chevilles en mains, le dos droit et les épaules détendues.
Inspire → expire → « papillonne » avec tes jambes.

Le demi-pont

• Couchée sur le dos, les bras le long du corps, paumes vers le bas
• Genoux pliés, pieds à plat sur le sol, sur la largeur des hanches.

Inspire → appuie sur tes pieds et tes bras → décolle les fesses et le bas du dos du sol.

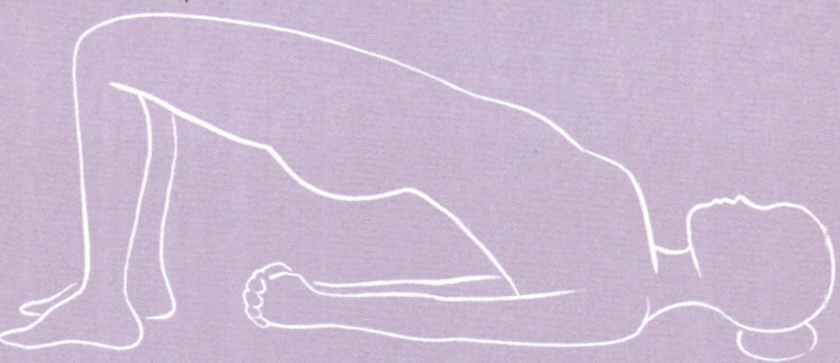

Soutiens tes hanches avec tes mains → maintiens l'alignement (ton cou et ta tête détendus).
Maintiens la posture pendant quelques

Bonus
Rapproche tes épaules l'une de l'autre sous ton dos pour étirer davantage la poitrine.

respirations profondes et abdominales. Garde les fesses et les cuisses actives pour maintenir la stabilité.
Expire lentement en abaissant doucement ton dos vers le sol, vertèbre après vertèbre, enroule ta colonne vertébrale. Profite de la sensation de relâchement dans ton dos.

Répète la posture 2 à 3 fois.

Le héros
(ou plutôt l'héroïne)

• À genoux, écartés sur largeur des hanches, orteils pointés vers l'arrière.

Place les fesses entre les talons et pose les mains à l'arrière.
Si tu es à l'aise → descends sur les avant-bras.
Si tu es super à l'aise → couche-toi totalement → les bras tirés vers l'arrière.
Si la posture est inconfortable (tension excessive dans les genoux ou les chevilles) → place un coussin sous les fesses et/ou le milieu du dos pour un soutien supplémentaire.
Reste dans cette posture durant 5 à 7 respirations complètes → une sensation de stabilité et de confort.
Sors de la posture → redresse-toi directement ou en appuyant sur les avant-bras (si tu étais couchée) →.
Assieds-toi doucement en étendant tes jambes vers l'avant, puis dégourdis-les.
Tu peux faire une posture de l'enfant pour te reposer.

ASTRO FOOD

20 Novembre

Carrot cake à la cannelle

Le gâteau automnal par excellence. Ses couleurs orangées et gourmande, son odeur de cannelle et son glaçage rappellent le paysage de ce milieu de saison. Le goûter idéal pour cocooner (sainement) !

Ingrédients pour 5 à 8 parts de carrot cake

Pour le gâteau
- 250 g de carottes râpées
- 200 g de farine d'amande
- 150 g de sucre brun
- 100 g de noix hachées
- 3 œufs
- 120 ml d'huile végétale (coco ou autre)
- 1 c. à c. de bicarbonate de soude
- 1 c. à c. de levure chimique
- 1 c. à c. de cannelle en poudre
- 1/2 c. à c. de sel
- Bonus (facultatif) : raisins secs

Pour le glaçage
- un petit pot de yaourt nature
- 80 g de beurre ramolli
- 200 g de sucre glace
- 1 c. à c. d'extrait de vanille

Mélanger les ingrédients secs : la farine, le sucre brun, le bicarbonate de soude, la levure chimique, la cannelle en poudre et le sel. Réserver. Battre les œufs avec de l'huile végétale jusqu'à obtenir un mélange homogène et ajouter les carottes râpées, les noix hachées et les raisons secs. Bien mélanger. Ajouter ce mélange d'ingrédients secs au mélange œufs--carottes-noix et raisins secs. Remuer. Verser la pâte un moule à cake recouvert de papier sulfurisé et enfourner 35 à 40 min. environ dans un four préchauffé (jusqu'à ce que la pointe d'un couteau insérée en ressorte propre). Réaliser le glaçage en fouettant le yaourt et le beurre ramolli jusqu'à obtenir une consistance lisse. Ajouter le sucre glace et l'extrait de vanille, puis battre jusqu'à ce que le glaçage soit crémeux et bien mélangé. Etaler généreusement le glaçage sur le gâteau démoulé, en lissant avec une spatule. Saupoudrer légèrement le cake de cannelle en poudre pour une touche décorative.

21
Novembre

CONSEIL
ET BIEN-ÊTRE

Boost d'automne

Novembre est la saison la plus grise et pluvieuse de l'année… Le ciel est sombre et nuageux malgré le jour et ton énergie peut descendre en flèche : la productivité et la motivation sont mises à mal ! Premièrement, accepte que ce soit un cycle de repos enclenché depuis l'équinoxe… Et voici comment en profiter.

Pour se revigorer avant avant l'hiver, n'hésite pas à te programmer une marche quotidienne et sportive de 30 min, en forêt comme en campagne et en ville. Pourquoi ? Parce que cet exercice vaut mieux qu'une activité intense et éprouvante pour votre système immunitaire. Tu réduiras presque de moitié le risque d'infections pulmonaires et apprécieras de te cocooner le soir avec une bonne boisson chaude et et quelques sucreries !

- Prépare-toi une bonne boisson chaude pour réchauffer ton cœur.
- Enfile ton gilet le plus cosy pour cocooner au calme.
- Cuisine de bonnes sucreries (tarte, gâteau, crêpes…) pour ravir tes papilles !
- Allume des bougies pour purifier ton intérieur.
- Pars te balader dans la forêt pour te reconnecter à la femme sauvage.
- Essaie-toi au tricot ou à tout autre passe-temps pour explorer ta créativité.
- Décore des citrouilles ou réalise une guirlande d'oranges séchées pour t'immerger dans la saison.

ASTRO
LITHO

22
Novembre

L'obsidienne
œil céleste

Une pierre parfaite pour pratiquer sa magie intérieure

Pierre de protection par excellence, elle est aussi excellente pour méditer et se connecter à sa spiritualité, pratiquer « sa magie intérieure », mais aussi pour se libérer des blocages. Elle est en outre révélatrice puisqu'elle bouscule l'ego, met en lumière les parties sombres de la personne qui la porte afin de les travailler. Cette pierre doit être portée avec prudence, il faut accepter de travailler en profondeur sur ses démons et ses traumatismes personnels avant de se la procurer. Si cette pierre est la pierre de vérité sur sa propre personne elle aussi une alliée en cas de blessure émotionnelle et une protection

Le contact de l'obsidienne permet procure une force et une confiance en soi approfondie. Elle permet une certaine lucidité et une meilleure perception des choses.

Attention à bien la purifier avant de la porter. Ensuite, pose une intention concernant une blessure, un trauma ou un travail de l'ombre que tu as récemment démarré. Tu peux la porter en collier, en bague ou l'avoir sous forme de pierre roulée sur toi. Posée dans une pièce elle permet de combattre la négativité et protège de toute mauvaise énergie.

Pour la purifier, nettoie-la sous un filet d'eau (douce ou déminéralisée) ou laisse-la tremper quelques heures. Recharge-la à la lumière de la pleine lune ou sous les rayons du soleil. Tu peux aussi simplement la déposer sur une fleur de vie, une géode de quartz ou d'améthyste.

Ses mots-clés

- **Purification.**
- **Spiritualité.**
- **Protection**

23
Novembre

Je suis connectée à une source infinie d'innovation, d'inspiration et de (pro)créativité, qui me permet de construire une vie passionnante.

Les mots de la saison du Scorpion

La sexualité est une puissante énergie qui, parfois, relie deux corps à un niveau supérieur, charnel et spirituel. Mais qui permet aussi, en solo, de débloquer une puissance intérieure et de se reconnecter à une énergie sacrée à l'intérieur de soi.

Quelle est la définition que tu donnes du mot :

Connexion

Ombre

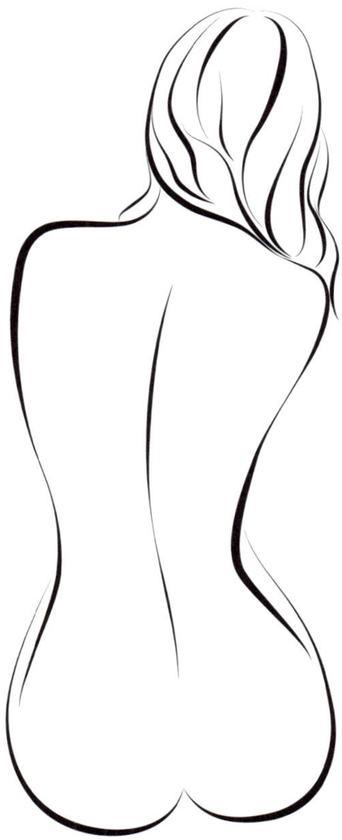

Passion

Sensualité

Métamorphose

25
Novembre

Bao Buns
au shiitake

Une recette originale pour passer la soirée devant ta série préférée ou pour organiser un Netflix et (pas juste) Chill ? Aussitôt commandée, aussitôt reçue ! Voici de quoi te rassasier et faire succomber ton date du soir ! Bonus : c'est hyper rapide à préparer et sain pour la santé !

Ingrédients

- 4 pains type bao buns
- 200 g de shiitake frais
- 250 g de tofu
- 1 chou rouge émincé
- 1 ou 2 carottes, épluchées et râpées
- 1 oignon, émincé
- 2 gousses d'ail, émincées
- Oignons frits
- 2 cuillères à soupe de sauce soja
- 1 cuillère à soupe d'huile de sésame
- 1 cuillère à soupe de vinaigre de riz
- 1 cuillère à soupe de miel
- mayonnaise végan
- Quelques feuilles de coriandre fraîche pour la garniture

Faire revenir l'ail et l'oignon émincés dans l'huile de sésame. Ajouter le tofu et les shiitakes en morceaux et laisser cuire 5 min, jusqu'à ce qu'ils deviennent tendres. Ajouter la sauce soja, le vinaigre de riz et le miel et mélanger. Laisser réduire la sauce légèrement et retirer du feu.
Dans une autre poêle, fais chauffer un peu d'huile végétale à feu moyen.

Cuire les buns env.2 à 3 min dans une poêle puis ajouter env. 60 ml d'eau et les laisse cuire à couvert, à la vapeur pendant env. 5 min. Découvrir et laisser les buns cuits reposer 1 min. Les bao buns sont prêts à être garnis avec le shiitake-tofu et les légumes (chou rouge émincé et carotte râpées). Ajouter la mayonnaise végane, les oignons frits, ainsi que la coriandre en plus !

ÉCRITURE INTUITIVE

26 Novembre

Travail de l'ombre

Quand les jours raccourcissent et que la luminosité vient à nous manquer, une part d'ombre nous envahit physiquement comme moralement. Voilà quelques questions pour te défaire de cette sombre énergie...

Es-tu du genre à te punir (in)consciemment lorsque tu te sens coupable ou fautive de quelque chose ? Si oui, comment ?

Comment est-ce que tu gères tes émotions négatives ? As-tu un petit rituel pour raviver la positivité en toi ? Ou es-tu plutôt du genre à enfouir le tout et à négliger l'expression de tes sentiments ?

Arrives-tu à faire la différence entre une critique constructive et une attaque personnelle ?

Quels sont tes besoins que tu as tendance à négliger jusqu'à ce que ton corps te fasse sentir que tu es arrivée à un point de non-retour ?

Qu'est-ce que tu ferais là, maintenant, si tu n'avais pas peur d'être critiquée ou si tu ne craignais pas l'échec ?

Comment peux-tu être plus bienveillante envers toi-même ?

27
Novembre

CONSEIL
ET BIEN-ÊTRE

5 conseils pour explorer ma sexualité

Même si la saison du Scorpion s'est récemment achevée, la saison du Sagittaire est tout aussi passionnante… et invite à se réchauffer alors que la météo se refroidit davantage. Mais elle incite aussi à se réconcilier avec son corps, différemment. Voici quelques conseils pour explorer ta sexualité.

Ouvre-toi à l'exploration : et à la découverte de nouvelles expériences sexuelles. Ne te limite pas à des idées préconçues ou à des normes sociales, fais preuve de curiosité et d'ouverture d'esprit envers tes propres désirs et fantasmes.

Communique : avec un ou plusieurs partenaires, peu importe, la communication reste la clé de toute relation sexuelle. Exprime tes désirs, tes limites et tes préférences de manière claire et respectueuse. Sois également à l'écoute de ton, ta ou tes partenaires et sois sans tabou.

Explore en solo : prends le temps d'explorer ta propre sexualité… seule. Tu ne peux pas guider l'autre si tu ne te connais pas toi-même ! La masturbation te permet de mieux connaître ton corps, tes zones érogènes et tes préférences. Cela te donnera également une meilleure compréhension de ce qui te fait plaisir, ce qui te permettra ensuite de mieux communiquer avec ton ou ta partenaire.

Éduque-toi : n'hésite jamais à t'informer, te renseigner et t'éduquer sur la sexualité. Lis des livres, des blogs ou écoute des podcasts sur le sujet. Une de tes meilleures sources d'informations sera également tes copines, tes cousines ou encore tes sœurs si tu en as ! Plus tu en apprendras sur la sexualité, plus tu pourras te sentir en confiance.

Respecte tes limites : tout doit toujours se faire dans le respect de tes propres limites et de celles de l'autre. N'oublie pas de te sentir à l'aise et en sécurité tout au long du processus. Si quelque chose ne te convient pas ou te met mal à l'aise, n'hésite pas à l'exprimer et à mettre fin à toute activité.

Le quartz tourmaline

Une pierre aux mille couleurs pour une action en profondeur.

Tourmaline vient du grec thuramali qui signifie pierre aux milles couleurs, car cette pierre noire peut comporter du rose, du vert, du violet voire une multitude de couleurs à la fois. Ce quartz aux inclusions de tourmaline cumule donc les propriétés de ces deux cristaux. Ces inclusions piègent les énergies négatives en les renvoyant vers la terre et active/diffuse les énergies positives. Lié au chakra racine, il aide à résoudre les conflits intérieurs, dépasser les blocages. Il permet de sortir de la brume mentale. Cette pierre stimule aussi la mémoire, favorise la concentration et apaise les émotions douloureuses lors des moments difficiles.

Idéale pour les personnes stressée, soumise au surmenage, cette pierre est une alliée dans les bureaux. Tu peux déposer le quartz tourmaline dans une pièce dans laquelle tu es régulièrement et dont tu souhaites purifier les énergies. Encourageant le sommeil réparateur elle est également parfaite pour une chambre. Le quartz tourmaline agit aussi sur le corps : il est idéal à porter pour un regain de vitalité, en bracelet, en collier ou en pierre roulée.

L'entretien de cette pierre se fait en le nettoyant avec de la fumée ou de l'eau (légèrement salée), le mieux est dans l'eau de la mer, bien évidemment. Tu peux la recharger à la lumière du soleil ou de la pleine lune. Tu peux aussi simplement la déposer sur une fleur de vie.

Ses mots-clés

- **Ancrage.**
- **Protection.**
- **Concentration.**

29
Novembre

Merci pour...

Chère étoile, le mois de novembre se clôture pas à pas. Aujourd'hui, cette saison brumeuse est associée à une période magique où des choses parfois inexplicables se produisent : peut-être dues aux énergies particulières diffusées entre les sabbats de Samhain et de Yule.

La nature se met au repos et beau nombre de mammifères démarrent leur période d'hibernation... pour revenir en forme lors du prochain cycle solaire. Comme chaque mois le temps est venu de gonfler ton cœur de gratitude et de TE remercier pour tous ces grands, petits, conséquents ou anodins accomplissements !
N'oublie pas de rester toi-même et de suivre ta voie intérieure.
Prends 5 ou 10 minutes pour écrire, ici, les choses pour lesquelles tu souhaites te remercier et celles pour lesquelles tu es fière d'être qui tu es.

CHECK-UP

30
Novembre

Clap de fin
sur le mois de novembre

Et la fin d'année approche ! Quel bilan dresser à la fin de ce onzième mois de l'année ?

Quel est ton plus beau souvenir de ce mois de novembre ?

As-tu pris le temps de célébrer ton corps ? De te réconcilier avec lui et ta notion de la sensualité ? Si oui, comment ?

Quelle a été ton plus grand accomplissement en novembre ?

Quelle a été ta leçon de vie personnelle en ce mois de novembre ? (Explique brièvement la situation et ce que tu en déduis)

Quelles ont été tes occupations favorites en novembre ?

Si tu devais décrire novembre en 3 mots, ce serait lesquels ?

Quel sera ton focus pour le mois de décembre ? Pourquoi ?

Un petit mot doux à toi-même avant de débuter le nouveau mois ?

DÉCEMBRE

23 novembre-21 janvier

La saison du Sagittaire

C'est une saison vibrante de l'énergie des festivités, de la joie et de l'attente d'un renouveau prochain... Mais si l'on s'interroge sur les lendemains, le plus précieux, est bien de vivre l'instant présent.

Signe sage, lié à l'élément feu, dit « mutable », car il incarne la fin de l'automne et le passage prochain à l'hiver.

Beaucoup d'acitivités entament une « trêve hivernale » pendant quelques jours, et c'est le temps des retrouvailles avec des êtres chers. Et si ce signe évoque le voyage (nos ancêtres nomades quittaient les régions froides à la recherche d'un peu de soleil), il nous parle aussi d'apprentissage, celui des leçons de vie que l'Univers nous a enseigné au cours de l'année écoulée. Car la vie est un fabuleux voyage, initiatique et géographique !

TO-DO

01
décembre

Mes intentions du mois

Alors, douce âme, qu'as-tu prévu de beau en cette fin d'année ?

1 **Je (re)lâche toute tension inutile** pour profiter à fond des énergies de cette fin de cycle.

2 **Je prévois mon shopping spécial « cadeaux »** de fin d'année.

3 **Je rédige des cartes postales** et/ou des lettres à mes proches.

4 **Je découvre un marché de Noël** pour le plaisir d'émerveiller mon enfant intérieur.

5 **Je prévois une journée où je ne fais rien** pour hiberner comme il se doit.

6 **Je m'offre une nouvelle pierre** : une lapis-lazuli, une turquoise, une lépidolite...

7 **J'accueille et je m'ouvre aux changements.**

8 **Je dresse ma propre liste de mantras positifs** pour me booster !

9 **Je fais le point sur les apprentissages de l'année** qui se clôture.

10 **Je (re)découvre mes placements en Sagittaire sur mon thème astral.**

02
décembre

MOON BOARD

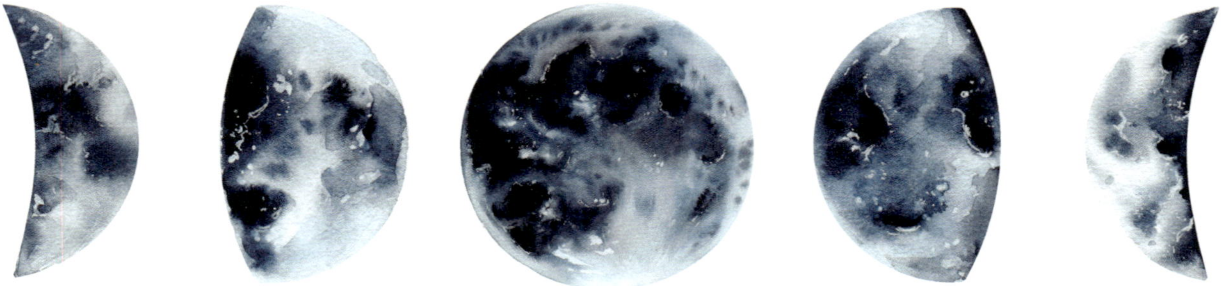

Une lune d'aventure

Pour accepter les leçons de la vie.

La date de ma nouvelle lune :

La douzième nouvelle lune de l'année se déroule généralement fin novembre ou début décembre, dans le signe du Sagittaire. Cette lunaison parle d'apprentissage profond, de sagesse, d'aventure et d'ouverture d'esprit pour changer des croyances qui t'accompagnent (et t'accompagneront) à divers moments de ta vie. Cette énergie t'aide à déceler ta vérité, à faire la part des choses entre le vrai et le faux livrant bataille au fond de ton esprit. Ne sois pas impatiente et écoute juste ta petite voix qui souhaite te guider. Accepte de croire en la magie des chapitres qui se clôturent, tout autant qu'en celles des nouveaux chapitres qui s'ouvrent. Entre janvier et maintenant, tu n'es définitivement plus la même personne... n'est-ce pas ? C'est pour cela que cette lune t'invite à dresser une liste des apprentissages et des leçons que cette année t'aura enseigné. C'est le moment de noter tous ces changements, de prendre le temps d'observer les événements majeurs chamboulée, changée et permis d'évoluer en une meilleure version de toi-même.

Bien évidemment, c'est le moment parfait de faire le point sur tes accomplissements de l'année en cours et de voir si tu as encore le temps de réaliser une dernière résolution avant que sonne le jour de l'An. Souhaites-tu en conserver certaines pour les mois et les années à venir.

PROFITE DES FÊTES DE FIN D'ANNÉE POUR FAIRE LE PLEIN D'ÉNERGIE ET TE SURPASSER, UNE DERNIÈRE FOIS, AVANT DE CLÔTURER LE CHAPITRE EN COURS.

Mes rituels de fin d'année

Dresse une liste des cadeaux offert par cette année d'un côté et de l'autre, rédige comme lorsque tu étais enfant, la liste des cadeaux que tu aimerais recevoir. Cela te remplira de gratitude de voir, d'une part, ce que la vie t'a offert au cours de cette année truffée de hauts et de bas, mais aussi, d'autre part, de te (re) plonger au cœur de toi et de tes envies du moment.

- Prends un risque : ose faire quelque chose qui t'effraie ou accomplir un acte un peu fou.
- Pars te balader, sans destination précise en tête comme le marché de Noël d'une autre ville.
- Médite pour simplement vivre l'instant présent.
- Prévois un congé, des vacances ou songe à ta prochaine destination.
- Booke une séance de sport pour éliminer tes potentielles pensées négatives.

Les cadeaux que la vie m'a offert au cours de cette année	Les cadeaux que j'aimerais retrouver sous le sapin de Noël

04
décembre

ÉCRITURE INTUITIVE

3 grandes leçons

Quand les années m'enseignent et me guident !

L'année se termine, pas à pas... Une année de plus que tu as eu la chance de vivre, de traverser, d'expérimenter et qui t'a appris plus d'une chose : sur toi-même, ceux qui t'entourent, les humains qui habitent la Terre et sur le cycle de la nature. Il y a notamment ces 3 choses-clés à retenir tout particulièrement de cette année gravée à jamais dans ta mémoire, les voici :

Leçon de vie n°1 :

....
....
....

À quel(s) événement(s) est-elle liée ?

....
....
....
....
....
....

En quoi est-ce que cela te fait grandir et évoluer en tant que personne ?

....
....
....
....

Leçon de vie n°2 :

....
....
....

À quel(s) événement(s) est-elle liée ?

....
....
....
....
....
....

En quoi est-ce que cela te fait grandir et évoluer en tant que personne ?

....
....
....
....

Leçon de vie n°3 :

....
....
....

À quel(s) événement(s) est-elle liée ?

....
....
....
....
....
....

En quoi est-ce que cela te fait grandir et évoluer en tant que personne ?

....
....
....
....

Inventaire

Un tirage à 5 cartes pour faire le bilan complet de l'année qui se clôture.

Tu peux le faire début ou fin décembre selon tes préférences, en phase de pleine lune ou de lune décroissante, ces phases lunaires incarnant la clôture et la fin d'un chapitre.

Elle incarne ton bilan général. Elle te donne un aperçu global de tout ce que tu as appris et accompli au sein de cette année.

Elle parle de tes réussites et de tes accomplissements, mettant en lumière les moments forts et heureux de ton année. Elle te rappelle tes forces et t'encourage à célébrer tes succès.

Cette carte représente tes défis de l'année et souligne les obstacles rencontrés. Elle t'invite à réfléchir à la manière dont ils t'ont aidé à grandir et à te développer personnellement.

Elle représente tes apprentissages de l'année et met en évidence les enseignements tirés de tes expériences. Elle t'invite à intégrer ces leçons dans ta vie et à les utiliser comme base pour te guider vers l'avenir.

Elle indique tes perspectives d'avenir et t'indique les domaines dans lesquels te concentrer, les opportunités à venir quant à la réalisation de tes futurs projets.

Rétro-spective
de l'année

Chère étoile, le temps est venu de méditer sur ton bilan de l'année. Installe-toi confortablement...

ASTRO YOGA

07
décembre

En cette saison dédiée aux apprentissages et aux réajustements des projets, je t'invite à faire preuve de souplesse et de persévérance… Notamment en brandissant ton « arc » à flèche personnel. Car lorsqu'une cible est manquée, il suffit de recharger en flèche et de tirer à nouveau.

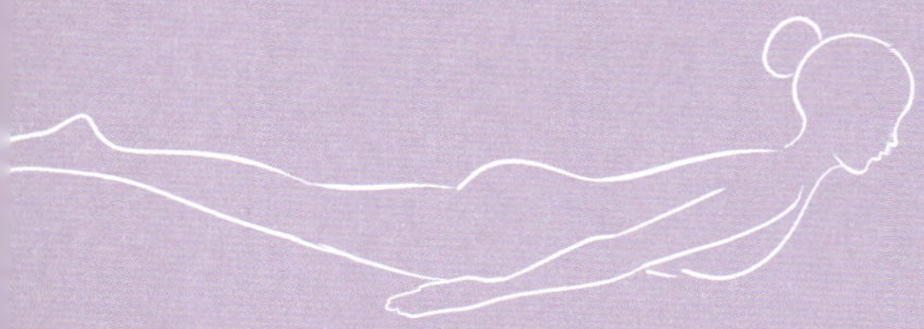

Yoga de la persévérance

La sauterelle

- Allongée sur le ventre, les bras le long du corps, les paumes vers le bas et le front sur le sol.
- Les jambes derrière légèrement écartées sur la largeur des hanches.

Inspire → soulève les jambes et le torse les muscles des fessiers et des jambes serrés, le haut du dos contracté. Le poids du corps repose principalement sur le bas-ventre. → Tire les bras vers l'arrière, parallèles au sol, paumes vers le bas, les jambes et les bras tendus et actifs.
Maintiens quelques respirations, en te concentrant sur l'étirement de la colonne vertébrale et l'engagement des muscles du dos.
Expire → sors de la posture en abaissant le corps sur le sol et en relâchant progressivement les jambes et les bras.

À répéter 2 à 3 fois.

L'arc

- Allongée sur le ventre, genoux pliés et chevilles dans les mains (utilise une sangle si c'est difficile).

Inspire → soulève simultanément la tête, la poitrine et les jambes du sol → force sur tes bras → soulève les jambes aussi haut que possible → le cou détendu. → Dirige ton regard vers l'avant, comme si tu visais une cible. Telle est l'intention à déposer dans cette posture.

Maintiens 3 à 5 respirations, en te concentrant sur l'étirement du corps.

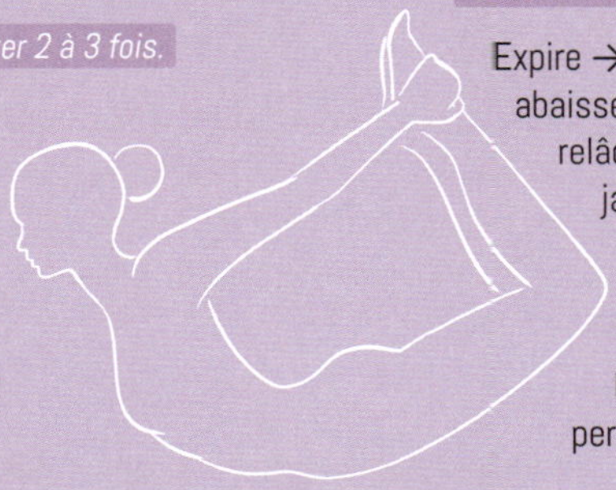

Expire → sors de la posture → abaisse le corps sur le sol → relâche progressivement les jambes et les bras.
Cette posture incarne à la fois la souplesse et la stabilité. Elle t'invite à brandir fièrement ton arc personnel pour viser ta cible.

Le crocodile

- Allongée sur le ventre, jambes écartées sur la largeur des hanches, orteils vers l'extérieur du tapis.
- Les bras devant toi, ta tête sur tes paumes de mains.

Ferme les yeux → relâche tout ton corps.
Respire profondément → laisse-toi aller complètement sur le sol → relâche toutes les tensions des muscles. → Relaxe-toi quelques minutes → respire calmement en te concentrant sur ta respiration.

Les aliments gourmands mais sains !

Douce âme, en ce mois de décembre, gouverné par l'énergie du Sagittaire, le focus alimentaire concernera les aliments qui sont gourmands à souhait, mais sains pour la santé ! Car les festivités de fin d'année arrivent à grands pas... Et pourquoi donc se priver des bonnes choses qu'elles amènent avec elles ? Voici quelques aliments à incorporer dans tes recettes les plus gourmandes !

Le chocolat noir contient une grande quantité de cacao, qui est riche en antioxydants bénéfiques pour la santé. Choisis du chocolat noir avec une teneur en cacao d'au moins 70 % et savoure-le en petite quantité, avec une tisane, pour satisfaire tes envies sucrées.

Le yaourt grec est une excellente source de protéines, de calcium et de probiotiques bénéfiques pour la santé intestinale. Ajoutes-y des fruits frais, des noix ou autre pour en faire une collation gourmande et saine.

La patate douce, à faire en frites, par exemple ! Elle est riche en fibres, en vitamines et en minéraux. Essaie donc de les rôtir au four avec un peu d'huile d'olive et d'épices pour une collation croustillante et savoureuse.

Les fruits congelés hors saisons... mais dont tu souhaites en conserver tous les bienfaits quand même en les savourant avec une fondue de chocolat.

Les beurres d'amande, de cacahuète ou autres noix sont riches en bon gras et ont au pouvoir rassasiant, c'est la pâte à tartiner saine par excellence ! Et le goût sucré y est.

Les cucurbitacées : potirons, butternuts, potimarrons... Ces légumes naturellement sucrés et remplis de bienfaits innombrables pour la santé ! À déguster en soupe, en dessert (tarte au potiron) ou en cake.

Le sirop d'érable est une alternative healthy du sucre blanc qui, en plus, possède des vertus antimicrobiennes, anti-inflammatoires, et antioxydantes.

Le vinaigre de cidre est réputé pour favoriser la perte de poids, tout simplement parce qu'il agit positivement sur la glycémie. Il peut s'ajouter aux salades et autres préparations.

ÉNERGIE
VIBRATOIRE

09
décembre

Jupiter

La planète qui gouverne l'énergie du Sagittaire.

Cet astre incarne l'abondance, l'accomplissement, de la croissance et la (grande) chance. Grande aimée du zodiaque, représentant le dieu des dieux, dans la mythologie : Zeus. Dieu tout puissant qui gouverne sur l'Olympe, il est béni et aimé de tous. Aussi, Jupiter est la plus grande planète de notre système solaire, c'est pour cela qu'elle est associée à la « grandeur ». En astrologie, cette planète représente les facilités d'une personne, la chance qu'elle peut avoir dans un domaine et l'endroit où elle « brille » naturellement. C'est la planète qui t'apporte les honneurs que tu récoltes. D'ailleurs, ses déplacements dans le ciel t'affectent grandement (généralement de manière positive). Son mouvement peut apporter de la joie, du bonheur et signer de grands accomplissements personnels dans ta vie. Cette planète te guide dans les moments les plus heureux de ton incarnation (cycle de 12 ans). Néanmoins, elle peut aussi faire sombrer dans certaines dérives telles que l'excès de confiance, la naïveté ou le matérialisme.
Le placement de Jupiter sur ton thème astral indiquera dans quel quel/s domaine/s tu auras davantage de chance, d'expansion, d'abondance, mais aussi là où besoin de grandir et de te déployer avec fierté. Mais attention aux petits excès !
N.B. : Pour rappel, cette planète est également la deuxième gouvernante des Poissons.

Sur ton thème astral, dans quel signe se trouve Jupiter ?

....

Sur ton thème astral, dans quelle maison se trouve Jupiter ?

....

Qu'en déduis-tu par rapport à ton expansion personnelle, l'endroit où tu cultives la chance au quotidien ?

....

Quelle est ton affinité avec cette planète ? Te sens-tu proche d'elle ?

....

....

10 décembre

ÉCRITURE INTUITIVE

Journaling et maturité

Comment renouer avec sa sagesse !

Le Sagittaire incarne la sagesse, l'apprentissage et l'ouverture d'esprit. Il t'invite donc à regarder en toi, à voyager dans les moindres recoins de ta personnalité pour gagner en maturité et prendre conscience de tes mérites.

Dans quel(s) domaine(s) peux-tu encore grandir et évoluer (personnellement ou professionnellement) ?

....

....

Qu'est-ce qui te bloque et t'empêche d'avancer actuellement ?

....

....

Qu'as-tu besoin de (re)lâcher définitivement ? Pourquoi ?

....

....

....

Une dernière pensée limitante subsiste-t-elle t'empêchant d'atteindre un objectif ?

....

....

Si tu ne pouvais pas échouer, que ferais-tu, là maintenant ?

....

....

....

Qui ou quoi t'empêche d'enclencher le grand changement ?

....

....

Y a-t-il quelque chose que tu as toujours voulu faire sans avoir jamais osé par manque d'audace ?

....

....

Quelle est cette chose qui te rend heureuse à faire le plus souvent ?

....

....

Qu'est-ce qui t'apporte un sentiment de paix et d'apaisement ? Pourquoi ?

....

....

Comment rendre aujourd'hui meilleur qu'hier ?

....

....

....

ASTRO LITHO

11 décembre

La turquoise

Une pierre qui aide à assumer ses responsabilités et à porter sa voie avec conviction.

Liée au chakra de la gorge, cette pierre invite à communiquer clairement ses idées, à stabiliser ses humeurs et encourage au leadership. Elle est porteuse de joie et d'optimisme. Elle est recommandée à toute personne travaillant dans le domaine médical afin de garder l'énergie et la bonne santé. Protectrice, elle aiderait à rester en forme et protégerait d'éventuels accidents.

La turquoise est une pierre de plus en plus rare, il convient de vérifier deux fois plutôt qu'une que c'est une véritable pierre avant de se la procurer. Elle est idéale à porter en bijou. Il convient de la programmer en déposant une intention.

Tu peux la purifier avec de l eau (légèrement salée) si tu le décides, une fois par mois ou dès que tu en ressens le besoin. Puis la recharger à a lumière du soleil ou de la pleine lune. Tu peux aussi simplement la déposer sur une fleur de vie.

Ses mots-clés

- **Communication.**
- **Santé.**
- **Leadership.**

12
décembre

ÉCRITURE INTUITIVE

Voyage voyage

Quel était ton plus beau voyage ?

....

....

Quand était-ce ? Qui t'accompagnait ?

....

....

Pourquoi es-tu partie découvrir cette destination tout particulièrement ?

....

....

Quelles activités as-tu pratiquer sur place ?

....

....

Qui as-tu rencontré là-bas ?

....

....

Y a-t-il un imprévu ?

....

....

....

Que retiens-tu de ce voyage ? Souhaites-tu y retourner ?

....

....

....

....

Ue photo qui a immortalisé ce magnifique voyage :

Je trouve la joie dans les petites choses de la vie. Cela remplit ma jauge d'énergie quotidienne.

14 décembre

CHECK-UP

Un point c'est toi !

Après ces deux premières semaines de décembre...

Comment te sens-tu, vraiment ?

As-tu déjà pris le temps de fêter la fin de l'année qui arrive en organisant/participant à l'une ou l'autre soirée ? (noël entre amis, raclette, soirée karaoké,...)

As-tu pris le temps de faire une mini-rétrospection de l'année qui s'achève ?

Qu'en est-il de ta fierté ? Es-tu contente des choses que tu as accomplies ? Du chemin parcouru ?

Es-tu optimiste pour les jours qui arrivent – et l'année à venir ?

Qu'as-tu prévu de faire pour les fêtes de fin d'année Noël + Nouvel An ? De qui souhaiterais-tu être entourée ?

Comment s'organiseront tes congés d'hiver ? Pourrais-tu me reposer ?

Quel est le mot qui décrirait au mieux ces deux premières semaines de décembre ?

Une envie particulière avant la fin du mois de décembre ?

Un petit mot pour te motiver toi-même ?

ASTRO YOGA

15
décembre

Le Sagittaire incarne la mobilité et l'ouverture d'esprit. Lié à l'élément du feu, ce signe invite à ouvrir ses perspectives, pour ne pas dire : changer de perspective. À travers cette pratique, je t'invite à te mettre la tête à l'envers pour voir les choses sous un autre angle.

Yoga de la perspective

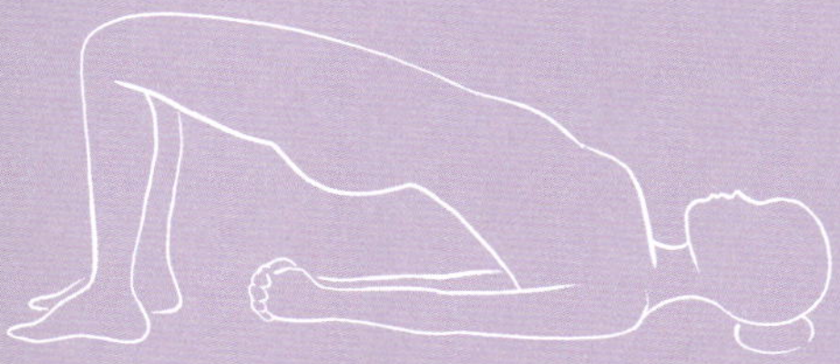

Demi-pont

• Allongée sur le dos, les bras le long du corps, paumes vers le bas.
• Genoux pliés, pieds à plat sur le sol sur la largeur des hanches.

Inspire → appuie sur tes pieds et tes bras → décolle les fesses et le bas du dos du sol. Tu peux t'aider en soutenant tes hanches avec tes mains pour maintenir l'alignement.
Pousse tes bras et tes épaules fermement dans le sol → la poitrine vers le menton → le cou et la tête détendus.
Bonus : rapproche tes épaules l'une de l'autre sous ton dos pour étirer davantage la poitrine.
Maintiens quelques respirations profondes et abdominales. Garde les fesses et les cuisses actives pour maintenir la stabilité.
Expire lentement → abaisse doucement ton dos vers le sol, vertèbre après vertèbre → enroule ta colonne vertébrale. Profite de la sensation de relâchement dans ton dos.

À répéter 2 à 3 fois.

La roue

• Allongée sur le dos, les bras le long du corps, paumes vers le bas.
• Genoux pliés, pieds à plat sur le sol sur la largeur des hanches.

Tes mains sur le sol de chaque côté de ta tête, les doigts vers tes épaules, les paumes à plat → pousse fermement dans tes mains et tes pieds → soulève tes hanches et ton torse vers le plafond.
Tes bras et tes jambes devraient soutenir ton poids.
Redresse tes bras → ouvre ta poitrine au fur et à mesure → tes poignets alignés aux épaules.
Engage tes muscles abdominaux → nuque et tête détendus → regard vers le sol ou tête en arrière.
Ressens l'ouverture de ta poitrine et l'étirement de ta colonne vertébrale.
Reste ainsi quelques secondes en respirations profondes.
Sors de la posture → abaisse ton corps en contrôlant le mouvement → la colonne vertébrale déposée lentement au sol.

Attention : c'est une posture avancée qui demande beaucoup de souplesse et de force. Si tu ne le sens pas, ne fais pas cette posture. Tu peux exécuter la posture du chameau à la place (voir page 273).

Le câlin

• Allongée sur le dos, genoux fléchis sur la poitrine.

Les bras autour de tes genoux, comme pour te faire un gros câlin.
Inspire profondément. → Expire → le nez vers les genoux → serre-les contre ta poitrine autant que tu le peux, sans douleur → épaules détendues, tête relâchée.
Tu peux te balancer légèrement sur les côtés ou d'avant en arrière pour masser ton bas du dos.
Respire profondément → détends-toi à chaque expiration.
Ajoute une légère torsion → les épaules et le dos au sol → tes genoux tombant doucement vers un côté puis l'autre.
Sors de la posture → relâche tes genoux, pieds au sol → puis allonge-toi → les jambes étirées

16
décembre

ASTRO
LITHO

La sugilite

Appelée pierre du guérisseur, elle aide à combattre les maux du quotidien.

Découverte assez récemment (dans les années 1944), la sugilite n'est associée à aucune histoire ancienne ni aucune légende. Cette jolie pierre violette agit contre l'angoisse, la peur, la déception et le stress. En soi, elle apaise toutes les choses susceptibles de dérégler les chakras du troisième œil et de la couronne.

Elle facilite la méditation et conditionne à la paix de l'esprit, apportant une clarté mentale et libérant aussi des énergies négatives. Aussi, elle aiderait à vaincre sa timidité. La sugilite est aussi bénéfique pour réduire obsessions.

Portée, la sugilite est considérée comme un véritable porte-bonheur au même titre qu'une amulette ou un talisman.

La sugilite peut être purifiée grâce à un bain de quelques minutes dans de l'eau claire (ou distillée). Pour la recharger, place-la dans une géode de quartz, à la lumière du soleil ou de la pleine lune. Attention toutefois, une trop longue exposition, une lumière trop puissante ou de trop fortes chaleurs sont susceptibles de l'abîmer.

Ses mots-clés

- **Apaisement.**
- **Protection.**
- **Confiance.**

MOON BOARD

17 décembre

La lune froide

La douzième pleine lune de l'année marque officiellement le début de l'hiver et de la période de grand froid. C'est pour cela qu'elle est également appelée pleine lune de la longue nuit... Sur une touche plus positive, elle est aussi appelée la pleine lune du chêne, pour incarner la robustesse de la nature et des êtres vivants peuplant la Terre et attendant (im)patiemment le prochain cycle solaire.

La date de ma nouvelle lune :

Généralement cette lunaison se déroule dans le signe des Gémeaux, signe de la communication, de l'intellect et du relationnel. Annonçant la clôture de l'année, cette lunaison t'invite à relativiser, à voir le bon côté des choses et à saluer tous les efforts fournis au cours de l'année. Même si certains de tes objectifs ne sont pas atteints, rien ne sert de dramatiser. Le fait que tu te sois montrer curieuse et investie montre que tu as pu tirer des leçons de chaque événement auquel tu as pris part. Alors, c'est le moment de vivre pleinement l'instant présent et de profiter de la magie des fêtes de fin d'année.

Bien sûr, c'est une lune qui met l'accent sur le relationnel et les rencontres. Alors, c'est le moment de t'ouvrir à de nouvelles perspective d'avenir – de voir le verre à moitié plein comme les Gémeaux. C'est le moment idéal pour t'inscrire à une formation, commencer un nouveau livre sur un sujet qui nous plait, une série documentaire... Bref, prendre le temps de s'instruire et de mieux comprendre ce qui se passe en toi et dans la société.

Si des désaccords étaient tus, ils peuvent totalement (re)faire surface. D'un point de vue plus positif, cette lunaison peut également t'aider à exprimer tes envies et tes besoins avec plus de force et de courage. Attention simplement à la manière dont tu dis les choses, ne sois pas dans la critique, mais plutôt dans la réflexion et l'écoute de l'autre. **Comme les Gémeaux nous le suggèreront toujours, il vaut mieux privilégier le dialogue et arranger les conflits grâce au compromis.**

Mes rituels :

- Faire une détox digitale.
- Passer du temps entre amis ou avec tes proches.
- Prendre une pause, une vraie pause mentale.
- Écrire, chanter, d'inspirer et créer.

18
décembre

ÉNERGIE VIBRATOIRE

Cartographie astrale en Sagittaire

Je suis inspirante, inspirée et j'évolue quotidiennement.

Que tu sois née ou non sous son signe, le Sagittaire t'habite toujours de manière plus ou moins forte. Sache alors que le Sagittaire est un grand idéaliste qui aime s'inspirer des rencontres qu'il fait, inspirer celleux qu'il croise et évoluer constamment – en ayant appris, au moins, une nouvelle chose avant de s'endormir. C'est un savant un peu fou, un ermite et un grand amoureux de la vie.

Quelles sont tes planètes en Sagittaire ?

....

....

Quelle est ta maison en Sagittaire ?

....

....

Comment ressens-tu l'énergie du Sagittaire au quotidien ?

....

....

....

....

Quelles caractéristiques du Sagittaire te correspondent ?

Ouverture d'esprit | Impatience | Instabilité
Optimisme | Curiosité | Franchise | Brutalité

Liste tes destinations de rêve :

....

....

....

....

....

ASTRO YOGA

19
décembre

En cette fin de saison du Sagittaire, je t'invite à prendre un moment pour fêter les objectifs que tu as atteint cette année… Mais aussi pour t'apprêter à viser les projets que tu accompliras durant l'année qui suit ! Dégaine ton arc et tes flèches, comme le Sagittaire, concentre-toi et tire dans le mille !

Yoga de l'accomplissement

Le berceau

• Assise sur le sol, en posture méditative, dos droit.

Soulève ta jambe droite fléchie → enroule ton bras droit autour de ton genou droit près de ta poitrine → comme si tu tenais un bébé.
La jambe proche de toi → berce-la de petits mouvements → rotation vers la gauche, vers la droite, en reculant au maximum le genou vers l'arrière.
Répète avec l'autre jambe.

L'archer

• Assise, jambes tendues.

Penche-toi vers l'avant → attrape tes gros orteils avec le pouce, l'index et le majeur de chaque main. (Le pouce est sur le dessus de ton gros orteil.)
Étire ta colonne vertébrale → fixe un point devant toi → visualise mentalement une « cible », un objectif à atteindre, dans l'espace ou sur le mur.
Inspire → plie le genou droit → lève la jambe, en reculant le genou autant que possible. (Sois bien à l'écoute de ton corps, peu importe si ça ne monte pas haut.) → Tire le coude droit en arrière et vers le haut en ayant le bras actif et engagé. → Stabilise la pose, la jambe gauche bien à plat au sol.
Tiens 3 à 4 respirations en fixant ta « cible » du jour.
Expire → redépose doucement la jambe au sol, en fixant l'objectif → relâche tout → secoue légèrement les jambes.
Répète l'exercice avec la jambe gauche.

L'ouest

• Assise, jambes tendues.

(Bonus : tu peux ramener les fesses à l'arrière en tirant légèrement dessus pour mieux t'installer)
Inspire → engage le bas du ventre → lève les bras vers le ciel pour te grandir.
Expire → penche-toi vers l'avant en allongeant la colonne vertébrale. → Attrape tes pieds, tes chevilles, tes mollets ou tout simplement tes cuisses – selon ta souplesse. Les genoux peuvent être légèrement pliés. Le plus important : masse tes organes internes par contact de ton abdomen et de tes cuisses.
Un coussin ou un bloc peut être placé sous tes genoux ou ton ventre si ton abdomen ne touche pas les cuisses et que tes lombaires s'arrondissent.
Reste 5 à 7 respirations → relève-toi délicatement en inspirant.
N'oublie pas de faire la contre-posture, la planche inversée (p. 151).

Tu peux faire la posture du bébé heureux (voir page 58) pour te reposer et clôturer.

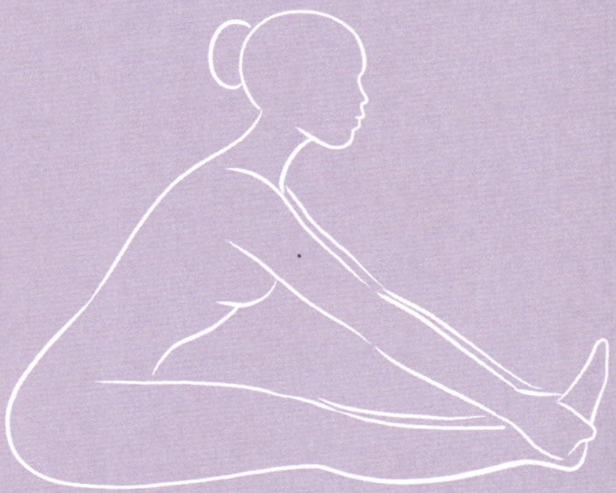

20
décembre

Gingerbread cupcakes (végan)

Pour la touche festive, je t'invite à y ajouter des granulés de couleurs et de décorations de Noël comme des petits bonhommes en pain d'épice, des sapins… Laisse ton âme d'enfant parler pour toi !

Ingrédients

- ½ tasse de farine (amande ou noisette)
- 1 ½ c. à c. de poudre à lever
- ½ c. à c. de bicarbonate de soude
- 1 c. à c. de cannelle moulue
- 1 c. à c. de gingembre moulu
- ½ c. à c. de clou de girofle moulu
- ½ c. à c. de sel
- ½ tasse de mélasse
- ½ tasse de lait végétal (amande, soja ou vanille)
- ¼ tasse d'huile végétale (lin ou noix)
- ¼ tasse de sucre brun
- 2 c. à s. de compote de pommes non sucrée (ou maison)
- 1 c. à c. d'extrait de vanille
- Granulés colorés et déco de noël en pâte à sucre
- ½ tasse de sucre glace
- 2 c. à s. de yaourt végan (nature ou amande sucré)
- ½ c. à c. d'extrait de vanille

Mélanger une première préparation avec la farine, la poudre à lever, le bicarbonate de soude, la cannelle, le gingembre, le clou de girofle et le sel. Mélanger une deuxième préparation avec la mélasse, le lait végétal, l'huile végétale, le sucre brun, la compote de pommes et l'extrait de vanille jusqu'à obtenir une pâte lisse. Mélanger les deux préparations et répartir cette pâte dans des caissettes en papier (remplies aux 2/3). Enfourner 18 à 20 min. envi dans un four préchauffé à 180°C. Préparer le glaçage en mélangeant le sucre glace, le yaourt végétal et l'extrait de vanille dans un bol. Laisser les cupcakes refroidir complètement sur une grille, puis étaler le glaçage chacun d'entre eux et décorer.

CONSEIL & BIEN-ÊTRE

21 décembre

Une soirée **cocooning**

Aujourd'hui, c'est le solstice d'hiver. Je déclare donc en cette nuit la plus courte, la période la plus « cocon » et « cosy » de l'année officiellement ouverte ! Pour fêter cela, j'allume une bougie et je me crée la meilleure des soirées cocooning.

- **Je prépare un environnement chaleureux :** Je coupe les lampes et j'allume des bougies parfumées pour créer une ambiance douce et relaxante. J'installe des coussins et des couvertures douillettes sur le canapé pour me sentir confortable.
- **Je choisis des vêtements confortables :** j'enfile mon pyjama préféré, un pull en laine doux et/ou des chaussettes en pilou. J'opte pour des vêtements amples et confortables.
- **Je prépare une boissons chaude réconfortante :** une tasse de thé, de chocolat chaud ou de café aromatisé. Je peux ajouter une touche spéciale comme la cannelle ou la cardamome.
- **Je prépare un délicieux en-cas :** comme les cupcakes, des biscuits, des brownies ou des cookies. Je prépare un plateau de fruits frais ou de fromages selon mon envie.
- **Je crée une atmosphère détente :** je mets de la musique douce ou des sons de la nature (pluie, chant d'oiseaux) pour une ambiance apaisante.
- **Je prends soin de moi :** je lis un livre ou je regarde mon film préféré.

Je peux aussi préparer un bain chaud avec des sels de bain parfumés ou des huiles essentielles relaxantes. Je fais un masque facial ou un soin des cheveux pour me chouchouter.

Je peux aussi faire un puzzle, jouer à des jeux de société ou faires des travaux manuels pour stimuler ma créativité. Le plus important est de rester éloignée des écrans pour ne pas perturber ma détente : alors je mets mon téléphone en mode silencieux, ne serait-ce qu'une heure ou deux pour me déconnecter totalement.

Enfin, j'écoute mon corps et je lui offre le repos dont il a besoin.

22
décembre

ASTRO
LITHO

Le lapis-lazuli

Une pierre qui pousse à partir à recherche de la vérité, à être « sage » au quotidien.

Profondément liée au chakra du troisième œil, cette pierre stimule la soif de connaissance et la curiosité. Réputée pour faciliter l'apprentissage, on dit qu'elle stimule et améliore la mémoire. Elle aide aussi à communiquer avec honnêteté et clarté. Elle permet d'harmoniser les états émotionnels et donne du sens à ce qu'on ressent en permettant de poser des mots sur les émotions.

Déjà utilisée à l'époque de la préhistoire, elle est par la suite appréciée des pharaons qui l'associaient à la puissance et à la force divine. Réduite en poudre elle servait au maquillage mais aussi à la peinture. Ainsi, elle est présente sur la célèbre toile de Johannes Vermeer, *La jeune fille à la perle*, mais aussi dans le plafond de la Chapelle Sixtine.

Pose une intention concernant un apprentissage de l'année ou une leçon de vie que tu as apprise et comprise récemment. Tu peux la porter en collier, en bracelet ou l'avoir sous forme de pierre roulée (ou brute) sur toi. Efficace en cas de maux de tête due aux écrans, elle peut être efficace dans la pièce où ils se trouvent !

Cette pierre est relativement fragile, méfiance donc lors de son nettoyage ! Elle peut se nettoyer à l'eau mais il faudra impérativement une eau non calcaire. Il faudra aussi éviter l'eau chaude et le sel. Elle se recharge à la lumière du soleil ou de la lune, tout comme dans un amas de quartz.

Ses mots-clés

- **Mémoire.**
- **Intuition.**
- **Spiritualité.**

ÉCRITURE INTUITIVE

23 décembre

Mes mantras personnels

Au cours de cette année, tu as eu l'opportunité de poser diverses intentions en fonction des lunaisons, de lire des mantras, de t'encourager, de célébrer tes réussites et tes échecs... Quels sont les mantras cultivés, développés au cours de ces derniers mois. Mais aussi ceux que tu aimerais développer à l'avenir.

Écris tes mantras, en « je » et à la voie affirmative :

24
décembre

ASTRO DICO

Les mots de la saison du Sagittaire

Le voyage est un cheminement spirituel, qui se manifeste autant à l'extérieur qu'à l'intérieur de soi. On peut voyager géographiquement, découvrir des tas de régions et, oui, certaines changeront notre perspective ces choses et nous ouvriront l'esprit sur des choses intangibles, subtiles. Et parfois, c'est directement à l'intérieur de soi que le voyage s'opèrera, au cours d'une prise de conscience spirituelle ou d'un changement de vision de soi – et du monde autour de soi.

Quelle est la définition que tu donnes du mot :

Apprentissage

Évasion

Pleine conscience

Optimisme

Le sapin

Voici la recette pour épater tes convives lors de l'apéro du repas de Noël. Super simple à faire, très esthétique et délicieuse pour les papilles !

Ingrédients

- 1 tasse d'épinards (peut être remplacé par du basilic congelé)
- 1/4 de tasse de pignons de pin
- 1/4 de tasse de parmesan râpé
- 2 gousses d'ail
- 1/3 de tasse d'huile d'olive
- Sel et poivre
- 1 pâte feuilletée rectangulaire
- Fromage râpé (parmesan, mozzarella ou fromage de chèvre)
- 1 œuf battu (pour la dorure)
- Graines de sésame ou de pavot (facultatif)
- Carottes cuites, en rondelles ou tomates cerises (facultatif)

Mixer les épinards (ou le basilic), les pignons de pin, le parmesan râpé, l'ail, l'huile d'olive, le sel et le poivre jusqu'à obtenir une consistance lisse et crémeuse. Réserver. Dérouler la pâte feuilletée sur une surface légèrement farinée. À l'aide d'un couteau, la découper en forme de sapin, en laissant un tronc au bas. Étaler généreusement la préparation sur toute la surface du sapin découpé. Saupoudrer de fromage râpé en veillant à couvrir toute la surface. Replier légèrement les extrémités de la pâte feuilletée vers le centre pour former un sapin. Badigeonner la pâte d'œuf battu pour la dorer. Saupoudrer de graines de sésame ou de pavot. Ajouter des rondelles de carottes (ou tomates cerises). Placer le sapin sur une plaque de cuisson recouverte de papier sulfurisé et enfourner 15 à 20 min. env. dans un four préchauffé à 200°C. Laisser refroidir légèrement avant de servir.

26
décembre

ÉCRITURE INTUITIVE

Célébrer les échecs et leurs surprises

Si je n'essaie pas d'obtenir ce que je désire, si je ne laisse pas le courage gagner sur la peur, si je n'essaie pas de viser la lune… je ne pourrais pas échouer dans les étoiles…

Est-ce que tes échecs te définissent ? Non. en revanche, ils te permettent de te réaligner avec toi-même et tes besoins profonds. Alors… merci l'Univers !

Petite analyse de mon grand échec de l'année.

Que s'est-il passé en détails et pourquoi est-ce un échec ?

Comment réajuster le tir ?

Quelle compétence a-t-il permis de développer ?

Quel est l'imprévu ou la belle surprise qui en ressort, malgré tout ?

27
décembre

Respiration kapabalabhati

Kapabalabhati est également appelée « respiration du crâne qui brille » : cette respiration de « feu » invite à une série d'expirations rapides et vigoureuses, pour ne pas dire sportives, suivies d'inspirations passives – car elles se font automatiquement.

- Installe-toi en posture méditative. Veille à avoir le dos droit et les épaules détendues. Commence par prendre une inspiration profonde par le nez, en remplissant complètement tes poumons.
- Pour pratiquer Kapalabhati, tu vas expulser rapidement l'air par les narines en utilisant la force des abdominaux. Le mouvement ressemble à un souffle court et vigoureux.
- Laisse les inspirations se faire naturellement, sans forcer. Le focus principal est sur l'expiration active et rythmée. Utilise tes mains pour t'aider à visualiser le mouvement. Place une main sur ton abdomen et l'autre sur ta poitrine. En expirant, contracte rapidement tes abdominaux pour expulser l'air.
- Commence lentement avec quelques cycles de respiration, puis accélère. Tu peux commencer par 10 respirations rapides, puis augmenter à 20 ou 30 respirations/minute. Focalise ton attention sur le mouvement de ton abdomen et sur le rythme de ta respiration. Essaie de garder une sensation de calme et de concentration pendant toute la pratique.
- Après avoir terminé la série de respirations rapides, prends une profonde inspiration et détends-toi.

Une respiration qu'il convient de pratiquer le matin, au réveil, pour dynamiser le corps, mais aussi lorsqu'on a besoin de se réchauffer, car elle fait monter l'énergie et la chaleur.

Bienfaits

- ♥ Elle purifie les voies respiratoires.
- ♥ Elle stimule le système digestif avec les contractions abdominales.
- ♥ Elle renforce les muscles abdominaux.
- ♥ Elle apporte clarté mentale et énergie.
- ♥ Elle réchauffe le corps.

À savoir !
Tu peux avoir la tête qui tourne après cet exercice. N'hésite pas à garder les yeux fermés et à prendre le temps qu'il te faut pour revenir à toi.

ASTRO
LITHO

L'azurite

Une pierre réputée pour se libérer des pensées limitantes et se reconnecter à ses propres idéaux.

Cette magnifique pierre d'un bleu azur aide à travailler sur ses émotions et l'expression de celles-ci. Elle est à utiliser avec précaution si on est d'un naturel sensible car elle augmente les capacités spirituelles et extrasensorielles. Elle favorise la sagesse, l'esprit méditatif. Elle est particulièrement conseillée pour les guérisseurs et les thérapeutes.

En France on appelle aussi cette pierre Chessylite en référence à un ancien gisement situé dans le village de Chessy, dans la région du Rhône alpes. Ces mines ayant été épuisées elles sont aujourd'hui fermées.

L'azurite se porte en bracelet, en collier ou en pierre roulée. Placée sur le front pendant une séance de méditation elle permet d'optimiser tous ses sens. Sous forme brute, tu peux aussi la déposer dans une pièce (de ton choix) dans laquelle tu souhaites diffuser son énergie.

Cette pierre peut être nettoyée déposée dans un lit de gros sel durant plusieurs heures. Elle se recharge à la lumière du soleil ou de la pleine lune. Tu peux aussi simplement la déposer sur une fleur de vie.

Ses mots-clés

- **Spiritualité.**
- **Communication.**
- **Troisième œil.**

5 choses à faire pour clôturer l'année en beauté

L'année se termine ! Et pour terminer cette belle aventure en beauté, n'oublie pas de regarder en arrière et de prendre le temps de savourer.

- Je prends le temps de faire une rétrospective, en images, de l'année écoulée.
- Je prends le temps de (re)définir la femme que je suis, aujourd'hui, si différente de celle du 1er janvier.
- J'accueille un moment de silence, où je ne fais rien, tout simplement. J'intègre et je processe toutes les choses qui se sont déroulées en 365 jours.
- Je prends le temps d'observer mon visionboard et de regarder, avec gratitude, tous les objectifs et projets atteints.
- Je célèbre, en bonne compagnie, ou seule, le cycle de la vie et ses surprises.

Pourquoi pratiquer une rétrospective ? parce cela te permettra de savoir où tu en es, comment tu as évolué au fil de l'année et ce que tu vas mettre en place pour t'épanouir par la suite. N'oublie pas que pour savoir où l'on va, on doit savoir d'où l'on vient !

Merci

N'oublie pas de te remercier ! Prends 5 ou 10 minutes pour écrire, ici, les choses pour lesquelles tu souhaites te remercier et celles pour lesquelles tu es fière d'être qui tu es.

Vibre d'espoir, ouvre ton cœur en grand et tourne ton regard vers l'avenir. Le plus dur est derrière toi, tout ce qui s'annonce dans les prochaines semaines serait gai et joyeux. Tout est bien qui finit bien ! C'est aussi le moment de dresser le dernier bilan de l'année.

Quel est ton plus beau souvenir de ce mois de décembre ?

As-tu pris le temps de festoyer et de fêter cette clôture annuelle ? Si oui, comment ?

Quelle a été ton plus grand accomplissement en décembre ?

Quelle a été ta leçon de vie personnelle en ce mois de décembre ? (Explique brièvement la situation et ce que tu en déduis)

Quelles ont été tes occupations favorites en décembre ?

Si tu devais décrire décembre en 3 mots, ce serait lesquels ?

Quel sera ton focus pour l'année prochaine ? Pourquoi ?

MANTRA

31 décembre

Voilà, c'est fini...

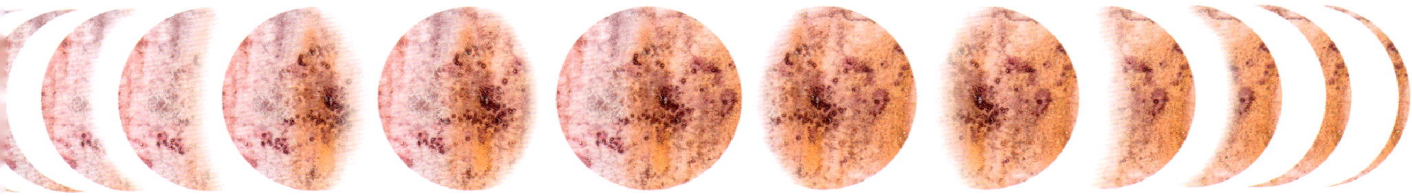

Je suis remplie de gratitude pour toutes les opportunités que cette année supplémentaire m'a apportées.

Chère étoile, si tu lis ces mots, c'est que tu es arrivée à la fin du cheminement... Que tu es actuellement en train de clôturer une page importante de ta vie. De tourner la dernière scène de cette saison de ta vie. De rédiger l'épilogue de cette année truffées de joies, de peines, de surprises et d'imprévus. Mais si tu lis ces lignes, c'est aussi parce que tu as pris le choix conscients de suivre les guidances des astres, des saisons et des cycles, mais aussi d'écouter tes propres guidances.

- Alors, viens, prends un moment pour toi.
- Pose tes mains sur ton cœur et accueille, mais aussi libère, toutes les émotions qui parcourent ton corps et ton âme en ce dernier jour de l'année.
- Respire doucement et calmement dans tout cela et rayonne telle l'étoile que tu es.
- Félicite-toi, embrasse-toi, aime-toi... Tu as traversé tellement d'aventures !
- Tu scintilles... parce que tu es parfaite comme tu es.
- Amour et tendresse sur toi.

Un petit mot doux à moi-même avant de démarrer la nouvelle année ?

....

....

....

....

....

....

La lune bleue

Signification lunaire

La lune bleue est un événement rare qui survient lors des années dites « spéciales ». Cette lunaison « magique » est une seconde pleine lune qui survient sur le même mois. C'est un moment rare, magique et riche en émotions. Elle peut se produire dans le même signe astrologique et avoir une signification similaire, mais plus intense. Ou, au contraire, se produire dans le signe consécutif et marquer l'année par un grand changement énergétique et une transition personnelle ou sociale profonde. Il convient d'adresser tous tes vœux les plus fous à cette date-clé ! D'ailleurs, tu as sûrement déjà entendu l'expression : « cela n'arrive que lors d'une lune bleue » ou encore « cela n'arrive qu'au bout d'une lune » qui fait référence à cette lune rarissime et symbolique. A cette période, des événements incroyables se produisent… pour enchanter le meilleur des mondes.

Attention tout de même aux événements climatiques et à la force de la nature en cette période de lunaison intense.

Dans quel signe a lieu cette lune bleue ?

La date de ma lune bleue :

Quel est la symbolique que tu lui attribues ?

Comment te sens-tu ce soir ?
Quelle est l'émotion qui domine ?

Quels sont les vœux que tu adresses à l'Univers ?

Index mois par mois

JANVIER

FÉVRIER

MARS

AVRIL

MAI

JUIN

JUILLET

AOÛT

SEPTEMBRE

OCTOBRE

NOVEMBRE

DÉCEMBRE

Index thématique

Astro dico

Astro food

Astro litho

Astro yoga

Conseil et bien-être

Écriture intuitive

Énergie vibratoire

Méditation

Moon board

Prédiction

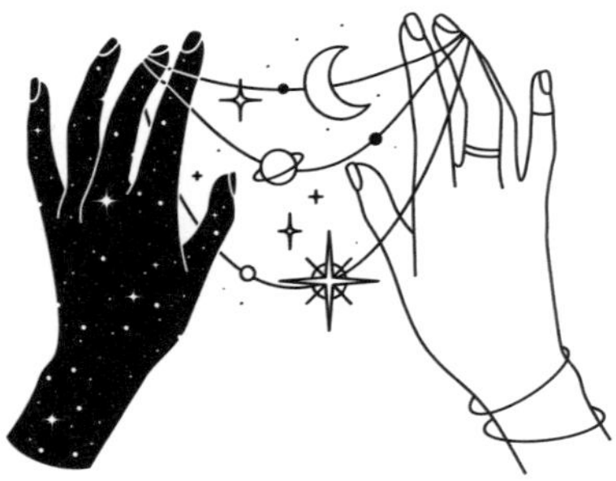

Crédits photographiques

©Shutterstock : pp.8, 36, 66, 196, 287 (lavendertime) ; p. 9, 16 (Peratek) ; p. 10 (sunniwa) ; pp. 11, 43, 73, 105, 136, 168, 198, 231, 263, 294, 357, 326 (ekosuwandono) ; p.12 (intueri) ; p.15 (Marina Demidiuk) ; p.16, 57, 72, 80, 109, 167, 254 (Mark Rademaker) ; pp.20, 52, 207, 208, 272 (Idea Trader) ; p.17, 22, 110 (YamabikaY) ; p.23, 119 illustration (Mila Okie) ; p.24, 56, 86, 118, 149, 181, 206, 212, 244, 276, 307, 370, 339 (Sunflowerr) ; p25 (Mikvillustration) ; p.27 (RetroClipArt) ; p.29 (Dan Olsen) ; p.31 (Babich Alexander) ; p34 (dityazemli) ; p.35, 54 (Minakryn Ruslan) ; p.37 (LUMIKK555) ; p40 (Eisfrei) ; p42 (Rawpixel.com) ; p45, 160, 255 (mineral-vision) ; p46 (Hanna_photo) ; p48 (peotll) ; p49, 134, 135, 141, 166, 169, 184, 187, 190, 192 (IAKOVETS SVETLANA) ; p52 (OlhaZS_art) ; p55 (helgafo) ; p59 (NasyaLis) ; p61 (Kachailo) ; p.62, 82, 335 (Anastasia Mazeina) ; p67 (ju_see) ; p70 (Diasha_art) ; p.71, 103 (Kirill.Veretennikov) ; p.76 (Oli_B) ; p.77 (Natural marble stone) ; p.78 (TairA) ; p79, 174, 361 (iku4) ; p81 (intueri) ; p84 (waku) ; p.85 (Eisfrei) ; p87 (abstract) ; p.91, 213 (Nyura) ; p.92 (CoCoArt_Ua) ; p.93 (Tonia Tkach) ; p.94 (WinWin artlab) ; p.97 (Danita Delimont) ; p98 (Yuliya Podlinnova) ; p.99 (Vera Larina) ; p102 (asadulhoque) ; pp.104, 189 (Sloth Astronaut) ; p.108 (Andrii Shnaider) ; p.109 (natali_batu) ; p111 (CuteCatArts) ; p112 (Vitaliy Grin) ; pp. 114, 177, 240, 348 (paw) ; p.116 (fotokalua) ; p117 (Ira_M) ; p. 122 (Taratun Maryna) ; p125 (Bigsmile625) ; p128, 140 (Jirik V) ; p129 (Elena_Medvedeva) ; p130 (Henk Vrieselaar) ; p133 (MayaNavits) ; p139 (Kat Ka) ; p.142 (Chikovnaya), p143 (Nataletado), p145 (Victoria Bat) ; p147 (vvoe) ; p148 (ma_i_vi) ; p.150 (Prczo) ; p152 (Leisan) ; p.154 (dsedlarski) ; p.155 (Kirasolly) ; p.159 (Lutsina Tatiana) ; p161 (Yuliya Podlinnova) ; p.162 (Stephanie Frey) ; p.165 (Margarita Steshnikova) ; p.171 (Addictive Creative) ; p172 (Vik tor) ; p.173 (knstartstudio) ; p.175 (Litovchenko Yulia) ; p.180 (Rita Kostor) ; p.185 (olpo) ; p191 (vvoe) ; p.193 (winyuu) ; p.197 (nereia) ; p202 (dhtgip) ; p203 (joanna wnuk) ; p204 (Amelia Benjamin) ; p205 (Fona) ; p209, 228 (Christina Li) ; p211 (Mary_ Lu) ; p.215 (likemuzzy) ; p216 (Net Vector) ; p218 (FotoHelin) ; p219 (Gorbash Varvara) ; p.221 (Cincinart) ; p222 (Chikovnaya) ; p223 (Sophia Williams) ; p.224 (Tatiana Goncharuk) ; p.225 (Darcy Rogers Images) ; p.230 (Maryfleur) ; p 235 (Bojsha) ; p.236 (Mikhail Pashchenko) ; p.237 (Atmorskaya) ; p242 (Hanasaki) ; p243 (Slow Buzz Studio) ; p245 (yulianas) ; p247 (LuckyStep) ; p248 (Anton P Daskalov) ; p250 (BLAGORODEZ) ; p.251 (Anastasia Lembrik) ; p253 (Elisabeth Perotin) ; p254 (Brasova Hanna) ; p.256 (Caraulan Art) ; p257 (Yen Hung) ; p260 (Karina.Am) ; p261 (Kashtanka) ; p262 (Lora Oblovatna) ; p266 (New Africa) ; p267 (alla_line) ; p.268 (Jim and Lynne Weber) p.270 (warmjuly) ; p.274 (Svetlana Beleacov) ; p275 (Yamurchik) ; p.279 (Katrinshine) ; p.280 (Tatjana Glasauer) ; pp.282, 366 (Mila Okie) ; p.284 (Shorena Tedliashvili) ; p.285 (Dreamway_Realm) ; p.286 (Mark Windom / Addictive Creative) ; p288 (sun ok) ; p.291 (Unicraft) ; p.292 (Olga Rai) ; p293 (Ihnatovich Maryia) ; p.297 (Olga Vaskevich) ; p298 (Lucian Milasan) ; p.299 (Ekaterina Byuksel) ; pp.300, 332 (sunniwa) ; p301 (Stiva Urban) ; p303 (Miralis) ; p.305 (Ineke Lablaika) ; p.306 (Alina Nikitaeva) ; p.310 (Valazarus-Studio) ; p311 (Ana Babii) ; p.315 (ArtCreationsDesignPhoto) ; p316 (WhataWin) ; p317 (alexdov) ; p318 (Croisy) ; p.319 (OlgaChernyak) ; p.320 (Vitalii_Mamchuk) ; p.323 (Tiana Geo) ; p.324 (Devity Design) ; p.325 (Palanciuc Alina) ; p329 (Jag_cz) ; p330 (Susan Bellis) ; p331 (Teni) ; p337 (EHCLE) ; p.338 (Julia August) ; p.342 (gfx_nazim) ; pp.343, 349 (Jirik V) ; p.345 (Marza) ; p.347 (Agafonov Oleg) ; p.350 (Yuliya Podlinnova) ; p.351 (everst) ; p.354 (avdeevaarts) ; p.355 (aliia_nat) ; p.356 (Maisei Ramar) ; p.360 (Ray49) ; p.362 (Kirsanov Valeriy Vladimirovich) ; p.363 (Bobbi Joy) ; p364 (Idea Trader) ; p.368 (Bjoern Fischer) ; p.369 (NatashaKun) ; p.374 (Raymond Well) ; p375 (Svet_Lana) ; p.376 (Idea Trader) ; p.378 (Svet_Lana) ; p.379 (Maryfleur) ; p.380 (Minakryn Ruslan) ; p.381 (robin.ph) ; p.382 (Alena Maslakova) ; p.383 (Tiana Geo) ; p.384 (Daria Kul).
Etoiles : p2, p4,5, 6, 7-17, 19-29, 31-37, 39-49, 51-62, 64-67, 69-73, 75-82, 84-99, 101-112, 114-123, 125-143, 145-156, 158-175, 177-185, 187-206, 208-216, 218-238, 240-248, 250-270, 272-280, 282-301, 303-311, 313-333, 335-343, 345-364, 366-384 (tmn art)